权威·前沿·原创

皮书系列为
“十二五”“十三五”国家重点图书出版规划项目

BLUE BOOK

智库成果出版与传播平台

澳大利亚蓝皮书

BLUE BOOK OF AUSTRALIA

澳大利亚发展报告（2018~2019）

ANNUAL REPORT ON DEVELOPMENT OF AUSTRALIA (2018-2019)

北京外国语大学澳大利亚研究中心
主　编／孙有中　韩　锋
副主编／胡　丹

社会科学文献出版社
SOCIAL SCIENCES ACADEMIC PRESS (CHINA)

图书在版编目(CIP)数据

澳大利亚发展报告. 2018－2019／孙有中，韩锋主编. －－北京：社会科学文献出版社，2020. 1
（澳大利亚蓝皮书）
ISBN 978－7－5201－6022－3

Ⅰ. ①澳… Ⅱ. ①孙… ②韩… Ⅲ. ①经济发展－研究报告－澳大利亚－2018－2019②社会发展－研究报告－澳大利亚－2018－2019 Ⅳ. ①F161. 14

中国版本图书馆 CIP 数据核字（2020）第 014322 号

澳大利亚蓝皮书
澳大利亚发展报告（2018~2019）

主　　编／孙有中　韩　锋
副 主 编／胡　丹

出 版 人／谢寿光
组稿编辑／张晓莉　叶　娟
责任编辑／叶　娟　邓　翃

出　　版／社会科学文献出版社·国别区域分社（010）59367078
地址：北京市北三环中路甲 29 号院华龙大厦　邮编：100029
网址：www. ssap. com. cn
发　　行／市场营销中心（010）59367081　59367083
印　　装／三河市东方印刷有限公司

规　　格／开 本：787mm×1092mm　1/16
印 张：18　字 数：268 千字
版　　次／2020 年 1 月第 1 版　2020 年 1 月第 1 次印刷
书　　号／ISBN 978－7－5201－6022－3
定　　价／148. 00 元

本书如有印装质量问题，请与读者服务中心（010－59367028）联系

本书由北京外国语大学2019年度“双一流”建设科研项目——智库型研究项目资助出版

北京外国语大学区域与全球治理高等研究院
“区域和国别研究蓝皮书系列”

主要编撰者简介

孙有中　北京外国语大学副校长，教授，博士生导师，教育部高等学校外国语言文学类专业教学指导委员会主任（2018～），中国澳大利亚研究会会长（2016～），中国跨文化交际学会会长（2013～），外国新闻传播史研究会会长（2015～），中国亚太学会副会长（2018～）。担任《澳大利亚研究》集刊主编、《跨文化研究论丛》集刊主编、《国际论坛》（CSSCI 期刊）主编。主要研究领域包括跨文化研究、美国研究、澳大利亚研究、外语教育研究。主要代表作有《美国精神的象征：杜威社会思想研究》、《解码中国形象：〈纽约时报〉和〈泰晤士报〉中国报道比较 1993～2002》、《西方思想经典导读》、《核心价值观国际比较研究》。入选教育部新世纪“百千万人才工程”国家级人选、中宣部文化名家暨“四个一批”人才工程和中组部国家“万人计划”哲学社会科学领军人才计划，享受国务院政府特殊津贴。

韩　锋　中国社会科学院亚太与全球战略研究院研究员，北京外国语大学长青学者，中国澳大利亚研究会前会长（2010～2016）。主要研究领域为亚洲太平洋地区的国际关系和安全关系、澳大利亚和新西兰的政治与外交。主要代表作有《当代澳大利亚——社会变迁与政治经济的新发展》、《澳大利亚的亚太政策》、《东盟的大国关系平衡战略》等。

胡　丹　北京外国语大学澳大利亚研究中心副主任（2018～），中国澳大利亚研究会副秘书长（2018～），澳大利亚西悉尼大学访问学者（2013～2014），国际澳大利亚研究会会刊《澳大利亚研究》编委（2019～），全国人大常委会法工委法律英文译审专家委员会委员（2019～）。主要研究领域为中澳关系、中英关系、海外并购、外资审查。主要代表作有《澳大利亚基础设施投资政策的最新调整与中澳“一带一路”合作前景展望》、《中国企业在澳大利亚的并购投资》年度报告、《中国企业在英国的并购投资》年度报告等。

摘　要

2018～2019年，澳大利亚国内政治方面，执政联盟内部出现激烈派别斗争，接着是联邦大选结果出人意料，令澳大利亚乃至世界都目不暇接。执政联盟内的斗争源自2007年工党上台之后，澳大利亚国内政治多了一个混乱动荡的因素。之后的12年里，有7任总理相继上台，其中仅有2位是经过联邦大选担任总理的，其他5位都是党内斗争的产物。2018年，自由党出现了党内4人争夺党魁的局面，澳政治分裂和党内斗争都达到高潮，最终自由党的莫里森接手特恩布尔党首和总理权力。2019年，上台仅仅9个月的莫里森总理宣布进行选举。由于莫里森任期时间太短，且澳大利亚国内政治动荡、政府和执政联盟内部分裂，普遍不被看好。然而，在一片唱衰声中，莫里森却获胜，连任总理。选举结果维持了执政联盟政府的现状，但澳大利亚社会并没有因为选举结果而消除分裂。不过在意外的党内斗争和选举结果面前，澳大利亚社会，包括政党、政府和民众也开始反思，思考如何回归理性，正常地面对变化中的世界和澳大利亚。执政党在胜利之后，需要弥合政治纷争导致的分裂。工党“意外”败选，也需要总结原因，更加体察民情民意，采取更有针对性的政策，为此，工党已更换党的领导层，新任党领袖阿尔巴尼斯接手澳工党，对党的组织和政策分别进行改革并为下届大选做准备。

2018年以来，澳大利亚经济积极发展势头有所变化，经济增长速度放缓，物价低迷的状况持续，对外贸易和国际直接投资增长动力不足，澳元贬值压力犹存，国债收益率持续下行。不过，澳就业情况总体稳定，居民收入有所改善。财政赤字规模可控，公共债务小幅上涨。股票市场表现较好。由于澳大利亚仍保持较好的经济基础以及经济政策的积极效应逐步显现，2020

年澳大利亚经济增速有望小幅回升。

2018 年 8 月莫里森政府上台以来，总体延续自由党的外交传统，继续深化美澳同盟，与日本、印度等国继续促进“开放、包容、繁荣的印太”。与此同时，澳大利亚对南太平洋地区的重视度明显提升，“太平洋升级”计划上升为澳外交要务。澳大利亚逐渐收紧难民准入政策，2019 年 5 月联邦大选后，澳大利亚可能继续实施严苛的难民政策，同时在难民的选择上会立足于本国需求和意识形态因素。根据最新的罗伊研究所民调，澳大利亚民众对中美两个大国的信任均有下降。近些年来，澳日两国始终保持着频繁的战略互动、日趋增强的合作态势和日益密切的关系结构。当前，澳日两国正在构建“特殊战略伙伴关系”、角逐亚太地区格局的多重权益的进程中，打造日益密切的准同盟关系结构。

中澳关系相对来说不尽如人意。政治上，双边关系面临挑战。选举结束后，莫里森于 2019 年 6 月 26 日首次就外交政策发表重要讲话。他呼吁改善与中国的关系，并承认中国的快速发展对澳大利亚和世界来说是有利的事。他还说，澳大利亚在中美贸易摩擦中受到了不利的影响，并呼吁双方保持克制。对华为第五代移动通信网络的禁令，就是澳大利亚不愿接受中国投资的例证。经济上，中国仍是澳大利亚最大的贸易伙伴，中国仍然保持了澳大利亚第一大货物贸易伙伴、第一大进口来源地、第一大出口目的地、最大海外留学生来源国以及最大旅游收入来源国的地位。双边贸易水平依然稳步提升，再创历史新高。货物贸易方面，矿产品、贵金属及制品以及农产品继续成为澳大利亚对华出口的优势领域，中国对澳大利亚的出口主要集中于机电产品、纺织品和家具玩具等类别。服务贸易方面，澳大利亚对华教育和旅游出口继续保持增长，但增幅回落，中国对澳大利亚的服务出口较同期大幅增长。2019 年 3 月，外交贸易部部长佩恩（Marise Payne）成立了澳中关系国家基金会（National Foundation for Australia-China Relations），试图通过“大力推动合作”来重建两国关系，尤其是在教育、文化和经济领域。多边领域，美国发起的贸易保护主义和关税战对全球范围内的贸易和投资形成负面效应，特别是中美之间的贸易摩擦开始对中澳经贸合作产生不利影响。但中澳贸易的前景依然光明，澳大利亚应当谨慎制定对华政策，维护好中澳互利共赢的基本面，避免非经济因素对中澳经贸合作的干扰。社会文化上，澳大利亚的媒体新闻报道在前一年的基础上出现了进一步的负面化动向，其中，有关中国的报道也同步出现了负面化的趋势，且在该年度尤其是2019年6~8月间涉华报道数量暴增，几乎翻了一番。

此外，中澳自由贸易协定的实施已进入第五个年头，随着新一轮降税的实现，中澳两国间的双边贸易持续快速发展，尤其是澳对华农产品的出口大幅度增加。农产品贸易的快速发展给澳大利亚带来了可观的经济收益，也极大地满足了中国消费者日益增长的消费需求，可谓真正达到了双赢的效果。展望未来，两国经贸互惠合作前景广阔，农产品贸易将继续保持良好发展态势。但是中资企业在澳投资意向出现了两极分化的情况，越来越多的中国投资者感到在澳投资不受欢迎。

关键词： 澳大利亚　中澳关系　中澳自由贸易协定

目录

Ⅰ 总报告

Ⅱ 分报告

Ⅲ 专题篇

Ⅳ 中澳关系篇

Ⅴ 附 录

皮书数据库阅读使用指南

总 报 告

General Report

B.1 2018~2019年澳大利亚的发展与展望

韩 锋*

摘 要： 2018~2019年，澳大利亚国内政治经历了执政党内部的斗争和联邦大选两出大戏，结果无不让人“眼花缭乱”。执政党党内派系争斗演变成“打群架”；新任党魁和总理莫里森在一片唱衰声中获胜连任总理。人们在意外的同时，澳大利亚社会在风雨之后出现了“宁静”，主要政党以及政府和民众都开始思考在变化中的世界和国家形势下，如何回归理性和正常。2019年澳大利亚经济预期出现10年来少有的低迷。澳大利亚“新”政府面临新的考验和挑战。澳大利亚的对外政策也在力求宏观平衡和利益兼顾，这需要澳大利亚有对外

* 韩锋，中国社会科学院亚太与全球战略研究院研究员，北京外国语大学长青学者，中国澳大利亚学会前会长（2010~2016年），主要研究领域为亚太地区国际关系和安全关系、澳大利亚和新西兰的政治与外交。

战略拓展的灵活性和活动空间。

关键词： 澳大利亚　莫里森　自由党　联邦大选

一　国内政治形势乱后思治

2018～2019 年，澳大利亚国内政治先后经历了执政党内的政治争斗和联邦大选。2018 年 8 月，执政的自由党党内斗争公开化。先是内政部长皮特·达顿（Peter Dutton）挑战党首兼总理特恩布尔（Malcolm Turnbull），失败后在党内挑起分裂，再次进行党内改选。2018 年 8 月 24 日，原国库部长斯科特·莫里森（Scott Morrison）在自由党内部选举中取代特恩布尔当选该党领袖，并出任新一届总理。由于执政党内部的斗争白热化，多个派别进行角逐，大伤元气，国内威望也受到严重损伤。在 2019 年 5 月大选前，大多数预测执政党凶多吉少，反对党工党将要执政。就连工党也认为此次选举必胜。2019 年 5 月 18 日，自由党—国家党联盟在澳联邦大选中获胜，莫里森连任总理①可以说是澳大利亚当年政治领域最重要的事件。这两次政治活动对澳大利亚党内斗争和联邦大选来说都很特别，引发了澳大利亚政坛和社会的反思。

莫里森本人实际上是执政党内这场恶斗的获益者，但是结果对执政党的整体利益是有害无益的。执政党内部保守势力针对特恩布尔的“政变”，导致特恩布尔下台。同时，保守派自身也付出了惨重代价。前执政党党首、总理托尼·阿博特（Tony Abbott）最终落选众议院选举，皮特·达顿也没有如愿成为执政党的领导。这不仅严重削弱了执政党的团结和实力，也降低了执政党的声望，致使执政党在联邦大选中面临“绝

① 《澳大利亚国家概况》，中国外交部网站，2019 年 8 月，https：//www.fmprc.gov.cn/web/gjhdq_ 676201/gj_ 676203/dyz_ 681240/1206_ 681242/1206x0_ 681244/。

境”。此外，对反对党工党来说也是一次深刻的教训。执政党在国内外普遍认为会败选的选举中获胜，莫里森在党内和国内的威望大幅提升；反对党工党错失了“必胜”的选举，受到了极大震动，也随之进行了调整，不仅更换了党首，还重组了领导团队，更重要的是在政治上进行反思，重新考虑党的目标和现实国家利益的关系，提出有更加广泛支持的工党政策和主张。但这些工作不是短时间能够完成的，而且还要看执政党的政策变化和国内社会政治经济的形势变化。上述政治形势的变化，可能预示着莫里森领导的新一届政府在本届 3 年的执政中，受到党内的政治挑战会大大弱化；两党之间由于各自的政策调整，相互之间的关系也会有所缓和。在这两方面的综合作用下，澳大利亚国内政局将有可能出现相对稳定。大选后不久，2019 年 7 月 4 日，执政党政府在人选后顺利在参议院通过了削减个人收入所得税的系列法案①，这可以说是一个政治征兆。

近 10 年来的澳大利亚政治“乱象”随着莫里森总理在 2019 年 5 月联邦大选中的胜选有可能会得到改善。一方面，澳大利亚民众在大选中出现了严重分歧，同时通过政治角逐也意识到了国家的主流意识方向和国民的关注重点；另一方面，澳大利亚政党内部的分裂频频引发政府的更迭，已经达到了社会政治忍受的极限，政治家们也意识到了这个问题的严重性，形成共识要进行约束。实际上，这是澳大利亚政治制度方面的“漏洞”，但要彻底改善，很难一步到位。执政党首先在制度方面采取了弥补。自由党在 2018 年 12 月 3 日做出决定，党首当选总理应该尽量完成任期，如果党内有动议更换党首，需要 2/3 的多数同意。② 这将会增加党内“造反”的难度，为今后执政党内的斗争树立制度约束的标准，起码在现阶段对澳大利亚国内的稳定具有政治建设性。

① SuperGuide，“Australian Personal Income Tax Cuts from 2018/2019 Year”，July 4，2019，https：//www. superguide. com. au/smsfs/income-tax-cuts.

② Scott Morrison，“We'll End the Revolving Door of Leaders”，December 7，2018，https：//www. liberal. org. au/latest-news/2018/12/07/well-end-revolving-door-leaders.

莫里森领导的执政党虽然取得了选举的胜利，但新政府在联邦众议院151个席位中仅以77席的微弱多数执政，只比选前增加了1席，[1] 并没有根本改变弱势政府的地位。执政党在参议院的议席数量有了较大增加，达到35席。[2] 这对选举来说是一个令人鼓舞的胜利，可仍然没有改变执政党在参议院76席中不足一半议席的被动。执政党在关键时刻还需向其他小党议员或独立议员寻求政治支持。为此，执政党的政策取向仍将是要尽量照顾各方利益，难以出台旗帜鲜明的或较为激进的政策。因此，执政党政治上的建设性和社会认同度依然是莫里森政府优先考虑的。另外，莫里森在党争中"意外"地成为党和政府的领导，并经过大选连任。其执政的准备相对仓促，而执政党内部的分裂已经非常严重，尽管莫里森本人得到了党内多数派别的支持，但这不等于党内矛盾的平息。所以，莫里森的执政能否成功还要看他是否能够在短时间里平衡党内不同的利益集团之间的矛盾，弥合分歧，重建执政党内的团结。

大选后，工党领袖在5月也进行了调整，新的党魁是年富力强且在大选中表现突出的安东尼·阿尔巴尼斯（Anthony Albanese）。2013年，他曾经与比尔·肖顿（Bill Shorten）竞争工党领袖，最终失败。[3] 工党由于领袖长期在与自由党的竞争中处于下风，"拖累了"工党的政治抱负。党内关于是否更换领袖的争论一直不断。此次"戏剧性"的调整无疑是工党最新的政治决断和共识。它可能让支持前党魁肖顿的工党成员会有所不满，但是工党需要由此重振，并为下次大选积蓄力量。工党应该通过磨合，逐渐恢复和加强党内整体的团结。

总之，澳大利亚国内政治进入了一个调整期，政党、政府、国民、政治团体等各种力量要重新判断自身的利益与国家的利益前途之间的关系，向理

---

① "Party Representation-seats Won", Australian Electoral Commission, July 11, 2019, https://results.aec.gov.au/24310/Website/HouseDefault-24310.htm.

② "Senate Composition", Parliament of Australia, https://www.aph.gov.au/About_ Parliament/Senate.

③ Joseph Kimanzi, "Anthony Albanese Biography, Age, Family, Wife, News And Speech", August 29, 2019, https://informationcradle.com/europe/anthony-albanese/.

性回归，向制度回归。同时，党争和大选过程中的政治利益之争，甚至形势预估、价值判断出现了严重的偏差，尤其是大选澳各界“一边倒”地看好工党，结果却成了政治“误判”。这里面的确存在民意调查的手段落后、方法偏差、媒体不公等一系列的原因，可更重要的是澳大利亚主要政党间的竞争激烈和党内的分裂限制了政治家的视野，过分注重具体利益得失和局部的输赢导致政治精英与社会和国家的利益与未来相对脱节。党争的登峰造极和大选结果的出人意料是澳大利亚2018～2019年突出的政治现象，也是促使澳大利亚国内政治反思的动因。

二　国内经济下行趋势明显

2019年，澳大利亚经济仍然保持增长。根据国际货币基金组织（IMF）的预计，澳大利亚2019年的GDP比2018年增长了1.7%，不仅远低于全球2019年GDP 3.0%的平均增长速度，[①] 而且还是澳大利亚10年来GDP增长的最低点。

IMF对澳大利亚2019年的经济预测与澳大利亚国内的经济预测相符。澳大利亚储备银行的数据也几乎同时显示澳大利亚2019年的经济增幅比2018年下降了1个百分点，仅为1.7%。更为让人担心的是，自2018年以来，澳大利亚的经济增速按季呈连续下降趋势（见图1），影响了国民对未来经济的信心。

澳大利亚经济增长放缓主要有国际和国内两方面的原因。

（一）国际原因

首先，国际经济不确定。联合国对国际经济的预测比IMF全球3.0%的

① 《世界经济展望》，国际货币基金组织（IMF）网站，2019年10月，https://www.imf.org/zh/Publications/WEO/Issues/2019/10/01/world-economic-outlook-october-2019。

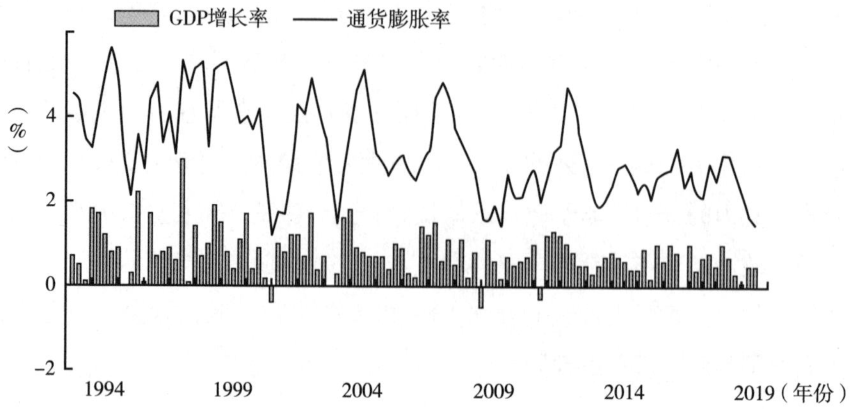

图1　1994～2019年澳大利亚GDP增长率和通货膨胀率趋势

注：数据更新至2019年9月26日。

资料来源：澳大利亚储备银行网，Australian Growth，2019年10月2日，https：//www.rba.gov.au/chart-pack/au-growth.html。

增长还要悲观，2019年全球经济仅增长2.7%。[①] 全球经济自2018年连续疲软，制造业已降至全球金融危机以来的最低水平，导致国际贸易不稳，影响到商业和投资信心，[②] 对澳大利亚的主要初级产品行业都有直接和间接影响。其次，大国经济不稳定。作为世界主要经济体的美国、欧洲和印度经济增长速度不约而同地出现了下行趋势，而这些国家都是澳大利亚重要的经济伙伴。最后，经济体系不确定。大国间的经济矛盾加剧了政治关系的紧张。特别是特朗普政府“美国第一”和单边主义及其保护主义政策，对地区和全球现行的贸易和经济体系带来了巨大冲击。

（二）国内原因

首先是外资投入增长缓慢，甚至下降。主要是对未来经济信心不足和澳

① 联合国：《2019年世界经济形势与展望年中报告》，2019年6月18日，http：//www.199it.com/archives/892482.html。

② 《世界经济展望》，国际货币基金组织（IMF）网站，2019年10月，https：//www.imf.org/zh/Publications/WEO/Issues/2019/10/01/world-economic-outlook-october-2019。

大利亚的金融政策收紧。其次，由于内外政策的调整，房地产业缺乏活力。最后，澳大利亚就业形势不容乐观，主要问题是就业的质量不高。澳大利亚就业中，13%是兼职，25%是临时工。①

然而，澳大利亚经济在2019年也有亮点让人振奋。（1）澳大利亚政府财政预算由长期赤字转为盈余，这是近10年来首次；（2）对外贸易顺差大幅增加；（3）通货膨胀率控制在较低水平，IMF预计澳大利亚2019年的通货膨胀率仅为1.6%；②（4）国内需求保持相对旺盛。

预计澳大利亚经济在经过低迷之后，仍能保持发展势头，2020～2022年经济增长率会保持在2.2%～2.4%。③

三　新的对外关系逐渐构建

由于两次担任总理时间都不长，莫里森新政府的外交政策还需要时间形成系统。现在澳政府的外交战略主要还是延续2016年和2017年发布的澳大利亚国防白皮书和外交白皮书的基本思路，但是联邦大选获胜之后，莫里森的行动反映了澳政府的外交新的方向。

莫里森在当选总理之后不久，便在9月下旬应邀赴美与特朗普共同进餐。这是澳大利亚总理在2006年之后，又一次受到美国总统的邀请，一起进餐，也是特朗普总统继邀请法国总统马克龙赴美进餐之后，发出的第二个邀请。可见澳大利亚在美国盟友眼里的重要性，以及澳大利亚如何重视美国以及与美国的同盟关系。此次澳美领导人会晤，除了强调澳美同盟关系的重要性和共同利益之外，澳大利亚还准备在以下领域与美国进行进一步的合作：（1）莫里森保证在下一个财政年度将把国防开支提高到GDP的2%，

① "How does Australia Compare?", 2019, http://www.oecd.org/australia/Employment-Outlook-Australia-EN.pdf.

② "Australia", October, 2019, https://www.imf.org/en/Countries/AUS#featured.

③ "Australia Economic Growth", The Economist Intelligence Unit, October 15, 2019, http://country.eiu.com/article.aspx?articleid=68568790&Country=Australia&topic=Economy&subtopic=Forecast&subsubtopic=Economic+growth&aid=1&oid=1108587294.

这在美国盟友当中是少有的；（2）澳承诺支持美国在霍尔木兹海峡的军事行动，并为此提供护卫舰和海上侦察飞机；（3）澳美签署稀土供应协议；（4）澳大利亚参与美国航天项目。① 澳美领导人的宴会，不仅向世界表明了两国关系在当今世界乱局中的重要性和新的合作领域，也在莫里森形成对外关系框架之时，给了澳新政府对外战略明确的坐标。莫里森新任政府仍然视澳美同盟关系是澳外交的基石，也是澳安全的保证。与此同时，澳大利亚也刻意与美国保持了适当距离，这是因为：（1）美国国内面临大选，特朗普遭到弹劾动议，美国政局前景不明朗；（2）澳大利亚国内在政治上反对特朗普的政治理念；（3）美国的一些单边主义和利己的做法威胁到了澳大利亚的国家利益。例如，美国在全球气候变化问题上出尔反尔在澳国内的环境政策上有负面影响，受到了工党和太平洋岛国的非议；（4）强调澳大利亚的独立性，特别是在大国关系方面。

莫里森通过党内争斗上任总理，以及通过联邦大选当选总理的期间，都出访过太平洋地区，明显增加了澳大利亚政府在太平洋岛国地区的影响和作用。此外，澳大利亚在太平洋岛国地区积极实施“太平洋升级”（Pacific Step-up）战略。例如，在巴布亚新几内亚，澳大利亚与美国和巴新合作修建军港，增加对南太岛国的援助，扩大培训，进行基础设施建设等，并与地区大国进行合作。此外，还加紧落实《太平洋更紧密经济关系协定》（PACER-Plus）。该协议是澳大利亚和新西兰与 9 个岛国的贸易合作，2009 年开始谈判，2017 年达成协议，并开始成员国政府签署程序，将在所有成员国签署后付诸实施。估计 2020 年有望完成上述程序。② 届时，澳大利亚将在政治和经济两个方面密切与太平洋岛国的关系和地区建设，具有长远的战略意义。澳大利亚新的太平洋地区政策或战略被称为“重返太平洋”，意

① “PM Receives A Warm Welcome in the US”, The Economist Intelligence Unit, http://country.eiu.com/article.aspx?articleid=1518499735&Country=Australia&topic=Politics&subtopic=Forecast&subsubtopic=International+relations#.

② “Pacific Agreement on Closer Economic Relations (PACER-Plus)”, Department of Foreign Affairs and Trade, https://dfat.gov.au/trade/agreements/not-yet-in-force/pacer/Pages/pacific-agreement-on-closer-economic-relations-pacer-plus.aspx.

为类似当年美国实施重返亚洲的政策。一是为了巩固传统的地区地位；二是限制别的大国的影响。

澳大利亚还积极推动地区的合作和稳定，保证贸易投资的自由和开放。美国退出《跨太平洋伙伴关系协定》（TPP）之后，2018 年 12 月，澳大利亚参与并开始实施经过调整且没有美国参与的《全面与进步跨太平洋伙伴关系协定》（CPTPP）。随后，2019 年 3 月，澳大利亚与中国香港签署了自由贸易协定，主要是促进服务贸易和金融领域的合作。同时，澳大利亚还致力于推动《区域全面经济伙伴关系》（RCEP）的谈判过程，这是东南亚国家联盟（东盟，ASEAN）与中国、日本、韩国、澳大利亚、新西兰和印度等国之间的自由贸易协定。澳大利亚认为，这些自由贸易协定不仅可以促进地区的合作，深化投资和贸易的自由化，还有利于形成地区合作机制和地区认同，最终形成地区的共同利益，达到地区的共同发展和繁荣。

澳大利亚一直致力于印太地区的构建。2020 年是澳大利亚提议建成的亚太地区经济合作组织（APEC）最终实现的期限，之后 APEC 的前途和命运如何，亚太地区与印太地区的关系如何还不得而知。

四　中澳关系调整仍不到位

莫里森在 2018 年担任总理之后就明确表示要致力于改善对华关系。联邦大选上台之后他也已经多次表态要改善与中国的关系，并采取了一系列的主动姿态。首先，2019 年 8 月任命了新任驻华大使傅关汉（Graham Flecher）。新任大使是职业外交官，在澳驻华使馆多次任职，对中国十分熟悉，并对中澳关系比较了解。如果中澳关系向好发展，傅关汉大使可以进行配合，发挥积极作用。其次，莫里森新政府成立之后，澳大利亚已有部长官员和地方主管官员访问中国，包括澳贸易、旅游和投资部长西蒙·伯明翰（Simon Birmingham），他是来华参加地区 RCEP 自由贸易谈判会晤，顺访中国。南澳大利亚州州长马潇（Steven Marshall）访华主要目的是加强南澳大利亚州与中国的双边关系，特别是经贸关系。其间正逢南澳大利亚州阿德莱德乐团在华进行访问演出。最后，澳大利亚新政府改善对华关系的努力主要侧重发展经贸关系、地方政府之间的交往，以及人文交流。西蒙·伯明翰访华特别强调澳大利亚坚持和支持全球化，以及贸易自由化进程，并希望改善和加强中澳关系；马潇则强调南澳州的优势和影响，着力深化和扩大交流范围。然而，澳大利亚改善对华关系的努力在国内遇到了阻力，一些执政党内高层人士、学者以及政府少数部门频频发声对华进行各种“批评”和攻击。目前中澳关系处于国际关系发生重大变化的时期，而澳大利亚对快速发展的中国存有偏见和戒心；在地区与全球的制度建设中，澳大利亚无原则地捍卫所谓西方的利益和价值观，忽视了世界的多样性、变化和调整的需要；还有一个原因就是在美国和中国之间所谓的“平衡”问题。

尽管双边关系还存在问题，短期内难以全部解决，但是双方改善关系的意愿依然积极。一方面，双方经贸关系仍是中澳关系的重要动力。按澳方统计，2018 年，中国与澳大利亚的贸易进出口总额为 1933 亿澳元，占澳大利亚贸易总额的 29.2%，名列首位，比上一年增长了 17.4%。[①] 另一方面，双方政府保持着高层交往。双方外长在 2018 年 5 月、8 月、9 月和 2019 年 8 月相继进行了会晤；2018 年 11 月，双方总理进行了年度会谈；[②] 2018 年 11 月双方外长举行战略对话时，王毅部长提出“中澳关系应校准航向再起航”。[③]

五 结论

2018～2019 年，澳大利亚经历了政党内部和外部的政治斗争和联邦大选，对 10 多年来的政治动荡和社会分化有了调整的机会。执政党和在野党，以及广大民众开始意识到社会的稳定和政治的理性是澳大利亚未来和发展的

① “China”, Department of Foreign Affairs and Trade, https://dfat.gov.au/trade/resources/Documents/chin.pdf.

② 《中国同澳大利亚的关系》，中国外交部网站，2019 年 8 月，https://www.fmprc.gov.cn/web/gjhdq_676201/gj_676203/dyz_681240/1206_681242/sbgx_681246/。

③ 《王毅：中澳关系应校准航向再起航》，中国外交部网站，https://www.fmprc.gov.cn/web/wjbz_673089/xghd_673097/t1611493.shtml。

保证。当然还需要政党内部管理制度的完善和调整。执政党的恶性党争，使莫里森更早地意识到该问题的严重性，不仅转向稳定、务实和灵活，还更准确和深入地把握住了社会的需求和方向，最终在极其不利的情况下，带领自由党在大选中保持了执政党的地位。与其说这场选举中莫里森的胜选是“意外”，不如说选举的结果对澳大利亚政治和社会来说是一个意外。当然，澳大利亚面临着复杂的世界变革，国内的变化也伴随其中。这要求执政党具有应对各种竞争的准备，包括来自党内的挑战。

2018 年以来，澳大利亚经济出现了缓慢增长，这是澳大利亚近 10 年来没有过的，需要信心重建和政策调整相互配合。

澳大利亚新政府的外交政策还在构建当中，但是澳大利亚的外交定位是重要前提。澳大利亚是着眼于亚洲、亚太还是印太，这不仅对澳大利亚新政府的外交至关重要，还对所参与的地区和国家也很重要。

中澳关系基本的积极要素依然存在，不同的是澳大利亚现在更加强调双边关系中的价值观的差别和双方利益的博弈关系。实际上，除了传统的双边优势，中澳还有一些领域可以探索合作。例如，中澳目前是重要的经济伙伴，但都面临一些经济问题；在地区合作中如何坚持开放和照顾成员间的差异；超越传统贸易和投资的行业和地区合作；进行地方政府间合作；等等。

分 报 告

Topical Reports

B.2
2018～2019年澳大利亚国内政治

〔澳〕克里斯·奥力克*

摘　要： 2018年，澳大利亚又经历了混乱动荡，以12年来第七任总理的任命告结束。[①] 莫里森上台仅仅九个月后，再次宣布进行选举。考虑到特恩布尔（Turnbull）和莫里森（Morrison）任期内政局动荡、政策制定陷于瘫痪的局面，民调及时事评论家预测政府即将轮换，但是莫里森政府最终胜选回归。虽然选举结果维持了执政联盟政府回归的现状，但相较以往，选举进行中的敌意更深，各方的竞争更加激烈，这显示出澳大利亚社会一系

* 克里斯·奥力克（Chris Aulich），堪培拉大学管理与政策学院客座教授，新南威尔士大学堪培拉校区兼职教授。译者：麦楚瑶，北京外国语大学英语学院澳大利亚研究中心硕士研究生。审校：戴宁，北京外国语大学英语学院澳大利亚研究中心副教授；邱辰，北京外国语大学英语学院澳大利亚研究中心硕士研究生。

① 马尔科姆·特恩布尔为自由党党魁。由于自由党在自由党－国家党执政联盟中占据主要地位，他因而成为总理。斯科特·莫里森于2018年8月被推举为自由党领袖，成为总理。

列的断层。本文集中讨论了特恩布尔及莫里森担任总理时的表现，然后分析了2019年5月联邦大选。

关键词： 澳大利亚 国内政治 联邦大选 特恩布尔 莫里森

2019年大选概述

第46届澳大利亚联邦议会选举中，由于人口数量变化及随之产生的席位重新分配，众议院（House of Representatives）需选出151席，比第45届联邦议会多1席。选举活动之初，执政联盟在众议院拥有73席，需要额外赢下至少3席才能继续执政。

最终，执政联盟赢得绝对多数的77席，得以组建新政府。工党赢下68席，之前6个中立议员[①]的席位中有4个席位重新回归工党。两位新的独立议员获得了下议院席位，其中扎里·斯特格尔（Zali Steggall）取代前总理托尼·阿博特（Tony Abbott），而独立议员海伦·海恩斯（Helen Haines）则接替退休独立议员凯西·麦高文（Cathy McGowan）位于维多利亚州因代选区（Division of Indi）的席位。

选举结果与2016年相比变化并不大。最终执政联盟获得41.4%的首选投票（较上届选举减少0.6个百分点），工党获得33.3%（减少1.4个百分点），绿党获得10.4%（增加0.2个百分点），澳大利亚联合党获得3.4%，宝琳·韩森的单一民族党为3.1%（增加1.8个百分点）。选举结果表明，人们对传统两大政党的信赖继续减少。

尽管两大政党的初次计票结果减少，拨票后两党得票率显示[②]，投给执

① 指议会中小党派的成员或者独立议员。

② 澳大利亚选举系统基于偏好投票制，选民能为他们选择的候选人投票（即其首选投票）。如果该候选人落选，选民按顺序提名其余的候选人。拨票后两党得票率将选民首选投票以及对其余候选人的偏好均纳入计票范围内。

政联盟的票数增加了 1.2%，工党则损失了 1%。[①] 工党在维多利亚州、南澳大利亚州、塔斯马尼亚州以及两个领地获得更多票数，而执政联盟在昆士兰州、新南威尔士州和西澳大利亚州获得的票数更多。表 1 总结了选举最终得票以及赢得席位的情况。

在参议院总计 76 席中，执政联盟并未取得半数以上席位。因此，如果需要在议会里通过法律，还需与参议院里 4 位中立议员协商。[②] 最终执政联盟获得 35 席，工党 26 席，与工党联系紧密的绿党 9 席，宝琳·韩森的单一民族党 2 席，中央联盟 2 席，澳大利亚保守党 1 席，独立议员 1 席。[③] 这代表执政联盟多赢得了 3% 的席位，而工党损失小于 1%。

表 1　2019 年执政联盟和工党在联邦选举中赢得的席位及票数（按州和领地划分）

州	席位	执政联盟					工党席位
		席位	比例(%)	增加	两党的偏好得票率	波动率	
新南威尔士州	47	22	46.8	0	51.8	1.3	24
维多利亚州	38	15	39.4	0	46.9	-1.3	21
昆士兰州	30	23	76.6	2	58.4	4.3	6
西澳大利亚州	16	11	68.8	0	55.6	0.9	5
南澳大利亚州	10	4	40.0	0	49.3	1.6	5
塔斯马尼亚州	5	2	40.0	2	44.0	1.4	2
澳大利亚首都领地	3	0	0	0	38.4	-0.5	3
北领地	2	0	0	0	45.8	2.9	2
全国	151	77	51.0	4	51.5	1.2	68

资料来源：Adrian Beaumont, "Final 2019 Election Results: Education Divide Explains the Coalition's Upset Victory," The Conversation, June 18, 2019, https://theconversation.com。

① Adrian Beaumont, "Final 2019 Election Results: Education Divide Explains the Coalition's Upset Victory", The Conversation, June 18, 2019, https://theconversation.com/final-2019-election-results-education-divide-explains-the-coalitions-upset-victory-118601.

② 澳大利亚实行两院制（议会中有参议院和众议院），立法须在两院中均获得多数支持才能成为法律。

③ "Senate Results", June 17, 2019, https://www.abc.net.au/news/elections/federal/2019/results/senate.

直至选举日当天，民调及大部分时事评论家相信，工党会以微弱优势赢得选举，也正因如此，执政联盟的胜利让大部分人吃惊。选民忽略了执政联盟里中立派及保守派间长达六年的分歧，它阻碍执政联盟推行可持续的政策项目，导致在减缓气候变化、移民、水资源管理、大范围税收改革等重要议题上的政策瘫痪。

既然如此，为何执政联盟成功连任？赢得选举的总理斯科特·莫里森也许“一直相信奇迹”[①]，但这篇文章则探讨政府成功连任背后更为现实的理由。执政联盟充分利用莫里森身为领袖的名望，同时对工党大胆求变的政策及其领袖比尔·肖顿（Bill Shorten）进行强有力的抨击，或许是其获胜的理由。

陷入危机的政府

自由党人主张他们的党派就像“广教派”，接纳各种不同的观点。然而，和大部分党派一样，内部总有可能产生分歧。这些分歧在第45届议会期间越发明显，最终导致总理马科姆·特恩布尔下台及持续的政策瘫痪。这也意味着莫里森政府很难在竞选活动中宣传自己任期内的成绩，也不能就未来执政联盟的政策与各方达成一致。

在这种情况下，莫里森政府能做的承诺很少：大规模税收改革简化为减税；气候变化政策转变为一项资助个人组织机构控制气体排放的专项拨款；移民政策仅用来确保来澳移民总数不变。最后，执政联盟的竞选活动集中在三点：抨击工党，称一旦工党当选，澳大利亚将会陷入危机；执政联盟领导比工党更为优秀；个人减税政策。

政治科学家朱迪斯·布雷特（Judith Brett）强调，多年来自由党的传统优势已渐渐消失，导致过去六年内有三任总理上台，领导力及政府的稳定性

---

① ABC News，“I have Always Believed in Miracles：Scott Morrison Declares Election Victory”，May 18，2019，https：//www. youtube. com/watch？ v = fFke_ n9JRC8.

都受到冲击。她总结称，“自由党内剩下的东西也就只有对后裤袋的吸引力了”。[①] 这和评论员乔治·梅嘉龙杰尼斯（George Megalogenis）的结论类似，他认为执政联盟的竞选活动除了慷慨大方且无任何拨款的减税政策以外没有任何政治议程。[②]

政策瘫痪

澳大利亚选举产生政府以管理国家，也就是说，政府需要进行决策，解决国家面临的某些重大问题，如建立一个公平公正的税收体系，建立公平的税收分配体系来应对教育、健康及其他需求，解决环境问题，制定强有力的气候变化减缓政策，并制定移民及人口政策。

然而，过去十年里，澳大利亚政治充斥着混乱及内部分裂：议会中无多数党，党内改选的参议院对政府议案充满敌意。现代政府似乎已经丧失了沟通协商的技巧，而两党间就能产生长远影响的议题进行协商尤其重要。政府不再治理，而这恰恰是他们的首要任务。

与前任相比，莫里森政府在议会上花费的时间更少。按比例，莫里森政府期间，议会开会的天数是 1901 年联邦成立以来最少的。这个“临时”议会缺乏立法创议，更不用说提出施政建议。在此背景下，莫里森集中精力竞选，而不是管理国家，他的注意力更多投放在抨击工党政策上。执政联盟缺乏政策，以至于资深媒体评论员凯瑟琳·墨菲（Katharine Murphy）质问道：“如果他（莫里森）赢得选举，接下来三年里要做什么?”然后自答：“即使我以观察政治为生，老实说，我也不清楚。”[③]

在莫里森政府执政前，特恩布尔政府在立法层面同样毫无建树。记者尼

---

① Judith Brett, “The Government's Appeal to Self-interest Groups”, *The Monthly*, May, 2019, pp. 10 – 12.

② George Megalogenis, “2019 Election: The Shock of the New Normal”, *The Monthly*, June, 2019, pp. 10 – 12.

③ Katharine Murphy, “Beyond-terrible Televised Leaders' Debate Leaves No Winners, Only Grinners”, *The Guardian*, April 29, 2019, https://www.theguardian.com/australia-news/2019/apr/29/beyond-terrible-televised-leaders-debate-serves-up-a-winner-and-a-grinner.

克·伊夫谢德（Nick Evershed）[①] 跟踪了所有澳大利亚政府的立法成果，并得出结论称，在澳大利亚历史上，特恩布尔政府通过的立法最少。一位学术界的评论员认为，“很难想到（特恩布尔政府）有什么值得铭记的、归功于这个政府的特殊成就”[②]。这也反映了特恩布尔无力掌控执政联盟里强大的保守派，由此导致了政策瘫痪。在此情况下，民调显示特恩布尔无法获得选民的支持，也因此无法维系党内的忠诚，其在党内的领导力遭到挑战。

执政联盟拥护者也许会反对这种描述，他们认为执政联盟为选举提出的迟来的能源及移民政策的确是一种努力。然而，执政联盟内部深层次的分歧意味着特恩布尔不能阐述一个清晰完整的能源政策，且选择无视首席科学家艾伦·芬克尔（Alan Finkel）呼吁制定清洁能源减排目标的号召。莫里森的气候变化政策包括为几个减少电费的项目拨款，而非解决气候变化问题本身。莫里森的政策引起人们对澳大利亚能否完成其在国际社会承诺的气体减排及维持甚至减少电费这两个目标的担忧。

在移民政策上，特恩布尔被迫翻出当年与奥巴马政府签订的协议，该协议被随后的美国总统唐纳德·特朗普嘲笑为“愚蠢”。[③] 莫里森政府承诺限制移民数量，而不是在社会展开对基础设施建设及其与移民关系的广泛讨论。巧合的是，几年前莫里森担任财长期间曾拥护增加移民的措施，理由是他相信移民会对经济产生正面影响。值得注意的是，由于移民对基础设施建设、住房、健康、教育的财政影响更多由州政府承担，执政联盟宣布的政策里很少包括州及领地。

银行业方面，莫里森终于要求皇家委员会（Royal Commission）调查银

① Nick Evershed, “Turnbull Scores Lower than Abbott, Gillard and Rudd on Productivity of Parliament”, *The Guardian*, December 23, 2018, https://www.theguardian.com/australia-news/datablog/2018/dec/23/turnbull-scores-lower-than-abbott-gillard-and-rudd-on-productivity-in-parliament.

② Rob Manwaring, “What will the Turnbull-Morrison Government be Remembered for?”, The Conversation, April 7, 2019, https://theconversation.com/what-will-the-turnbull-morrison-government-be-remembered-for-114618.

③ Rob Manwaring, “What will the Turnbull-Morrison Government be Remembered for?”, The Conversation, April 7, 2019, https://theconversation.com/what-will-the-turnbull-morrison-government-be-remembered-for-114618.

行，而他在担任财长期间曾 27 次否决该提案。皇家委员会揭露了银行及监管系统上存在的重大系统性缺陷。然而，皇家委员会揭露了银行系统中存在难以置信的失信行为以后，莫里森政府却没有在任期结束前贯彻落实皇家委员会的重大建议。

然而，特恩布尔－莫里森任期内澳大利亚通过了两项重要立法，尽管两者都没有获得执政联盟的一致认同。由于执政联盟内部不能达成协商一致，婚姻平权法案①作为议员个人议案提出；尽管莫里森政府强烈反对，军用直升机议案得到议会中立议员的支持并获得通过，该议案允许被拘留在瑙鲁的难民②获得医疗疏散。

议会有限的立法天数，再加上五位部长、两位前部长又在竞选前宣称，他们不会寻求连任，失去如劳资关系、人力服务、原住民事务、国防等关键领域的部长人选意味着政府开始了“跛脚鸭”阶段，部门工作很难开展。损失有经验的人才同样加剧了莫里森政府面临政策瘫痪的危机。这也意味着莫里森必须独自肩负竞选活动的重任，而与之相比，工党则能起用重要领袖来支持比尔·肖顿竞选。

主要竞选政策

2019 年大选显示出党派间的重要差异及维系这种差异性的政治理论。执政联盟依旧是高收入企业家的党派，工党则是低收入工人的党派。新自由主义的政治理论为执政联盟提供支撑，该理论相信市场在高效资源调配中发挥的作用，重视选择、激励、政府有限干预，且相比公有制更倾向私有制。

工党的观点则更偏向于社会民主主义，认为政府在资源分配上起至关重要的作用，第一要义是确保公平。社会民主主义者重视政府在为病人、短暂

① 允许同性婚姻的法律在议会以压倒性优势通过，全民邮政投票显示，62% 的澳大利亚人赞同实行婚姻平权。

② 在澳大利亚现行移民政策下，乘船前往澳大利亚的难民将会被送往巴布亚新几内亚、瑙鲁或圣诞岛，不能获得在澳大利亚定居的机会。

失业者、老年人或残疾人铺设“安全网”，以及在建立更加公平的资源分配系统中的作用。[①]

由于执政联盟的执政成果乏善可陈，缺乏政策创新，2019 年的竞选实质上是为工党的政策及领导能力投票。莫里森宣称，要在不确定的时代里避免未知，现在不是变革的时机。[②] 显然，许多澳大利亚人认同他的看法，对肖顿担任未来总理的前景不以为然，并反映在了投票上。

气候变化

这次大选也被称为“气候变化大选”，但很明显，气候变化只在一些地区、一些选民眼里处于首要地位。在别的地方，其他话题更加重要，如就业（特别在昆士兰州）、经济状况或者对工党改革政策的担忧。

大多数澳大利亚人认为气候变化是国家利益的头号威胁，[③] 而 2018 年的气候变化表现指数显示，澳大利亚在 60 个国家中排第 55 位。墨尔本大学的研究表明，如果所有国家对气候变化的应对和澳大利亚一样严重不足，那么世界气温将会再上升 4℃。[④]

执政联盟的“直接行动”（Direct Action）政策围绕资助减少气体排放展开，莫里森总理将其重新命名为“一套解决气候问题的方案”。方案通过减少气体排放的专项资金鼓励机构，包括排放污染气体的机构申请政府资助，以减少排放。执政联盟承诺，未来 15 年将会投入 150 亿澳元支持这项计划。

然而，执政联盟计划中有一部分“安全保障机制”，允许重工业公司增

① 参见 Chris Aulich，“The Evolution of Public Enterprise in Australia：Disillusion and Dissolution”，*Asia Pacific Journal of Public Administration*，41（2019），pp. 19－32。

② Michell Grattan，“Whitlam Parallels a Labor Gamble”，*The Canberra Times*，May 19，2019，p. 34.

③ Katharine Murphy，“Climate Change is this Election's Top Issue”，*The Guardian*，May 15，2019，https：//www. theguardian. com.

④ Kate Dooley，“Australia's Major Parties' Climate Policies Side-by-side”，The Conversation，12 May，2019，https：//theconversation. com/australias-major-parties-climate-policies-side-by-side-116896.

加近三分之一的温室气体排放而无须受到任何处罚。这些举措将大大延长减少温室气体排放的时间，为行业留出调整时间。除了现行的 2020 年实现 23.5% 的减排目标以外，执政联盟没有任何增加可再生能源的计划，目前减少气体排放的目标低于 2005 年水平的 26% ~28%，不足以让澳大利亚实现巴黎气候协议中的目标。

工党气候变化行动方案以为可再生能源设立目标为基础，预计在 2030 年时可再生能源占据电力生产的 50%，减少家庭太阳能电池购买支出，增加能源效率方面的投资。工党计划于短期内开展“碳农场”计划（Carbon Farming Initiative），解决农业领域内产生的排放问题。工党为气候变化设立的目标能使澳大利亚在 2030 年实现排放量仅为 2005 年排放量的 55%，并在 2050 年达到零排放。执政联盟批评施行该政策的代价太高；而绿党则称该政策不够大胆。

从全球角度来看，工党的目标仍不合格，无法让澳大利亚实现在巴黎气候峰会上的承诺。但是对比当前目标，这仍然前进了一大步，至少与世界上其他无法达到承诺的国家站在同一起跑线上。目前全球治理目标会让气温上升 3℃。

绿党提出的气候变化政策是唯一能让澳大利亚达到其国际承诺的政策，其目标为到 2030 年，减少 63% ~82% 的气体排放，到 2040 年逐步达到零排放。绿党的竞选纲领呼吁澳大利亚逐步摆脱石化能源。

执政联盟希望缓慢达到目标，并在竞选活动中重点提及气候变化议题的两方面：第一，他们认为工党的计划不计成本，最终将使经济崩溃。第二，执政联盟承诺开发昆士兰州阿达尼煤矿，认为煤矿的开发有可能增加就业机会。

阿达尼煤矿开发对昆士兰州的选民，尤其对生活在主要城市布里斯班外的选民至关重要。工党并没有尝试说服选民相信在转而使用清洁能源时不会流失大量的工作机会。工党在昆士兰州的选票流失，代表选民投票给工作而不是气候变化。同时，昆士兰州选民讨厌外界干预他们决定什么才是州内最优先的政治事项。昆士兰州的失业率很高，很多人认为，阿达尼煤矿能为昆士兰州中部、北部地区提供就业机会。在谋求工作稳定的前提下，大部分选民将经济置于优先地位，而非环境政策。[①]

税收政策

主要政党的税收政策显示了党派间的不同。自由党注重提高递减税收的门槛，而工党则支持偏向累进税制的系统。执政联盟的税收政策重点在于简化税收系统，使其更偏离累进税制，缩小税率的差异。未来十年，执政联盟将在该政策上花费1580亿澳元，本质则为减税，为最低收入人群提高税收门槛，并于2024年将边际税率降至30%。莫里森之前认为，工商业也需要大规模减税，但是他的“下渗经济学”并未收获良好反响。2019年预算案提出为个人减税并推迟了大企业的税项缩减。

相反，工党计划通过一系列机制，减少财富不均的现象：为低收入人群提供大量减税优惠；减少税收漏洞（尤其针对外资企业）；削减与负扣税[②]相关的税收减免；去除分红回扣，即投资公司时，已经由公司缴税的部分将会获得退税；打击信托基金里的收入分割；对年收入18万澳元以上人士征收2%的临时预算修复税。这些税收改革措施牺牲富裕阶层的利益，并为低收入人群减轻税负。政府将获得更多税收，保证工党能实行在儿童抚育、教育、健康领域增加支出的计划。

税收政策成为衡量经济管理的指标。执政联盟宣称，在管理经济上他们更值得信赖。同时，他们争辩称，税收政策反映了其在经济管理上的深谋远虑。他们称，工党“征税多，开支多”，并曾经在经济上做出错误决策。抨击高额税收及巨额支出是执政联盟竞选活动成功的重点所在。执政联盟甚至策划了一次“抹黑式竞选”，称工党将增加税收，尤其是向老年人、退休人士增税，并将其与执政联盟为所有澳大利亚人减税的政策相比较。基于昆士

① Maxine Newlands et al.，“State of the States：Queensland and Tasmania Win it for the Coalition”，The Conversation，21 May，2019，https：//theconversation. com/state-of-the-states-queensland-and-tasmania-win-it-for-the-coalition-117398.

② 投资物业的业主可以就他们在拥有和租赁房产过程中的任何损失申请税收减免。

兰州的人口年龄结构及其作为退休胜地的名声，由于执政联盟反复强调工党将“征税到死”，“退休税”和“遗产税”在昆士兰州引起巨大的反对声音。①

尽管工党有充分的理由质疑执政联盟的经济管理，但是他们并没有这样做。2013 年托尼·阿博特上台后宣布“预算告急”，指责之前工党政府留下债务和赤字。然而，执政六年期间，执政联盟留下六份预算赤字，并增加了 2010 亿澳元国债。② 并且，在两个连续季度内，澳大利亚人均 GDP 下降，显示 GDP 增长缓慢。

在回顾了竞选中的种种不实信息后，《卫报》指出，很多选民不能区分工党“复杂且没有得到充分解释”的政府收入增加计划③且相信了关于工党当选后将征收遗产税的流言。《卫报》记者称，2019 年竞选是第一次“后真相竞选”，很多人在脸书上分享的材料完全没有事实依据。这也暴露了竞选章程的缺陷，尤其是在点对点的社交媒体这一层面上；报道也发现执政联盟的某些成员与新闻集团旗下的《每日邮报》共谋，夸大了关于遗产税的不实信息。

健康

2019 年联邦竞选中，主要政党呈现给选民截然不同的健康政策。自由党的竞选活动传达出两个主要信息：现行政府能够很好地治理经济，并实行长期大幅度的减税。减税使人们能选择自己所需的健康服务。

工党提出的健康政策截然不同。作为竞选活动的核心，工党承诺在未来四年为医疗保健投入 80 亿澳元。这些承诺包括减少癌症病人的自付比例，

---

① Paul Karp, “It's a Lie: Chris Bowen Calls on Coalition to Disavow Claim that Labor will Bring in Death Tax”, *The Guardian*, 22 April, 2019, https://theguardian. com.

② Richard Denniss, “The Morrison Election: What We Know Now”, *The Monthly*, June 2019, pp. 21 –31.

③ Katharine Murphy et al., “How the Death Tax Lie Infected Australia's Election Campaign”, *The Guardian*, 8 June, 2019, https://www. theguardian. com/australia-news/2019/jun/08/it-felt-like-a-big-tide-how-the-death-tax-lie-infected-australias-election-campaign.

增加公立医院的资金，恢复阿博特政府 2014 年削减的健康投入。工党承诺建立长期、普遍的牙科健康计划，但这个项目一开始只向老年人开放。健康方面的政策与工党对社会福利的关注息息相关。作为工资不上涨的补偿，低收入人群应获得社会红利。

教育

工党称，教育是刻在他们 DNA 上的一部分，也是他们推行机会平等的大范围改革措施中的一部分。工党计划向儿童抚育、早期儿童教育、中小学教育、高等教育以及 VET 领域[①]中投入大量额外资金。

执政联盟在儿童早期教育及其他教育领域方面的投入则更为谨慎。基于执政时的成绩，它承诺为偏远地区学生提供更多支持，让他们有更多的受教育渠道。[②] 值得注意的是，两党都宣称，他们支持按需分配的资金计划，这与冈斯基教育评估报告的结果[③]相一致。

水资源管理

水资源管理也是竞选的一个主要议题，尤其在澳大利亚偏远地区。尽管新南威尔士州保守派选民为 2019 年 5 月执政联盟成功连任欢欣鼓舞，国家党在这些区域的糟糕表现却让这场胜利有点变味。选民主要反对他们对墨累达令河流域（the Murray-Darling Basin）水资源的管理。国家党流失了平均约 20% 的选票，选票主要流向当地知名的独立议员。

联邦选举中，很多地方上的执政联盟成员也受到独立议员的挑战。大部分挑战者称旱灾带来的灾难性影响及墨累达令河流域“丢人的水资源不当

① VET，职业教育与培训。

② Kate Noble，“Beyond the Dollars：What are the Major Parties Really Promising on Education?”，The Conversation，17 May，2019，https：//theconversation. com/beyond-the-dollars-what-are-the-major-parties-really-promising-on-education-117097.

③ 针对学校资金的冈斯基教育评估报告建议学校资金由政府提供，资金需根据每个学校的需求提供，且不分领域。也就是说，州政府和私人机构管理运营的学校间不应有太大的差别。两个主要政党普遍支持“冈斯基式”评估的结论。

管理”促使他们参加竞选。① 水资源回购系统的问题被大肆宣传，该系统旨在通过市场机制解决来自城镇农村、农民及环境保护主义者相互竞争水资源的问题。非法获利、徇私、低效水资源管理等争议困扰着执政联盟，有人称这个问题为“水门事件”②，对水资源管理开展调查的必要性日益增强。

很多独立候选人也担忧澳大利亚偏远地区不断下降的生活质量，他们认为，偏远地区社群正失去健康服务、工作及基础设施建设投资机会。这反映在澳大利亚偏远地区的人均预期寿命上：其寿命只有少许延长，且速度明显低于城市地区的居民。③

2019 年联邦预算法案并未成为水资源管理的“断路器”。执政联盟持续到 2024 ~2025 年的减税政策中，澳大利亚偏远地区及老年人获利最少，而中高收入的城市居民则获利最多，很少人关注改善水资源管理的问题。④

国家党成为地方抗议的主要目标，抗议者指责他们偏向大农场灌溉，忽视气候变化和选区选民脱节。然而，当这些住在偏远地区的选民投票时，和新南威尔士州选举不同，他们没有选择赶走国家党成员。尽管在几个席位上受到挑战，国家党成员却依然保住所有偏远地区的席位。只在维多利亚州因地选区，地方上的独立议员赢得选举，海伦·海恩斯从已退休的独立议员凯西·麦高文手上获得了席位。

---

① Shannon Molloy, “The Vegetarian Cattle Farmer Roy Butler on Track to Make History in NSW Election”, March 16, 2019, https://www.news.com.au/national/nsw-act/politics/the-vegetarian-cattle-farmer-roy-butler-on-track-to-make-history-in-nsw-election/news-story/c6816ab6abfd8bba62208aeac11c0536.

② Nick Feik, “New Developments in the Watergate Scandal”, *The Monthly*, April 24, 2019, https://www.themonthly.com.au/today/nick-feik/2019/24/2019/1556084917/new-developments-watergate-scandal.

③ Shannon Molloy, “The Vegetarian Cattle Farmer Roy Butler on Track to Make History in NSW Election”, March 16, 2019, https://www.news.com.au/national/nsw-act/politics/the-vegetarian-cattle-farmer-roy-butler-on-track-to-make-history-in-nsw-election/news-story/c6816ab6abfd8bba62208aeac11c0536.

④ Gabrielle Chan, “Budget 2019: Regional and Older Australians Benefit Least from Tax Cuts, Analysis Shows”, *The Guardian*, April 4, 2019, https://www.theguardian.com/australia-news/2019/apr/04/budget-2019-regional-and-older-australians-benefit-least-from-tax-cuts-analysis-shows.

对国家党的一向忠诚成为澳大利亚偏远地区的默认立场，尽管执政联盟没有国家层面的旱灾政策，还缺乏互相关联的地区政策。评论员盖布里尔·陈（Gabrielle Chan）指出了选民这种保守性背后的几个原因，认为“工党的政纲把大家都吓坏了”，且偏远地区的澳大利亚人对斯科特·莫里森“很热情”。[①] 尽管如此，水危机的烂摊子留给了新政府解决，且该问题日益严重。

竞选策略

竞选缺乏亮点，但是虚假新闻、对社交媒体上虚假信息的政治利用和匿名发布在脸书上的肤浅谎言被某些媒体放大，都为竞选笼罩上一层阴霾。[②] 这对澳大利亚选举委员会（Australian Electoral Commission）[③] 构成挑战。该委员会负责监督选举活动，而在近年，由于缺乏实际权力、受法院相关判决先例影响、可拨配资源有限、更频繁使用社交媒体而导致的复杂情况等，选举委员会的工作面临阻碍。面对超过500件违反竞选法案的申诉，选举委员会证实了其中87件，并采取行动处理了这些问题。然而，人们也在考虑，认为新法律也许能够帮助选举委员会更好地防止投票过程中的误导、欺骗行为。[④]

领袖

好几位部长决定不再参选，于是大部分时间里斯科特·莫里森只能自己

① Gabrielle Chan, “Election Lessons from Regional Australia: Why Labor Got the Push in the Bush”, *The Guardian*, May 25, 2019, https://www.theguardian.com/australia-news/2019/may/25/election-lessons-from-regional-australia-why-labor-got-the-push-in-the-bush.

② Denis Muller, “Lies, Obfuscation and Fake News Make for a Dispiriting – and Dangerous – Election Campaign”, The Conversation, April 26, 2019, https://theconversation.com/lies-obfuscation-and-fake-news-make-for-a-dispiriting-and-dangerous-election-campaign-115845.

③ 澳大利亚选举委员会为独立于政府的公共机构，负责所有全国大选相关事务。

④ Luke Henriques-Gomes, “Lies, Damn Lies and Campaign Material: the Biggest Fibs of the Election So Far”, *The Guardian*, May 2, 2019, https://www.theguardian.com/australia-news/2019/may/02/lies-damn-lies-and-campaign-material-the-biggest-fibs-of-the-election-so-far.

开展竞选活动。在澳大利亚国内来回奔波以求赢得边缘席位的过程中，莫里森展现出无比活力。由于缺乏清晰、完善的政策，他在竞选活动中主要宣传自己在民调“首选总理”一项排名中位居前列。莫里森将竞选活动塑造为对总理的选择，即选莫里森或肖顿。他宣称，选举是“他和肖顿之间的竞赛——这掩盖了自由党不好的名声，藏起他不受欢迎的内阁……消除了新近的负面记忆”。①

与之相对，肖顿将自己塑造为拥有一个有条不紊团队的领袖，一有机会就在竞选演讲中提及团队里年纪较长的代表人物。工党展现了一支有能力的队伍，还有过去六年内酝酿成熟的政策。然而，在过去六年的反对党领袖生涯中，肖顿一直没能成为人们心中的“首选总理”。学者约翰·奎金（John Quiggin）提到，“肖顿在公众的眼里就像一个没有坚定信念的机器人，可他的政策比 1993 年以来任何一个反对党领袖都要大胆”②。然而，选举结果显示，领导力比政策更重要。

“杀死比尔”策略

“杀死比尔”③ 为执政联盟使用的策略，受默多克新闻集团支持，以破坏工党领袖比尔·肖顿的职业生涯为目标。这个策略包括抓住每次机会奚落肖顿，特别是他一直在民调“首选总理”中落后于现任总理这一点。一位媒体评论员解释说，“主流媒体不会放过任何一个报道肖顿负面新闻的机会”④。这包括对他个人、家庭的攻击，质疑他与商业领袖，尤其是与工会之间的关系。

例如，在工党是否会阻止昆士兰州阿达尼煤矿的开发问题上，肖顿连续

① Nikki Savva, *Plots and Prayers: Malcolm Turnbull's Demise and Scott Morrison's Ascension* (Melbourne: Scribe, 2019), p. 361.

② John Quiggin, “Nothing”, June 25, 2018, https://johnquiggin.com/2018/06/25/nothing/.

③《杀死比尔》是昆汀·塔伦蒂诺在 2003 年和 2004 年制作的一系列电影，由乌玛·瑟曼饰演的新娘，发誓要报复一群刺客和他们的首领比尔，因为他们曾试图杀死她和她未出生的孩子。

④ Eddy Jokovich, “Kill Bill and the Failure of a Smear Campaign”, *New Politics*, 9 March, 2018, https://newpolitics.com.au/2018/03/09/kill-bill-and-the-failure-of-a-smear-campaign/.

四天被要求描绘工党煤矿政策的图景。尽管每次都给出类似答案，但是媒体的回应都围绕“两面派”、“不真实”、“不可信”、“摇摆不定”、“不诚实”展开，他本人也被指责为“不诚恳的人”。[①]

执政联盟早些时候尝试撺掇皇家委员会调查工会以诋毁肖顿，希望这会让工党领袖“露出马脚”，然而这没有成功。2018年澳大利亚联邦警察突击搜查肖顿以前所在的澳大利亚工人联盟的办公室，同样一无所获。

“杀死比尔”策略已执行了六年，产生了如“狡诈肖顿”、“电力比尔”、“灯火管制比尔”等诋毁性口号，主要围绕肖顿对可再生能源及减缓气候变化的支持。对肖顿的持续攻击，既成功地分裂了工党，也有利于莫里森将选举塑造为给他或者比尔·肖顿投票的活动。莫里森坚持在每次新闻发布会上，在竞选活动开始后的每一场演讲中，警告澳大利亚人，肖顿是“澳大利亚不能承受的比尔，他将给大家带来高税收、高负债和疲软经济”[②]。

默多克新闻集团

默多克新闻集团旗下不仅有全国性报纸《澳大利亚人报》、墨尔本的《先驱太阳报》和电视频道天空新闻，公司在布里斯班、阿德莱德及霍巴特也处于垄断地位。默多克新闻集团的澳大利亚编辑利用其在新闻媒体上的统治地位，在2019年选举中开展了持续不断的反工党活动。其程度之深，以至于最近集团里几位著名前员工及现员工批评默多克新闻集团对工党（及绿党）持续不断的攻击。集团有名的记者托尼·科克抱怨道，“与我合作过的编辑中，没有一个能忍受现在每天在报纸上刊载的、带有偏见的反工党垃圾报道”[③]。

---

① Eddy Jokovich, “Kill Bill and the Failure of a Smear Campaign”, *New Politics*, 9 March, 2018, https://newpolitics.com.au/2018/03/09/kill-bill-and-the-failure-of-a-smear-campaign/.

② 可参见 Nikki Savva, *Plots and Prayers: Malcolm Turnbull's Demise and Scott Morrison's Ascension* (Melbourne: Scribe, 2019), p. 370。

③ Denis Muller, “Mounting Evidence the Tide is Turning on News Corp, and its Owner”, The Conversation, May 12, 2019, https://theconversation.com/mounting-evidence-the-tide-is-turning-on-news-corp-and-its-owner-116892.

对工党的偏见并不是新近产生的。紧随着陆克文和吉拉德的交换轮替，在2013年选举中，新闻集团积极为他们的读者提建议，称他们应该“把这群暴徒赶出去”，并投票给执政联盟。然而，尽管六年里联盟党频繁经历领导人轮替，2019年新闻集团在澳大利亚刊载的关于选举的报道中，却没有针对执政联盟的类似头条。相反，对执政联盟的候选人及政策，集团持续进行了正面的（或者是未经审视的）、偏袒性的报道，与之相对的是他们对工党和比尔·肖顿的炮轰。

《卫报》的罗伊·格林斯雷德（Roy Greenslade）如此评价新闻集团的老板鲁伯特·默多克：

> 他丝毫没有掩饰计划的意思。这个计划露骨、无耻且野心勃勃。它再一次证明了默多克企图将政治干预与商业计划相结合。①

《卫报》对散布的错误消息进行了查证②，发现新闻集团的《每日邮报》参与谋划传播有关工党税收，尤其是与继承税相关的假消息。新闻集团的偏见继续在福克斯电视台里散播，《黑暗后的天空》（Sky after Dark）及其他电视节目赤裸裸地传播带有党派偏见的反工党、反肖顿信息。

在政策话题的处理上，默多克新闻集团同样广受批评。虽然民调显示澳大利亚人越来越支持在气候变化及清洁能源上的行动，集团下属的媒体仍然将环境问题列为第二梯队或是第三梯队的选举话题。新闻集团报道竞选活动里的气候变化议题时，大部分在批评工党的政策杞人忧天。例如，《澳大利亚人报》称，肖顿的环境政策计划在2030年时减少45%的温室气体排放，将花费2640亿澳元。这个数据虽然是基于一位前政府经济学家的模型，但

---

① Roy Greenslade, “‘Kick this Mob out’: Murdoch Flexes his Election Muscle from Day One”, *The Guardian*, August 5, 2013, https://www.theguardian.com/commentisfree/2013/aug/05/daily-telegraph-election-australia.

② Katharine Murphy et al., “How the Death Tax Lie Infected Australia’s Election Campaign”, *The Guardian*, June 8, 2019, https://www.theguardian.com/australia-news/2019/jun/08/it-felt-like-a-big-tide-how-the-death-tax-lie-infected-australias-election-campaign.

是许多气候领域的著名专家和学者并不认同这种看法。然而默多克新闻集团却支持并广泛援引这一数值。

绿党领袖理查德·迪·纳塔莱（Richard Di Natale）抱怨，默多克新闻集团“不是一个媒体渠道。他们是自由党极右派的宣传口，而且越来越失控”。纳塔莱进一步指责新闻集团挑起仇恨。① 他建议加强媒体报道监管，并投入更多资金给澳大利亚广播公司（ABC）这样不带偏见的渠道。前工党总理陆克文形容默多克新闻集团为“长在澳大利亚民主上的恶性肿瘤”，呼吁皇家委员会调查新闻集团。②

澳大利亚的民粹主义

澳大利亚联合党和宝琳·韩森的单一民族党占据了约6.5%的全国首选投票。③ 尽管这与2016年选举相比略有上升（特别是在昆士兰州），与其他国家的民粹主义，如玛丽·勒庞（Marie le Pen）22%的支持率、英国“脱欧”公投或美国唐纳德·特朗普的当选相比，民粹主义政党在澳大利亚的支持率并不高。④

例如在昆士兰州，很多人仍然支持执政联盟，而换成在别的国家，他们也许会支持民粹主义政党。盖布里尔·陈称一部分澳大利亚人为“被忽视的阶层”，他们住在偏远地区，机会有限，向上移动的空间受阻。他们缺乏

---

① Anne Davies, “Q&A: News Corp a Malignant Influence On Our Democracy”, *The Guardian*, May 14, 2019, https://www.theguardian.com/australia-news/2019/may/14/qa-news-corp-a-malignant-influence-on-our-democracy-richard-di-natale-says.

② Gay Alcorn, “Australia's Murdoch Moment: Has News Corp Finally Gone too Far?”, *The Guardian*, May 11, 2019, https://www.theguardian.com/media/2019/may/10/australias-murdoch-moment-has-news-corp-finally-gone-too-far.

③ Adrian Beaumont, “Final 2019 Election Results: Education Divide Explains the Coalition's Upset Victory”, June 18, 2019, https://theconversation.com/final-2019-election-results-education-divide-explains-the-coalitions-upset-victory-118601.

④ Gregory Melleuish, “We're not Seeing a ‘Populist Surge’ in this Election”, The Conversation, May 15, 2018, https://theconversation.com/were-not-seeing-a-populist-surge-in-this-election-why-not-117011.

技术，也买不起能源服务。[①] 特朗普及“脱欧”的支持者们也有类似的特征。昆士兰州的辛克勒（Hinkler）、宽河湾（Wide Bay）、肯尼迪（Kennedy）、马拉诺阿（Maranoa）、弗林（Flynn）及卡普里科尼亚（Capricornia）选区就是这些“落后地区”的典型，这些选区也是澳大利亚经济最不发达的地区；昆士兰州还有五个选区被评为“高危地区”。[②] 这些选区共 11 个席位中，执政联盟或者凯特澳大利亚党（Katter's Australian Party）夺回了 9 个，且 11 个席位都脱离工党掌控。

澳大利亚下院由每个选区选出一位议员组成，因此新人或者小党派很难赢得议席。在一些幅员广阔、社群多样的选区，胜选难上加难。澳大利亚的民粹主义势力大部分局限在于偏远地区，这些党派的党首很难以自己的力量来吸引支持以赢得席位。梅鲁伊什（Melluish）认为，这些党派需要用宏大的议题吸引选民，使他们不再死心塌地忠诚于原来的政党，而这在澳大利亚此前从未发生过。[③]

通过澳大利亚的偏好投票制，民粹主义政党能施加他们的影响。这些党派获得首选投票之后都将遵守优先顺序规则流向执政联盟[④]，从而影响选举结果。据报道称，在 2019 年选举中，澳大利亚联合党花了 6000 万澳元[⑤]，其中大部分资金投向了反工党广告，而自己没有获得任何席位。然而，

---

① Gabrielle Chan, “Election Lessons from Regional Australia: Why Labor Got the Push in the Bush”, *The Guardian*, May 25, 2019, https://www.theguardian.com/australia-news/2019/may/25/election-lessons-from-regional-australia-why-labor-got-the-push-in-the-bush.

② Anne Tiernan et al., “Queensland to All those #Quexiteers: Don't Judge, Try To Understand Us”, The Conversation, May 22, 2019, https://theconversation.com/queensland-to-all-those-quexiteers-dont-judge-try-to-understand-us-117502.

③ Gregory Melleuish, “We're not Seeing a ‘Populist Surge’ in this Election”, The Conversation, May 15, 2018, https://theconversation.com/were-not-seeing-a-populist-surge-in-this-election-why-not-117011.

④ 澳大利亚联合党及执政联盟同意通过向选民发放投票指引来交换偏好，敦促他们互相选择对方政党。

⑤ Chris Salisbury, “Minor Parties Perform Well in Federal Election and Reconfirm the Power of Preference Deals”, The Conversation, May 19, 2019, https://theconversation.com/minor-parties-perform-well-in-federal-election-and-reconfirm-the-power-of-preference-deals-117192.

澳大利亚联合党和宝琳·韩森的单一民族党的偏好投票帮助了很多保守党成员赢得席位，特别是在昆士兰州，这些党派议员通过本土化、地区化的竞选策略吸引选民。从这些民粹主义政党上收回的票数部分解释了执政联盟如何在比2016年选举获得更少首轮投票的情况下，最终得票率仍然上升了1.2%。[①]

无党派人士的影响

无党派激进分子也在2019选举中发挥了一定作用，他们常对政治进程中的“外界影响”表示担忧。

“站起来”组织募集1200万澳元资金，希望推广他们的政治观点，他们的大多数观点与左翼政党一致。“站起来”组织着眼于30个选区，他们敦促选民基于气候变化、阿达尼煤矿、难民待遇方面投票，目的在动员选民反对执政联盟中的极右成员。该组织认为，这些人阻碍了他们的政治议程。这些极右保守派成员包括托尼·阿博特（Tony Abbott）、皮特·达顿（Peter Dutton）、凯文·安德鲁斯（Kevin Andrews）、格雷格·亨特（Greg Hunt）、尼科尔·弗林特（Nicolle Flint）和克里斯蒂安·波特（Christian Porter）。然而，结果显示，“站起来”组织远没有达到他们的目标。

工会行动同样支持左翼候选人，在维多利亚州尤为明显。澳大利亚贸易工会（The Australian Council of Trade Unions）支持工党，并活跃于28个边缘席位的竞选。他们对工党的支持基于其在恢复加班费[②]、提高养老院的医患比以及加强劳动雇佣监管等方面的政策。[③] 值得注意的是，在工会活动最

① Adrian Beaumont, “Final 2019 Election Results: Education Divide Explains the Coalition’s Upset Victory”, June 18, 2019, https://theconversation.com/final-2019-election-results-education-divide-explains-the-coalitions-upset-victory-118601.

② 这些是支付给工人的额外工资，以补偿他们在周末或晚上工作。

③ Paul Karp, “Breaking Down the Myths: Blue-Ribbon Liberal Seats on Unions’ Long Target List”, *The Guardian*, April 10, 2019, https://www.theguardian.com/australia-news/2019/apr/20/breaking-down-the-myths-blue-ribbon-liberal-seats-on-unions-long-target-list.

活跃的维多利亚州，他们的得票率小幅上升。

执政联盟同样有第三方支持。“前进澳大利亚”将自身塑造为反“站起来”组织的机构，并参与支持保守派候选人如托尼·阿博特的竞选活动。他们筹集50万澳元，通过挑战工党政策，支持执政联盟候选人的方式，帮助保守派成员获得6个席位。澳大利亚建筑与建设委员会（Australian Building and Construction Commission）花了数十万澳元开展全国性竞选活动，反对工党去除负扣税及关闭澳大利亚建筑与建设委员会的计划。该委员会为工人和建筑公司之间提供仲裁。①

一些评论员指出“种族票”的重要性，认为这也许能解释工党未能在一些传统优势席位上获胜的原因。西悉尼地区的选区有大量中国人、南亚人、太平洋岛民、中东人及东南亚人，他们留意到所谓工党正考虑“遗产税”的消息，并认为工党赢得选举将导致房地产市场崩溃。② 然而，这些选区的投票模式和整体趋势相比只有微弱不同。

大部分华裔生活在悉尼班克斯（Banks）和雷德（Reid）两个边缘选区，雷德有20%的选民为华裔，班克斯有16%的华裔选民，维多利亚州切斯海姆（Chisholm）的席位则是两位华裔女性之间的较量。那些席位中，得票率和全国整体倾向与执政联盟投票的趋势相同。在拥有大量华裔背景选民且收入较低的郊区，执政联盟得票率上涨最多，且得票率的上涨与收入水平成负相关。③ 基于这些数据，华裔选民的选票不太可能对最后选举结果产生重要影响。

---

① Judith Ireland et al.，“Voters in Key Seats to Face Barrage from Getup and Conservative Rival”，*The Sydney Morning Herald*，April 11，2019.

② Andrew Jakubowicz et al.，“Was there an ‘Ethnic Vote’ in the 2019 Election and did it Make a Difference?”，The Conversation，June 4，2019，https：//theconversation.com/was-there-an-ethnic-vote-in-the-2019-election-and-did-it-make-a-difference-117911.

③ Andrew Jakubowicz et al.，“Was there an ‘Ethnic Vote’ in the 2019 Election and did it Make a Difference?”，The Conversation，June 4，2019，https：//theconversation.com/was-there-an-ethnic-vote-in-the-2019-election-and-did-it-make-a-difference-117911.

民意调查

大部分民调及评论员都预测工党赢得选举，因此2019年大选民调值得探讨。表2对比了大选前最后一周发布的全国民意调查及选举结果预测。

表2 大选前最后一周澳大利亚全国民调

单位：%

	调查时间	初次计票预估结果						执政联盟
		执政联盟	澳大利亚工党	澳大利亚绿党	澳大利亚联合党	单一民族党	其他政党	
罗伊摩根(Morgan)	May 11－12	38.5	35.5	10.0	3.5	4.0	8.5	48.0
卫报民调(Essential)	May 10－14	38.5	36.2	9.1		6.6	9.6	48.5
益普索(Ipsos)	May 12－15	39.0	33.0	13.0	3.0	4.0	8.0	49.0
银河(Galaxy)	May 13－15	39.0	37.0	9.0	3.0	3.0	9.0	49.0
新闻民调(Newspoll)	May 14－17	38.0	37.0	9.0	5.0	3.0	8.0	48.5
银河(出口民调)(Galaxy Exit)	May 18	39.0	38.0	10.0	3.0	2.0	8.0	48.0
大选结果	May 18	41.4	33.3	10.4	3.4	3.1	8.4	51.5

资料来源：SBS News，“Worse Than the Trump Polling Fail：How did the Federal Election Polls Get It So Wrong?”，May 19，2019，https：//www. SBS. com. au。

民调准确地预测了宝琳·韩森的单一民族党和澳大利亚联合党的得票，同时略微低估了绿党的得票率，原因在于高估了工党票数的同时低估了执政联盟的票数。只有益普索（Ipsos）正确预测工党的得票数，但是高估了三个百分点的绿党得票率——这在益普索很常见。

几个因素能解释民调和选举结果间的差异。一位时事评论员认为，也许民调选取的样本中受过教育的选民比重过多，由于受教育水平越高的选民越倾向于投给工党，所以采样的错误被放大了。[①] 其他一些人认为，民调在主

① Adrian Beaumont，“Final 2019 Election Results：Education Divide Explains the Coalition's Upset Victory”，June 18，2019，https：//theconversation. com/final-2019-election-results-education-divide-explains-the-coalitions-upset-victory-118601.

要政党的首选投票预测上与实际情况差异不大，但是在使用历史数据预测对执政联盟的偏好投票时，低估了这次选举中反工党选民的极端情绪，这些人在首选投票中投票给了民粹主义政党，尤其是在昆士兰州。还有人，如澳大利亚广播公司的安东尼·格林（Anthony Green）则认为，从使用固定电话采样逐渐转移到手机采样的过程中产生了一系列差错。①

从全球层面看，事前民调的准确性在近几年遭到猛烈抨击，特别是民调在预测 2016 年“脱欧”公投及唐纳德·特朗普胜选上遭遇了大规模滑铁卢之后。学者凯文·鲍汉（Kevin Bonham）认为这其中有一些原因，例如不具代表性的样本，样本中政治参与者过多，以及集中预测（因为害怕调查结果出错，民调公司在调整结果时会使其更接近竞争对手的结果）。② 不管什么原因，很明显公众及政党将来都需要仔细地审视事前民调。民调依旧是追踪民意最好、最准确的方法。

结　论

2019 年联邦大选被认为是执政联盟一次令人吃惊的胜利：令人吃惊是因为几乎没有人预测到这个结果，而不是说它本身是个奇迹。工党以精心设计的政治议程、团结且有才能的团队参加选举，并关注了民众关心的问题，如减缓气候变化、增加健康和教育的资金及税收改革项目、将财富重新分配给最需要的人，但他们缺少一个受欢迎的领袖。竞选开始时，斯科特·莫里森在民调中“首选总理”一栏经常超过比尔·肖顿，同时莫里森在竞选活动中表现出来的能量、专注度和纪律性胜过了工党在政治议题上所占的优势。通过持续地、有条理地驳斥工党政策，他的竞选活动有效地挑战了工党

① ABC, “Antony Green and What the Trend away from Landlines has to Do with Opinion Polls”, May 19, 2019, https: //www. abc. net. au/news/2019 – 05 – 19/antony-green-says-bad-polls-a-result-of-trend-away/11128522.

② Maani Truu, “Worse than the Trump Polling Fail: How Did the Federal Election Polls Get it So Wrong?”, May 19, 2019, https: //www. sbs. com. au/news/worse-than-the-trump-polling-fail-how-did-the-federal-election-polls-get-it-so-wrong.

的改革计划。工党在解释他们的计划时也不够有力，而且他们的计划太宽泛，要点太多，很容易成为执政联盟瞄准的"大型靶子"。

气候变化问题在一些州反响良好，但是在昆士兰州，就业问题压倒了气候议题。尽管大部分澳大利亚人认为气候变化是关键议题，他们却不愿接受那些损害就业稳定或者生活质量的举措。

选举结果揭示了澳大利亚社会的断层。首先为地理要素，该要素与其他断层也有重合。一方面，有些州经济较落后（如昆士兰州、南澳大利亚州和塔斯马尼亚州），在这些地区，执政联盟支持率至少上升了1.4个百分点；另一方面，在经济更发达的州，如维多利亚州和澳大利亚首都领地，则是工党的支持率上升。选举同样揭露了澳大利亚城市和地方的地理分裂。82个城市席位中，工党赢得49席，执政联盟赢得30席；在69个地方席位中，执政联盟赢得47席，工党赢得19席。梅嘉龙杰尼斯认为，这样的地理分裂将年轻的城市工人和地方上的退休人士及失业人士区分开来。①

第二个断层暴露在富有阶层和欠富裕阶层之间。这次选举宣称为低收入人群提供更好的教育及医疗服务，这些服务大多以能获得税收优惠人群的利益为代价，而优惠是通过负扣税、家庭信托基金以及红利抵免的分红中获得的。选民可选择两种税收系统，一种推行更激进的累进税制（工党），另一种缩小税率间的差异（执政联盟）。然而，澳大利亚人整体的选择已经明朗，其结果却是国家面临更大的不平等。悉尼瓦灵加（Warringah）选区家庭收入中位数全国最高（每周2384澳元），是昆士兰州辛克勒（Hinkler）选区的2.5倍（每周947澳元），该差异从10年前的1.9倍扩大至此。②

第三个断层则产生在世代之间。年老且更富裕的选民拥有特殊优惠政

① George Megalogenis, "2019 Election: The Shock of the New Normal", *The Monthly*, June, 2019, pp. 10－12.

② Matt Wade et al., "The Political Faultlines Dividing the Nation's Electorates", April 18, 2019, https://www.smh.com.au/federal-election-2019/the-political-fault-lines-dividing-the-nation-s-electorates-20190417-p51ezi.html.

策，他们所在的选区坚决反对变革，[①] 使税制改革难以实现代际公平的目标。通过将工党税收政策塑造为“退休税”，并传播假信息称工党正打算引入遗产税，执政联盟获得了这些选区的支持。尽管这些标签不准确甚至错误，但很明显大部分选民担忧工党的财富重新分配政策，也害怕工党准备大范围增税。不管怎样，这展现了某些政治信息如何比另一些信息能引起更大的反响，也表明了实行未来代际公平的承诺在基于年龄的特权前提下很难实施。

代际分离的一个重要层面反映在创新低的投票率上，这在年轻选民占比更大的选区里更明显。鉴于 2017 年婚姻平权全民投票中选民登记率显著上升，有预测认为年轻选民会参加投票，且由于工党承诺核查寻工津贴、停止削减加班费、关心高等教育及气候变化政策，年轻选民有可能投给工党。于 1925 年实施强制投票以来，2019 年选举投票率创历史新低。由于总体投票率仍有 92%，尚不清楚该因素是否导致了工党落败。[②]

第四个断层出现在受教育程度不同的人群之间。格拉顿研究所（Grattan Institute）在考虑了财富和高等教育因素后绘制了工党及执政联盟的支持率情况。在最高收入的五个投票站里，工党只在一个投票站里支持率占优，其余四个投票站里执政联盟占优。在高等教育覆盖率低的地区里，执政联盟在新南威尔士州和昆士兰州明显占优，在维多利亚州则没有较大优势。在高等教育覆盖面较广的地区里，工党的支持率牢牢占优。[③]

贝尔蒙特（Beaumont）得出结论，“执政联盟令人沮丧的胜利背后，最重要的原因是莫里森受到受教育水平较低的选民的喜爱和信赖，而这些人不喜欢也不信赖工党领袖比尔·肖顿”。他还认为，“遗产税”和执政联盟针对对手的恐慌式宣传，通过向受教育水平较低的选民灌输对肖顿的不信任来

---

① Emily Millane, “The Newest Election Faultline isn't Left Versus Right, It's Young Versus Old – and its Hardening”, The Conversation, April 30, 2019, https://theconversation.com/the-newest-election-faultline-isnt-left-versus-right-its-young-versus-old-and-its-hardening-116079.

② Ian Tulloch, “Did A Record-Low Turnout of Voters Skew the Election?”, *The Canberra Times*, June 9, 2019, p. 6.

③ Grattan Institute, “Election 2019: The Result Wasn't the Only Surprise”, Grattan Blog, June 4, 2019, https://blog.grattan.edu.au/2019/06/election-2019-the-result-wasnt-the-only-surprise/.

影响选举结果。贝尔蒙特认为，如果这些选民相信肖顿，恐慌竞选的影响会大大减弱。[①]

在对待气候变化重要性的态度上则相反：受教育水平较高的人更有可能认同减缓气候变化和全球变暖政策的重要性，气候变化减缓政策不会对他们的工作造成威胁。值得注意的是，全国受教育程度最高且最富有的选区并没有回归他们长期的盟友、气候变化怀疑论者托尼·阿博特的怀抱，而是支持气候变化激进主义者扎里·斯特格尔（Zali Steggall）。[②]

最后，莫里森掌控信教人群的能力也是出现此次选举结果的要因。澳大利亚国立大学研究显示，在30个基督教影响最大的选区内，工党仅在2个选区取得优势。在执政联盟支持率上升最大的20个选区中，基督教徒人数更多；前十选区里，基督徒在选区内的比例也较平均更高。

执政联盟支持率上升与低水平受教育人群、低收入群体、高比例的基督徒及蓝领工人相关。[③] 评论员理查德·丹尼斯（Richard Denniss）从挽留传统支持者及未来选举的重点两方面提到两个传统党派：

> 在许多自由党的核心选区，竞选人的得票差距连续两次持续大幅缩小。澳大利亚富裕选民为工党的财富再分配及气候政策投票。中低收入选民见政党试图为富人填补漏洞，吓得远离了他们，投入了宝琳·韩森和克莱夫·帕尔默（Clive Palmer）的怀抱，而这些人之后将偏好选票引向了执政联盟。因此，斯科特·莫里森仍然是总理。[④]

---

① Adrian Beaumont, "Final 2019 Election Results: Education Divide Explains The Coalition's Upset Victory", June 18, 2019, https://theconversation.com/final-2019-election-results-education-divide-explains-the-coalitions-upset-victory-118601.

② 2016年的人口普查显示，澳大利亚16岁以上的年轻人中，42%至少拥有学士学位，而全国所有人口中有22%至少拥有学士学位。维多利亚州的工党支持率上升，该州24.3%的人口至少拥有学士学位（参见 Beaumont, op cit）。

③ Nikki Savva, *Plots and Prayers: Malcolm Turnbull's Demise and Scott Morrison's Ascension* (Melbourne: Scribe, 2019), pp. 380－381.

④ Richard Denniss, "The Morrison Election: What We Know Now", *The Monthly*, June 2019, pp. 21－31.

莫里森竞选大获成功，显示了政党有必要向日益疏离、仅关心本地事务的选区推销他们的政策。工党推出了一套崭新的、经过精心设计的政策的同时，却未能以清晰且有说服力的方法表述。相反，莫里森的竞选政策简单清晰，且他经常以清楚明白的方式阐述。类似总统竞选的方针也许给日后选举提供借鉴与参考——两大党派传达信息的方式需更成熟且有针对性。为了不让自己成为对手的靶子，政党也许将不再公布其完整的政策计划。

B.3

2018 ~2019年澳大利亚经济形势分析与展望

徐秀军*

摘 要： 2018年以来，澳大利亚经济增长下行压力逐步加大，物价低迷的状况持续，对外贸易和国际直接投资增长动力不足。就业市场总体稳定，居民收入有所改善。财政赤字规模可控，公共债务小幅上涨。股票市场表现较好，但澳元贬值压力犹存，国债收益率持续下行。考虑到较好的经济基础以及经济政策的积极效应逐步显现，2020年澳大利亚经济增速有望小幅回升至2.5%左右的水平。

关键词： 经济下行　物价低迷　下调利率　汇率贬值

2018年以来，澳大利亚经济下行压力逐步加大。在2018年取得较好的经济增长表现后，2019年经济增长与上年度本报告的预测方向一致，较上年放缓态势明显，但在具体增速上很可能低于上年度报告预期。下面将从经济增长、物价、就业、收入、贸易、投资、财政以及金融市场等方面的发展状况，对澳大利亚一年的经济形势进行分析和展望。

---

* 徐秀军，中国社会科学院世界经济与政治研究所研究员，研究方向为国际政治经济学、亚太区域合作等。

一　经济增长

过去一年来，澳大利亚经济仍保持增长，但受国内消费低迷等因素的影响，澳大利亚经济增速逐季下滑。国际货币基金组织（IMF）数据显示，2018 年澳大利亚经济增速为 2.81%，创 2013 年以来最高增长水平，较上年提高 0.43 个百分点。① 但分季度来看，澳大利亚国内生产总值（GDP）同比增速持续下降。澳大利亚统计局数据显示，按可比价格计算，2018 年第一季度澳大利亚经季节调整（简称“季调”）后 GDP 同比增长 3.12%，较上一季度上升 0.64 个百分点。此后，经季调后 GDP 同比增速逐步下降至 2019 年第二季度的 1.44%，创 2009 年第四季度以来最低增长水平，相对于 2018 年第一季度的同比增速下降了 1.68 个百分点。从经济增长趋势看，澳大利亚经季调后 GDP 环比增长率自 2018 年第一季度的 1.01% 逐步下降至第四季度的 0.14%。进入 2019 年，澳大利亚前两个季度 GDP 环比增长率虽有所上升，分别为 0.52% 和 0.48%，但仍处低位（见图 1）。根据 IMF 估计，2019 年澳大利亚的 GDP 增长率为 2.1%，为 2010 年以来最低增长水平，较上年下降 0.7 个百分点。

二　物价、就业与收入

（一）物价：总体回落

2018 年以来，酒类和烟草、交通、住宅等支撑澳大利亚消费者价格指数（CPI）上涨的因素均出现了不同程度的下降，加上通信、家具和家居用品等价格的持续萎缩，澳大利亚 CPI 涨幅出现回落。澳大利亚统计局数据显示，2018 年第一至第四季度澳大利亚 CPI 同比涨幅均达 1.8% 以上，其中第

① IMF，“World Economic Outlook：Growth Slowdown，Precarious Recovery”，April 2019.

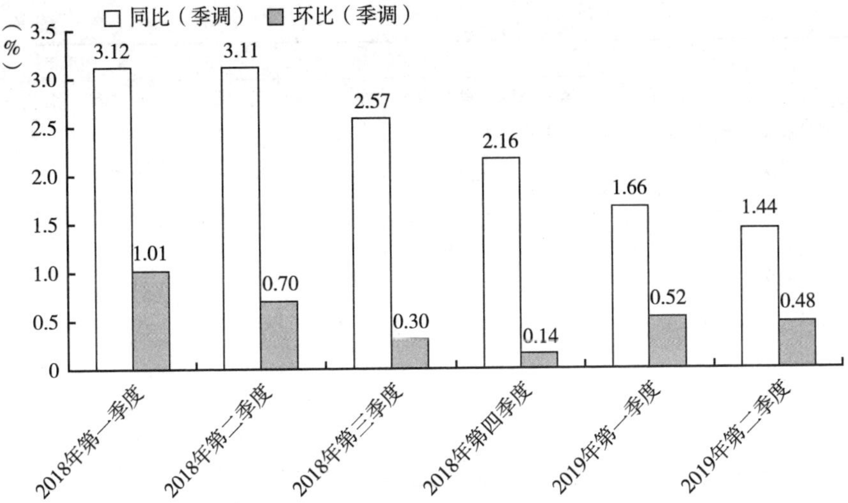

图1　2018年～2019年6月澳大利亚经济增长率分季度变动状况

资料来源：澳大利亚统计局（www. abs. gov. au）数据库，2019年9月。

二季度达到2.1%；2019年前两个季度CPI同比涨幅分别仅为1.3%和1.6%（见表1），低于澳大利亚央行的通胀目标。分类来看，在2018年第一季度至2019年第二季度期间，酒类和烟草价格同比涨幅从7.0%降至5.9%，下降1.1个百分点；住宅价格同比涨幅从3.3%降至0.5%，下降2.8个百分点；医疗健康价格同比涨幅从4.2%降至3.0%，下降1.2个百分点；交通价格同比涨幅从2.9%降至1.7%，下降1.2个百分点；通信价格同比涨幅从-3.4%降至-4.4%，下降1.0个百分点。同期，食品和非酒精饮料价格同比涨幅有所上升，从0.5%升至2.4%，上升1.9个百分点；娱乐文化价格同比涨幅从0.6%升至1.8%，上升1.2个百分点（见表1）。

表1　2018年1月～2019年6月澳大利亚消费者价格指数同比增长率变动状况

单位：%

	2018年				2019年	
	第一季度	第二季度	第三季度	第四季度	第一季度	第二季度
CPI	1.9	2.1	1.9	1.8	1.3	1.6
食品和非酒精饮料	0.5	0.3	1.6	1.5	2.3	2.4

续表

	2018年				2019年	
	第一季度	第二季度	第三季度	第四季度	第一季度	第二季度
酒类和烟草	7.0	7.8	6.8	6.8	6.4	5.9
服装鞋类	-3.5	-2.0	-0.8	-0.7	-0.1	0.2
住宅	3.3	3.1	1.6	1.5	0.8	0.5
家具和家居用品	-0.1	-0.5	-2.0	-0.8	-0.8	-0.4
医疗健康	4.2	3.4	3.2	3.3	3.1	3.0
交通	2.9	5.2	6.0	2.8	0.0	1.7
通信	-3.4	-4.2	-4.3	-4.3	-4.6	-4.4
娱乐文化	0.6	0.8	1.2	1.7	0.9	1.8
教育	2.6	2.7	2.8	2.7	2.9	2.8
保险和金融	1.0	1.5	1.4	1.5	1.1	0.9

资料来源：澳大利亚统计局（www.abs.gov.au）数据库，2019年10月。

在生产者价格指数（PPI）方面，在2018年第三季度后开始出现明显回落，尤其是初级产品和中间产品价格降幅较大。澳大利亚统计局数据显示，2018年第三季度初级产品价格同比上涨5.2%，为2012年第一季度以来的最高水平，较第一季度上升1.6个百分点；中间产品价格同比上涨4.7%，同样为2012年第一季度以来的最高水平，较第一季度上升1.0个百分点；最终产品价格同比上涨2.1%，为2014年第三季度以来的最高水平，较第一季度上升0.4个百分点。此后，生产者价格指数涨幅总体呈下降态势。2019年第二季度，初级产品价格同比上涨2.0%，涨幅较2018年第三季度下降3.2个百分点；中间产品价格同比上涨1.6%，涨幅较2018年第三季度下降3.1个百分点；最终产品价格同比上涨2.0%（见图2）。

为了应对低迷的物价水平，澳大利亚央行分别于2019年6月、7月和10月宣布三次降息，累计下调基准利率75个基点，并将基准利率降至0.75%的历史新低。澳大利亚央行在几个月内如此密集地下调基准利率在历史上较为罕见。2019年10月，澳联储在政策声明中预计，当前的物价低迷还将持续一段时间，宽松的货币政策还将继续，2020年澳大利亚的通胀水平将略低于2%，2021年有望超过2%。

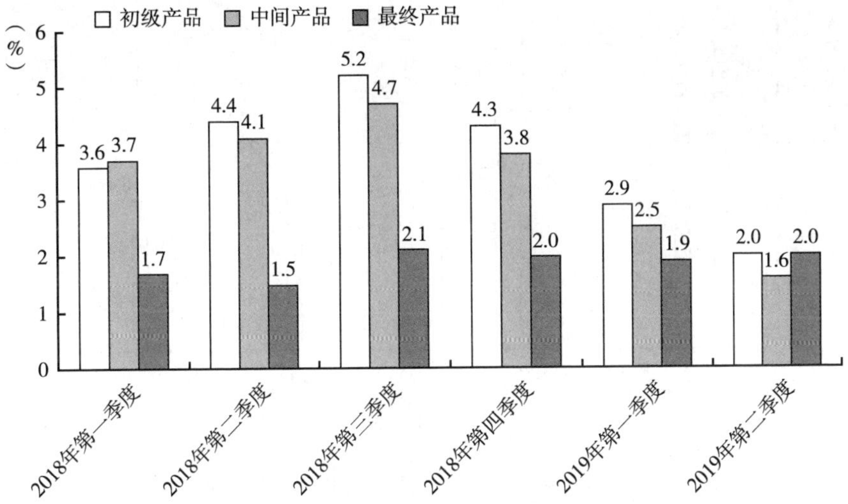

图2　2018年1月～2019年6月澳大利亚生产者价格指数季度同比增长率变动状况

资料来源：澳大利亚统计局（www. abs. gov. au）数据库，2019年10月。

（二）就业和收入：总体稳定

过去一年中，澳大利亚失业率有所波动，但总体表现较为稳定。澳大利亚统计局数据显示，自2018年2月以来，澳大利亚失业率呈下降态势，至11月降至4.75%，为2011年1月以来最低水平。此后，澳大利亚失业率有所回升，但总体仍保持较低水平。2019年8月，澳大利亚失业率为5.27%，与上年同期水平持平（见图3）。同时，澳大利亚的劳动参与率保持较高水平。2018年，澳大利亚月均劳动参与率为65.6%，较上年上升0.4个百分点；2019年1～8月，澳大利亚月均劳动参与率升至65.9%。其中，女性劳动参与率提升较快。2018年，女性月均劳动参与率为60.5%，较上年上升0.7个百分点；男性月均劳动参与率为71.0%，较上年上升0.3个百分点。2019年1～8月，女性月均劳动参与率为60.9%，较上年月均劳动参与率高0.4个百分点；男性月均劳动参与率为71.2%，较上年月均劳动参与率高0.2个百分点。

澳大利亚工资水平持续提升，女性工资水平提升较快。澳大利亚统计局

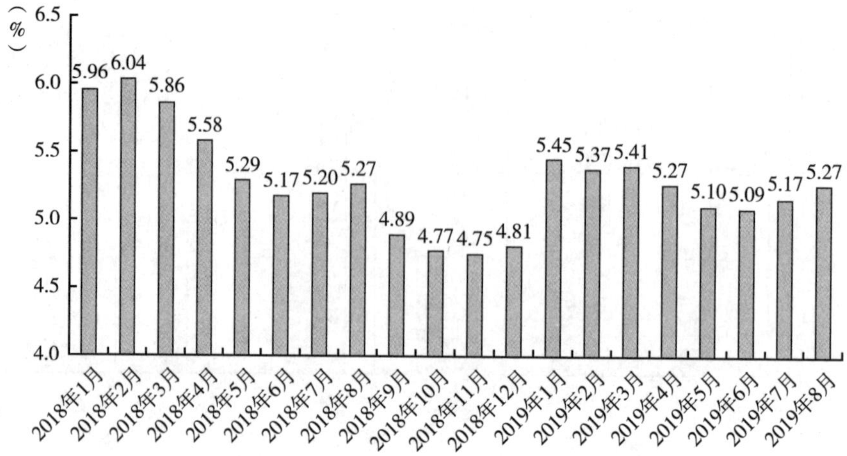

图3　2018年1月～2019年8月澳大利亚失业率变动状况

资料来源：澳大利亚统计局（www. abs. gov. au）数据库，2019年10月。

数据显示，2018年澳大利亚成年员工收入为1216.35澳元/周，较上年增长2.6%，增速较上年提高0.6个百分点。其中，男性员工收入为1452.90澳元/周，较上年增长2.1%，增速较上年提高0.3个百分点；女性员工收入为986.30澳元/周，较上年增长3.5%，增速较上年提高0.9个百分点。2019年上半年，澳大利亚成年员工收入为1237.90澳元/周，较上年同期增长2.5%。其中，男性员工收入为1475.60澳元/周，较上年同期增长2.1%；女性员工首次突破1000澳元/周，为1010.80澳元/周，较上年同期增长3.5%。2019年上半年，女性员工周薪为男性员工周薪的68.5%，较上年同期上升1.0个百分点。

三　国际贸易与投资

（一）贸易：顺差扩大

由于澳元持续走弱和大宗商品价格上行，澳大利亚出口保持较高增速，贸易顺差持续增加。澳大利亚统计局数据显示，2018年澳大利亚货物和服务进出口总额为8535.16亿澳元，较上年增长11.6%，增速较上年上升0.5个百分点。其中，出口额为4383.45亿澳元，较上年增长13.3%；进口额为4151.71亿澳元，较上年增长10.0%。同期，澳大利亚贸易顺差额为231.74亿澳元，较上年增长142.7%。其中，货物贸易顺差额为285.09亿澳元，较上年增长106.8%；但服务贸易逆差额为53.35亿澳元，较上年增长26.0%。2019年上半年，得益于出口的强劲增长，澳大利亚对外贸易顺差大幅攀升。2019年上半年，澳大利亚货物和服务进出口总额为4446.75亿澳元，较上年同期增长9.2%。其中，出口额为2400.97亿澳元，较上年同期增长15.3%；进口额为2045.78亿澳元，较上年同期增长2.9%。同期，澳大利亚贸易顺差额为355.19亿澳元，较上年同期增长277.8%。其中，货物贸易顺差额为354.11亿澳元，较上年增长244.6%；服务贸易也实现了1.08亿澳元的顺差（见表2）。

表2　2017年~2019年6月澳大利亚进出口状况

	2017年		2018年		2019年上半年	
	规模（百万澳元）	增长率（%）	规模（百万澳元）	增长率（%）	规模（百万澳元）	同比增长率（%）
进出口	764459	11.1	853516	11.6	444675	9.2
货物	590220	12.2	662427	12.2	345655	9.5
服务	174239	7.5	191089	9.7	99020	8.2
出口	387004	14.8	438345	13.3	240097	15.3
货物	302002	16.6	345468	14.4	190533	16.9
服务	85002	8.9	92877	9.3	49564	9.4
进口	377455	7.5	415171	10.0	204578	2.9
货物	288218	7.9	316959	10.0	155122	1.6
服务	89237	6.3	98212	10.1	49456	7.1
差额	9549	-168.9	23174	142.7	35519	277.8
货物	13784	-273.2	28509	106.8	35411	244.6
服务	-4235	-28.2	-5335	-26.0	108	102.0

资料来源：澳大利亚统计局（www.abs.gov.au）数据库，2019年10月。

（二）国际直接投资：流入规模下降

随着限制外资流入政策的负面影响逐步显现，澳大利亚的外商直接投资出现了大幅下降，并由此导致直接投资净流出额急遽上升。澳大利亚统计局数据显示，2018 年澳大利亚外商直接投资额为 874.84 亿澳元，较上年增长 61.9%；对外直接投资额为 484.98 亿澳元，较上年增长 8.8%。进入 2019 年，外商直接投资出现明显下降。数据显示，2019 年上半年澳大利亚外商直接投资额为 130.26 亿澳元，较上年同期下降 78.3%；对外直接投资额为 603.60 亿澳元，较上年同期增长 7.9%；净流出额达 473.34 亿澳元。在国际直接投资存量方面，净流入规模冲高回落。澳大利亚统计局数据显示，2018 年澳大利亚国际直接投资流入额存量为 10469.56 亿澳元，较上年增长 9.1%；流出额为 7562.43 亿澳元，较上年增长 6.9%；净流入额为 2907.13 亿澳元，较上年增长 15.5%。2019 年上半年，澳大利亚国际直接投资流入额存量为 10599.82 亿澳元，较上年同期增长 4.0%；流出额为 8166.03 亿澳元，较上年同期增长 6.9%；净流入额为 2433.79 亿澳元，较上年同期下降 4.9%（见表 3）。外商直接投资下降与澳大利亚外资政策收紧有关。根据世界银行《2019 营商环境》报告，2019 年澳大利亚营商环境列全球第 18 位，较上年度排名下降了 4 位。①

表 3　2017 年～2019 年 6 月澳大利亚国际直接投资状况

	2017 年		2018 年		2019 年上半年	
	规模（百万澳元）	增长率（%）	规模（百万澳元）	增长率（%）	规模（百万澳元）	同比增长率（%）
存量						
流入	959472	6.0	1046956	9.1	1059982	4.0
流出	707745	6.7	756243	6.9	816603	6.9
净流入	251727	3.9	290713	15.5	243379	-4.9

① The World Bank, *Doing Business 2018: Reforming to Create Jobs*, October 31, 2017; The World Bank, *Doing Business 2019: Training for Reform*, October 31, 2018.

续表

	2017 年		2018 年		2019 年上半年	
	规模（百万澳元）	增长率（%）	规模（百万澳元）	增长率（%）	规模（百万澳元）	同比增长率（%）
流量						
流入	54033	-13.0	87484	61.9	13026	-78.3
流出	44564	79.0	48498	8.8	60360	7.9
净流入	9469	-74.5	38986	311.7	-47334	-1227.3

资料来源：澳大利亚统计局（www.abs.gov.au）数据库，2019 年 10 月。

（三）中澳贸易与投资：增速下滑

目前，中国是澳大利亚最大贸易伙伴，同时继续保持澳大利亚第一大出口市场和第一大进口来源地地位。但自 2018 年以来，两国经贸联系有所下降，尤其是中国对澳出口降幅显著。IMF 根据澳方统计数据显示，2018 年中澳货物贸易总额为 1458.07 亿美元，较上年增长 13.2%。其中，对华出口额为 869.60 亿美元，较上年增长 13.4%；自华进口额为 588.47 亿美元，较上年增长 12.9%。同期，澳对华贸易顺差额为 281.13 亿美元，较上年增长 14.4%。2019 年上半年，中澳货物贸易总额为 711.36 亿美元，较上年同期增长 2.4%。其中，对华出口额为 464.34 亿美元，较上年同期增长 9.9%；自华进口额为 247.03 亿美元，较上年同期下降 9.2%。同期，澳对华贸易顺差额为 217.31 亿美元，较上年同期增长 44.3%。IMF 根据中方统计数据显示，2018 年中澳货物贸易总额为 1527.88 亿美元，较上年增长 13.6%，其中自澳大利亚进口额为 1051.41 亿美元，较上年增长 13.3%；2019 年上半年中澳货物贸易总额为 785.13 亿美元，较上年同期增长 6.2%，其中自澳大利亚进口额为 564.27 亿美元，较上年同期增长 8.2%（见表 4）。中国对澳大利亚出口货物主要包括自动数据处理设备、计算机、电话机、家具等；从澳大利亚进口货物主要包括铁矿石、煤炭、黄金和液化天然气等。

表 4　2017～2019 年 6 月中国与澳大利亚货物贸易状况

	2017 年		2018 年		2019 年上半年	
	规模（百万美元）	增长率（%）	规模（百万美元）	增长率（%）	规模（百万美元）	同比增长率（%）
澳方统计						
进出口	128796	21.1	145807	13.2	71136	2.4
出口	76687	28.8	86960	13.4	46434	9.9
进口	52109	11.2	58847	12.9	24703	-9.2
顺差	24579	94.2	28113	14.4	21731	44.3
中方统计						
进出口	134509	24.3	152788	13.6	78513	6.2
出口	41701	9.6	47647	14.3	22086	1.5
进口	92808	32.3	105141	13.3	56427	8.2
逆差	51106	59.4	57494	12.5	34341	12.9

资料来源：IMF，DOT database，September 2019。

由于澳大利亚政府在中澳关系上频繁制造紧张，并加大对中国在澳投资审查和限制，中国对澳大利亚直接投资大幅下降。2016 年，中国企业在澳大利亚的投资金额曾达到 114.9 亿美元的历史高点，此后连年下滑。商务部统计数据显示，2018 年中国对澳大利亚直接投资额为 29.4 亿美元；澳大利亚在华设立企业 462 家，实际投资 2.9 亿美元。[①] 中国企业在澳大利亚投资主要涉及能矿资源开发、房地产、金融等领域，澳大利亚企业在华投资主要涉及钢铁、科技、食品、贸易等领域。由于中国对澳大利亚投资大幅下降，美国在时隔五年后重新成为澳大利亚最大的外商直接投资来源国。

四　公共债务

近年来，澳大利亚财政政策适度扩张，政府债务持续上升。根据 IMF

① 商务部美洲大洋洲司：《中国和澳大利亚贸易和投资简况》，2019 年 5 月 29 日，http://mds.mofcom.gov.cn/article/Nocategory/200210/20021000042984.shtml。

估计数据，2018 年澳大利亚一般政府收入总额为 6749.88 亿澳元，占 GDP 的 35.6%；一般政府支出总额为 6981.56 亿澳元，占 GDP 的 36.8%；一般政府赤字为 231.67 亿澳元，占 GDP 的 1.2%，为 2009 年以来最低赤字率。澳大利亚统计局数据显示，2019 年上半年澳大利亚一般政府收入总额为 3609.88 亿澳元，其中税收收入为 2898.33 亿澳元，占政府收入的 80.3%；一般政府支出总额为 3409.03 亿澳元，其中政府总运行支出为 2182.90 亿澳元；一般政府运行收支差额为 200.84 亿澳元。扣除净增非金融资产额 214.15 亿澳元后，一般政府收支赤字额为 13.31 亿澳元。① 根据 IMF 估计，2019 年澳大利亚一般政府赤字为 286.99 亿澳元，占 GDP 的 1.5%（见表 5）。

表 5　2017～2019 年澳大利亚一般政府财政状况

	2017 年		2018 年		2019 年(预估)	
	规模（亿澳元）	GDP 占比（%）	规模（亿澳元）	GDP 占比（%）	规模（亿澳元）	GDP 占比（%）
一般政府收入	6316.93	34.9	6749.88	35.6	7110.31	35.9
一般政府支出	6586.27	36.4	6981.56	36.8	7397.30	37.4
一般政府收支差额	-269.35	1.5	-231.67	1.2	-286.99	1.5
一般政府净债务	3319.06	18.4	3645.82	19.2	4037.62	20.4
一般政府总债务	7353.31	40.7	7710.29	40.7	8129.71	41.1

资料来源：International Monetary Fund，World Economic Outlook Database，April 2019。

澳大利亚政府债务水平相对较低，上升势头也有所放缓，但相对 2008 年金融危机前，仍有较大幅度的提升。根据 2019 年 4 月 IMF 估计数据，2018 年澳大利亚政府总债务额为 7710.29 亿澳元，占 GDP 的 40.7%，与上年度基本持平；政府净债务额为 3645.82 亿澳元，占 GDP 的 19.2%，较上年上升 0.8 个百分点。IMF 预计，2019 年澳大利亚政府总债务额为 8129.71

① 澳大利亚统计局，https：//www.abs.gov.au/Government，最后访问日期：2019 年 8 月 30 日。

亿澳元，占 GDP 的比例将攀升至 41.1% 的历史新高；净债务额为 4037.62 亿澳元，占 GDP 的比例将进一步上升至 20.4%。

五　金融市场

在股票市场，澳大利亚股指创历史新高。2018 年，澳大利亚股票市场波动加剧，但 2019 年股票指数一路走高，并于 7 月创出有史以来最高水平。澳大利亚统计局数据显示，2018 年 1 月澳大利亚所有股票指数为 6146.5 点，在达到 7 月 6427.80 点的年内最高点后持续下降，并于 12 月降至 5709.4 点，较 8 月下降 11.2%。2019 年 1 月，澳大利亚股票指数扭转下行势头，并于 7 月涨至 6896.7 点，较上年 12 月上涨 20.8%；尽管 8 月所有股票指数降至 6698.2 点，但仍处于历史高位（见图 4）。宽松的货币政策是股票指数屡创新高的主要原因。随着进一步降息预期下降和经济下行压力加大，澳大利亚股市上涨动力将逐步减小，市场对股市的担忧逐步增加。

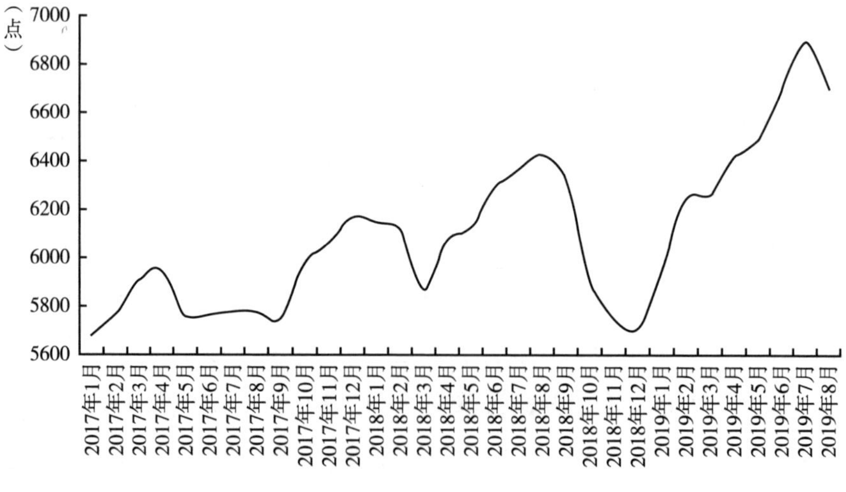

图 4　2017 年 1 月 ~ 2019 年 8 月澳大利亚所有股票指数变动状况

资料来源：Wind 资讯全球宏观数据库，2019 年 9 月 30 日。

在外汇市场，澳元兑美元汇率持续下降。2019 年第二季度按贸易加权的实际汇率指数为 131. 15，为 2009 年第三季度以来的最低水平，较上年同期下降 3. 5% 。2018 年以来澳元兑美元呈波动下行态势。澳大利亚储备银行数据显示，澳元兑美元汇率在 2018 年 1 月 29 日升至 0. 8096 澳元/美元的高点后逐步下行，并于 2019 年 8 月 7 日降至 0. 6716 澳元/美元，相对前者下降了 17. 0% 。截至 2019 年 9 月 30 日，澳元兑美元汇率仍处于 0. 6749 澳元/美元的低位，相对于上年末下跌了 4. 4% （见图 5）。澳元持续贬值既有美联储前期持续加息推升美元走强、澳央行启动比美联储更大的降息步伐的原因，也同市场对澳大利亚通胀低迷、经济下行的预期有关。

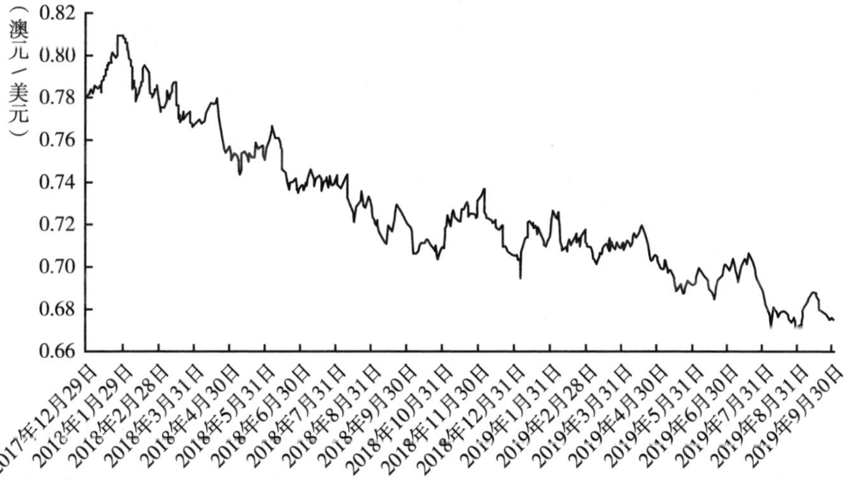

图 5　2017 年 12 月～2019 年 9 月澳元兑美元汇率变动状况

资料来源：Wind 资讯全球宏观数据库，2019 年 10 月 4 日。

在国债市场，澳大利亚国债收益率逐步下行。2018 年以来，澳大利亚国债收益率总体呈现下行势头。澳大利亚储备银行数据显示，十年期国债收益率在 2018 年 2 月 5 日达到 2. 935% 的年内高点后持续下行，并降至 2019 年 8 月 29 日的 0. 875% ，下降了 2. 06 个百分点。截至 2019 年 9 月 27 日，澳大利亚十年期国债收益率仍保持在0.935%的较低水平（见图6）。国债收益率持续走低既与宽松的货币政策相关，也与市场对经济前景不看好导致大量资金涌向国债市场有关。

图6　2017年12月~2019年9月澳大利亚十年期国债收益率变动状况

资料来源：Wind资讯全球宏观数据库，2019年10月4日。

六　小结与展望

2018年以来，澳大利亚经济稳定增长的内外环境发生新的变化，经济增长下行压力逐步加大。尽管澳大利亚出台了减税、降息等政策刺激增长，但短期内经济增长未见起色，物价低迷的状况仍在持续。就业市场总体稳定，居民收入有所改善。对外贸易增速下降，但得益于澳元贬值等因素，出口增长保持强劲动力。由于中国等主要投资来源国减少对澳投资，澳大利亚外资流入规模大幅下降。财政赤字规模可控，公共债务小幅上涨。股票市场表现较好，股票指数创历史新高；澳元兑美元汇率持续下跌，贬值压力犹存；国债收益率持续下行。

当前，澳大利亚经济下行反映了该国经济运行受外部影响较大的特点。

一方面，澳大利亚经济运行既受整体世界经济形势的影响，也受同主要经贸伙伴的经贸关系的影响。世界经济下行压力以及同中国等经贸伙伴关系紧张对当前澳大利亚经济运行产生的负面影响已经显现。另一方面，澳大利亚经济对矿产品及相关产业的依赖仍然较大，其需求主要来自外部，并且大宗商品价格波动将会对澳大利亚经济运行带来直接影响。根据 2019 年上半年澳大利亚主要出口商品构成，矿产品出口总额为 833.77 亿美元，占货物出口总额的 62.2%。因此，一旦矿产品的外需下降，澳大利亚经济不可避免地将受到重大损伤。

尽管澳大利亚经济正在承受下行压力，但澳大利亚仍拥有支撑经济增长的良好基础。这也是澳大利亚经济连续 28 年未出现衰退的原因所在。考虑到当前澳大利亚宽松的货币政策与财政政策的积极效应逐步显现，同时考虑到外部环境的不确定性因素仍然存在，本报告认为，2020 年澳大利亚经济增速有望回升，但幅度有限，经济增速将维持在 2.5% 左右的水平。

B.4
2018~2019年澳大利亚的对外关系

郭春梅*

摘　要： 2018年8月莫里森政府上台以来，总体延续自由党的外交传统，继续深化美澳同盟，与日本、印度等国续推“开放、稳定、繁荣的印太”。与此同时，澳大利亚对南太平洋地区的重视度明显提升，“太平洋关系升级”计划上升为澳大利亚外交要务。莫里森上台之初虽有意改善中澳关系，但在内外压力下，双边关系转圜不尽如人意。

关键词： 澳大利亚外交　美澳同盟　太平洋关系升级　中澳关系

2018年8月，莫里森当选执政党自由党新党首，继而出任澳大利亚总理，并于2019年5月联邦大选中赢得连任。作为前政府核心要员，莫里森总体延续了特恩布尔政府时期的对外政策，并特别强调“澳大利亚人虽居住在一个岛上，但不能拥有‘岛国心态’，而应拥抱自由贸易、全球参与以及国际体系，拥抱开放、稳定和繁荣的印太”。[①] 以此为指引，澳大利亚对外展现积极姿态。

---

* 郭春梅，中国现代国际关系研究院东南亚及大洋洲研究所副研究员、“一带一路”研究中心副主任，主要研究领域为澳大利亚、新西兰及南太平洋岛国的政治、经济与外交。

① Scott Morrison,“Keynote Address to Asia Briefing Live – ‘The Beliefs that Guide Us’”, November 1, 2018, https://www.pm.gov.au/media/keynote-address-asia-briefing-live-beliefs-guide-us.

一 深化美澳同盟

特朗普上台以来，澳美关系虽有一段不愉快的开端，但澳美迄今却是最稳定的一对盟友。得益于澳大利亚的“忠诚”，美澳安全合作稳步推进；基于对美贸易持续逆差的地位，澳大利亚成为少有的免受特朗普政府加征关税的盟国；空缺已久的美国驻澳大使终于2019年履职，也在一定程度上缓解了澳大利亚民众对美国的不满。可以说，回顾过去一年，美澳同盟的进展总体如澳所愿，没有如最初所担忧的那般有所松动，而是在美国的推动、澳大利亚的全力配合下进一步深化。

政治上，澳大利亚力求特朗普对美澳同盟的战略再保证。澳视美澳同盟为外交与防务基石，但在特朗普一上来就频频“退群”并要求盟友“分摊责任”的架势下，澳一度担忧特朗普治下的美国会减弱甚至放弃对盟友的安全承诺。随美高调推行印太战略，对澳的倚重不降反升，给澳加上“紧箍咒”的同时也给澳吃了“定心丸”。莫里森上台后，强调美澳同盟“是澳大利亚维护自身安全利益的最佳选择”，“美国的经济参与对地区稳定和繁荣至关重要”，澳大利亚将全力支持美国在印太地区政治、安全与经济参与的最大化。① 在莫里森与特朗普的双边会晤、美澳“2+2”对话等重要场合，两国会谈的主基调均为重申两国为“最紧密盟友”，同盟关系“从未如此重要”，并致力于进一步深化两国在地区及全球的经济、安全与战略协作。作为对澳大利亚忠诚度的“奖赏”，特朗普还对莫里森访美给予高规格礼遇，使莫里森成为2006年以来首位在白宫享受国宴的澳大利亚总理，也是特朗普上任以来第二位享此殊荣的外国领导人。②

安全上，澳大利亚视美国的领导地位为地区稳定与繁荣的关键，全力配

---

① Scott Morrison, “Keynote Address to Asia Briefing Live – ‘The Beliefs that Guide Us’”, November 1, 2018, https://www.pm.gov.au/media/keynote-address-asia-briefing-live-beliefs-guide-us.

② Scott Morrison, “Speech, State Dinner-The Rose Garden, The White House”, September 20, 2019, https://www.pm.gov.au/media/speech-state-dinner-rose-garden-white-house.

合美印太战略部署。在双边层面，澳大利亚承诺2020/2021财年将国防开支提升至GDP的2%，以更好地帮助盟友美国“分摊负担”；严格执行军力态势计划，推动在达尔文港轮驻的美海军陆战队于2019年人数提至2500人，并计划在达尔文附近新建深水港，以供美海军陆战队队员及其装备更好地使用；增加与美军的联演联训，如“环太平洋军演”“护身军刀”演习等，以增进两军协同；并通过美澳“2+2”等机制，加强两国在战略防务上的沟通与合作。在地区层面，澳大利亚继续呼应美国有关朝核、南海等热点问题上的立场，并对所谓柬埔寨“新建军事基地”以及中东战略航道的安全表达“共同关切”；[①] 应美国邀请，澳大利亚还率先加入了波斯湾护航行动；[②] 两国还共推在太平洋地区、东南亚地区的合作，包括促进“基于规则的”“高质量”的基建投资，强化防务合作与能力建设等。[③]

经济上，澳大利亚强调美国为“最重要经济伙伴”，力推两国经济合作。除安全盟友外，莫里森政府还高度肯定美国作为澳大利亚第一大外资来源地对澳经济与就业的贡献，称“当前美澳两国相互投资总额超过1.2万亿澳元，提供了数十万个就业岗位；签署双边FTA以来，两国贸易也增长了近60%”。[④] 在莫里森2019年9月访美的行程中，推进两国经济合作更成重头戏，他与特朗普一道出席了澳大利亚富商在俄亥俄州投资的大型造纸厂的开业典礼，以示两国紧密的投资关系；[⑤] 并访问NASA，探讨两国在太空

① Scott Morrison, “Joint Statement Australia-US Ministerial Consultation (AUSMIN) 2019”, September 20, 2019, https://www.minister.defence.gov.au/minister/lrenolds/statements/joint-statement-australia-us-ministerial-consultations-ausmin-2019.

② “Australian to Send Warship and Defence Force Personnel to Middle East to Support US”, August 21, 2019, https://www.abc.net.au/news/2019-08-21/scott-morrison-australia-to-join-us-uk-strait-of-hormuz/11434140.

③ “Joint Statement Australia-US Ministerial Consultation (AUSMIN) 2019”, September 20, 2019, https://www.minister.defence.gov.au/minister/lrenolds/statements/joint-statement-australia-us-ministerial-consultations-ausmin-2019.

④ Scott Morrison, “Media Statement-Visit to the United States of America”, September 16, 2019, https://www.pm.gov.au/media/media-statement-visit-united-states-america.

⑤ Scott Morrison, “Remarks, Factory Opening-Wapakoneta, Ohio”, September 22, 2019, https://www.pm.gov.au/media/remarks-factory-opening-wapakoneta-ohio.

领域及其他前沿科技领域的更多合作等。[①] 两国还致力于通过歼击机等项目，打造更紧密的国防产业伙伴关系；加强在勘探、提纯、加工和研究关键矿产、开发稀土和高性能金属材料方面的对话与合作等。除经贸合作外，澳大利亚与美国也致力于共推地区基建合作，如与日本一起于2018年7月达成“印太基建融资协定”，以支撑地区庞大的基建投资需求，其首个三边投资合作的项目即为巴新的液化天然气项目。

尽管澳大利亚官方层面普遍看好美澳同盟，但澳大利亚民众对此并未抱有足够信心。根据罗伊国际政策研究所2019年民调，仅有52%的受访者认为“美国是对世界负责任的国家”，2/3的受访者认为美国总统特朗普削弱了澳大利亚与美国的盟友关系，仅有25%的受访者对特朗普有信心，更有近70%的受访者担心美澳同盟会增加澳大利亚卷入“对华战争”的可能。[②]

二　加强与日、印等国的合作

在世界充满不确定性、中美摩擦加剧的背景下，澳大利亚除抱紧美国“大腿”外，亦追求“抱团取暖”，着力加强与日本、印度等“具有相同价值观和战略利益”的国家的合作，以更好地发挥澳大利亚“创造性”的影响力，主动塑造地区“确定性”。

（一）澳日关系

面对中国快速发展、特朗普的“不靠谱”，作为美国在亚太的“南锚”和“北锚”，澳大利亚和日本“惺惺相惜”，在双边和地区事务中保持密切沟通与合作。

在安全上，澳大利亚视日本为“特殊战略伙伴”，积极推进两国在防务装备、能力建设等方面的合作，就地区安全局势保持着密切沟通，高度

① Scott Morrison，“Backing Australian Business，Jobs for the US Moon to Mars Mission”，September 21，2019，https：//www.pm.gov.au/media/backing-australian-business-jobs-us-moon-mars-mission.

② Lowy Institute Poll 2019，http：//www.lowyinstitute.org/publications/lowy-institute-poll-2019.

重视美、日、澳三边对话与合作。2018 年 10 月，澳大利亚与日本“2 +2”会晤在悉尼举行，两国重申将继续致力于深化并拓展两国防务合作，包括海军、陆军、空军的联演联训与战略互访、防务设备的合作等，以增强两军协同；重申将尽早结束《访问部队地位协定》的谈判，以为两国联合行动和演习提供便利；重申稳定而安全的地区海洋秩序的重要性，将着重加强与美国的海洋安全合作，并与东南亚、太平洋岛国紧密磋商，以增强其海洋执法及人道主义救援的能力建设；在朝鲜、东海、南海等地区热点问题上，两国也表达了相近立场。[①] 2018 年 11 月，安倍还访问了达尔文市，成为该地遭遇日本空袭 77 年来首位来访的日本领导人，以“彰显两国和解的重要性”。

在经济上，澳大利亚与日本经济互补性强，日本曾长期为澳大利亚第一大贸易伙伴、第一大出口市场，现在仍为澳第二大贸易伙伴、主要投资来源地。继铁矿石、煤炭之后，液化天然气（LNG）成为两国经济合作的新增长点。日本的国际石油开发帝石控股公司（INPEX Holdings Inc.）斥资 550 亿澳元（约合 440 亿美元）在澳大利亚北部领地投资 LNG 项目，现为日本最大规模的海外投资。两国均强调“自由、开放、基于规则”的贸易体制对全球稳定与繁荣的重要性，努力推进地区贸易自由化，如在美国退出的情况下，两国共同引领 TPP11 的谈判，澳大利亚还率先推动国会批准了《全面与进步跨太平洋伙伴关系协定》（CPTPP），并于 2018 年 12 月 30 日起开始削减关税；[②] 两国还积极推进《区域全面经济伙伴关系协定》（RCEP）的谈判，以期于 2019 年内达成高质量的地区贸易协定。2019 年 G20 大阪峰会期间，澳大利亚也呼应日本倡议，强调要与地区伙伴一同推进印太“高质量”的基建，太平洋地区则为两国合作的首选之地。

---

① Christopher Pyne, “Eighth Japan-Australia 2 +2 Foreign and Defence Ministerial Consultations”, October 10, 2019, https://foreignminister.gov.au/release/Pages/2018/mp_mr_181010a.aspx.

② Scott Morrison, “Keynote Address to Asia Briefing Live – ‘The Beliefs that Guide Us’”, November 1, 2018, https://www.pm.gov.au/media/keynote-address-asia-briefing-live-beliefs-guide-us.

（二）澳印关系

澳大利亚看好印度经济潜力，视印度为优先经济伙伴。2018 年 7 月，时任总理特恩布尔发布了专门的对印经济战略，认为到 2035 年印度将成为世界人口最多的国家，并有望成为第三大经济体，未来 20 年印度也将是给澳大利亚带来最多增长机遇的单一市场，为此澳大利亚致力于与印度打造更紧密的经济伙伴关系，“到 2035 年使印度成为澳大利亚前三大出口市场、澳大利亚对亚洲投资的第三大目的地以及澳大利亚战略伙伴关系的核心层”。[①] 莫里森政府亦延续该经济战略，认为这是澳大利亚致力于推动印度成为第一梯队伙伴关系的第一步，并力促与印度尽快完成双边 FTA 谈判。[②]

随着印太战略的推进，澳大利亚亦越发重视与印度的安全合作。在与印度保持密切战略协调的同时，澳大利亚近年一改对“民主安全菱形”（Quad）的消极态度，积极推动 Quad 复燃，并呼吁强化这一由美、日、印澳四国组成的机制。但目前来看，印度对此仍态度谨慎，已屡次拒绝澳大利亚加入马拉巴尔演习，与澳的战略合作也远落后于与美日的合作，澳大利亚与印度的合作依旧任重道远。

（三）澳大利亚－东盟关系

澳大利亚将东南亚视作印太战略的重点，认为繁荣、和平与安全的东南亚符合澳大利亚的国家利益，致力于与东南亚国家共同推进“开放、稳定与繁荣的印太”。澳大利亚总理莫里森、外长佩恩等人均多次公开表态支持东盟在印太合作中的中心地位，高度评价东亚峰会作为地区主要领导人论坛在解决政治和安全挑战方面的作用，并欢迎东盟出台的“印太展望”等。

在具体合作中，澳大利亚着力加强与东南亚国家的安全合作，在反恐、

---

① Peter N. Varghese, An India Economic Strategy to 2035, https://dfat.gov.au/geo/india/ies/index.html.

② Scott Morrison, “Keynote Address to Asia Briefing Live – ‘The Beliefs that Guide Us’”, November 1, 2018, https://www.pm.gov.au/media/keynote-address-asia-briefing-live-beliefs-guide-us.

打击跨国犯罪、维护海洋安全、减灾等领域合作密切。为增进与地区国家的军事互动，2019 年囊括澳大利亚海陆空三军的“印太奋进”（IPE）演习巡航三个多月，遍访了马来西亚、泰国、越南、新加坡等地。近年来，澳大利亚也日益重视与东南亚国家在数字经济、基础设施建设等领域的经济合作；在与美国、日本的合作中，东南亚也是重点方向，以共同促进地区经济合作与包容性增长。2019 年澳大利亚公共外交旗舰项目“今日澳大利亚”（Australia Now）选择东盟为合作伙伴，以期通过举办青年对话、美食节、文体活动、科技创新论坛等形式，确保“澳大利亚依旧是东南亚领先的经济、发展和战略伙伴”。

澳大利亚高度重视与邻国印尼发展关系，认为与印尼建立牢固且富有成效的关系对澳国家安全与经济发展至关重要。莫里森 2018 年上任仅一周即访问了印尼，完成了两国长达八年的“全面经济伙伴关系协定”谈判，并将两国关系提升为全面战略伙伴关系；① 澳大利亚对印尼所标榜的印太“海洋轴心”的地位也予以肯定，希望继续保持并推动两国在海上安全、反恐、打击偷渡、人道主义救援和维和等方面的安全合作。

新加坡则是澳大利亚在东南亚最密切的防务伙伴，也是澳大利亚在东盟中最大的贸易和投资伙伴，2015 年两国关系提升为全面战略伙伴关系。2019 年 6 月，在外长佩恩的陪同下，莫里森访问新加坡，参加两国年度领导人会晤。两国同意将进一步深化双边伙伴关系，开拓新的合作领域，包括发展数字经济、维护网络安全和食品安全等，并表示将尽快签署“开放天空协定”，以强化两国的互联互通及经济联系。②

2018 年澳大利亚与越南的关系升级为战略伙伴关系，并建立了年度外长会、副部级安全对话会等机制。2019 年澳大利亚外长佩恩、总理莫里森先后访问越南，续推两国共同的战略与经济利益。两国承诺将进一步增进防务、警务、打击偷渡、海洋安全等领域的合作，加强两国农业科技交流，力

① Scott Morrison，“Indonesia-Australia Business Forum”，September 1，2018，https：//www.pm.gov.au/media/indonesia-australia-business-forum.

② 《李总理会见澳大利亚总理莫里森》，《联合早报》2019 年 6 月 7 日。

推澳大利亚企业在越投资等，以深挖两国经济合作潜力。澳大利亚媒体表示，澳大利亚与越南虽政治体制大不相同，也可能在一场战争中分属于不同阵营，但在确保地区稳定与和平方面拥有共同利益。①

三　推动“太平洋升级”

较之阿博特－特恩布尔政府，莫里森政府迄今最大的外交突破是“掀开了澳大利亚与太平洋岛国关系的新篇章”。早在2017年11月的澳大利亚外交政策白皮书中，“太平洋升级”（Pacific Step-up）战略就已有阐述，但莫里森政府却是其具体落实者和积极推动者。2018年上台后不久，莫里森就系统阐述了澳大利亚的太平洋战略，在他看来，“太平洋不只是我们所在的地区，或我们的邻居，还是我们的家园，是澳大利亚在世界事务中可以发挥最大作用的地方”。为此，莫里森努力推动让太平洋岛国地区“重回澳大利亚战略视野、外交政策和领导人个人关系的前沿及中心位置”，并明确将“太平洋升级”计划作为其印太合作的关键支柱。②

一是经济援助升级，并向基建倾斜。以此为政策指引，澳大利亚对太平洋岛国的援助资金将提升至澳对外援助总额的30%。澳大利亚将为巴新、所罗门群岛铺设通往澳大利亚的海底光缆，还专门设立了金额高达20亿澳元的“澳大利亚太平洋基础设施融资机构”（AIFFP），并将为澳大利亚出口融资机构澳大利亚出口融资及保险机构（EFIC）额外提供可随时提取的10亿澳元资金，以方便支持岛国的电信、能源、交通、水等基础设施建设。③此外，澳大利亚还积极拉拢美国、日本、英国、法国等域外国家共同投资太

① Jane Norman, “Scott Morrison's Vietnam Visit and Why the Hanoi-Canberra Relationship is More Important than Ever”, August 22, 2019, https://www.abc.net.au/news/2019-08-22/australia-viet.

② Scott Morrison, “‘Where We Live’ – Asialink Bloomberg Address”, June 26, 2019, https://www.pm.gov.au/media/where-we-live-asialink-bloomberg-address.

③ Scott Morrison, “Address – ‘Australia and the Pacific: A New Chapter’”, November 8, 2018, https://www.pm.gov.au/media/address-australia-and-pacific-new-chapter.

平洋地区基建。

二是安全投入进一步增加。基于既有的安全架构，澳大利亚成立了“太平洋融合中心”（Pacific Fusion Center），以应对地区共同安全挑战，如打击非法捕鱼、偷渡与贩毒等。为帮助岛国训练新一代安全官员，澳大利亚在澳国立大学新设了“澳大利亚太平洋安全学院”，有意将斐济的“黑岩维和人道主义援助与减灾营”升级为地区警务与维和训练和前期部署准备中心，并设立了在岛国持久轮驻的“澳大利亚国防军太平洋移动训练队”。澳大利亚还着力搭建与岛国安全部门之间的人脉，包括举行安全长官年度会晤、设立“安全校友网络”等。[①] 此外，澳大利亚还与瓦努阿图达成了新的旨在增强两国执法合作的安全协定，与巴新建立了长期警务合作伙伴关系、年度领导人对话机制，并与美国商定共建巴新马努斯岛的隆布卢姆（Lombrum）联合海军基地等。[②]

三是外交重视度提升。澳大利亚继2018年5月宣布拨款设立图瓦卢高专署后，同年11月，又宣布将在帕劳、马绍尔群岛、法属波利尼西亚、纽埃和库克群岛开设新的使馆，以确保澳大利亚对所有太平洋岛国论坛成员国的外交“全覆盖”。[③] 莫里森政府上台后，也一改长期以来对岛国的外交“忽视”，总理、外长密集访问太平洋岛国，并出席太平洋主要地区组织太平洋岛国论坛、太平洋共同体部长会等。2019年5月赢得连任后，莫里森任命其政治密友霍克为国际发展与太平洋事务部长并兼任助理防长，意在“整合澳大利亚在南太平洋地区的资源与投入”，强化澳与太平洋岛国的经济与国防纽带。莫里森本人亦将连任后的首访献给了所罗门群岛，以示澳对“太平洋大家庭”的重视。莫里森政府还格外重视与岛国的人文交流，宣布设立新的“澳大利亚太平洋体育联系项目”，并将与商业媒体合作，为太平

---

① Scott Morrison, “Address- ‘Australia and the Pacific: A New Chapter’”, November 8, 2018, https://www.pm.gov.au/media/address-australia-and-pacific-new-chapter.

② Scott Morrison, “Joint Statement between Australia and Papua New Guinea”, November 1, 2018, https://www.pm.gov.au/media/joint-statement-between-australia-and-papua-new-guinea.

③ Scott Morrison, “Address- ‘Australia and the Pacific: A New Chapter’”, November 8, 2018, https://www.pm.gov.au/media/address-australia-and-pacific-new-chapter.

洋地区提供更多澳大利亚的优质内容。[①]

但气候议题仍为澳大利亚与太平洋岛国的关键分歧点，考验着澳大利亚"太平洋升级"计划的"诚意"。2019年8月，一年一度的太平洋岛国论坛峰会在图瓦卢举行，莫里森高调出席，并试图在气候变化问题上呼应岛国诉求，包括会前宣布未来5年（2020～2024年）援助5亿澳元用于岛国可再生能源、应对气候变化及灾害恢复，会议期间又宣布提供200万澳元处理海洋污染。但岛国对此并不买账，认为"钱不是'不作为'的借口，减少碳排放、不要开煤矿才是我们所希望看到的"，最终澳大利亚与岛国未能在煤炭、减排、绿色气候基金等议题上达成一致，令岛国"深表失望"。

四 中澳关系改善不力

2018年莫里森政府上台之际，中澳关系已然遇冷。澳大利亚方面虽有意推动双边关系"回暖"，但一年多来决心与动力明显不足，双边关系改善不尽如人意。

为推动与最大贸易伙伴中国的关系转圜，莫里森上台之初即频频向中国释放善意，对中国和中澳关系表态积极，称中国崛起并非零和游戏，澳大利亚从中受益良多；欢迎中国在开放发展中继续为地区和国际做贡献；他本人也致力于与中国国家领导人建立良好私人关系，深化两国全面战略伙伴关系等。2018年中国国庆节期间，莫里森还亲临华人社区，肯定华人对澳大利亚的贡献，并向中国"隔空喊话"，称澳大利亚将继续欢迎贸易、投资与移民。[②] 在莫里森政府的积极斡旋下，两国政治关系遇冷近两年后，中澳外交与战略对话、中澳总理年度会晤相继于2018年底举行，APEC峰会期间两

① Scott Morrison, "Strengthening Australia's Commitment to the Pacific", November 8, 2018, https://www.pm.gov.au/media/strengthening-australias-commitment-pacific.

② Scott Morrison et al., "Remarks, Hurstville Community Lunch", October 4, 2018, https://www.pm.gov.au/media/remarks-hurstville-community-lunch.

国领导人更是短暂会晤，双边关系呈现回暖迹象。为全方位增进对华了解，澳大利亚政府还斥资4400万澳元成立了“澳中关系全国基金会”，并任命知华派外交官傅关汉出任新的澳大利亚驻华大使等。

尽管如此，在中美博弈加剧、美国对澳拉拢及施压力度增大、澳大利亚国内保守势力当道的背景下，莫里森政府当前更多呈现“恐华”的一面，对中澳关系健康发展形成干扰。

一是忌惮中国影响力。2018年6月，澳大利亚通过“反外国干预法”，并于12月正式实施，矛头直指中国对澳所谓政治“干预”与“渗透”，从中国留学生到商人、从华人华侨到澳大利亚政客和学者，无不成为被怀疑甚至是调查的目标。2019年这一担忧更向教育领域蔓延。8月22日，出于对“潜在外国影响力”的担忧，新南威尔士州教育厅被迫停办全部孔子学院项目。[①] 紧接着澳大利亚还专门成立了“大学应对外国干预工作组”，[②] 继续以中国为“假想敌”，防范“外国势力”对澳大利亚高校可能的“网络入侵”“侵犯言论自由”“窃取知识产权”等，正常的人文交流因此被高度“政治化”。

二是收紧中企对澳投资。近年来，澳大利亚频频以国家安全为由收紧外资审查，阻挠中企对澳投资，基础设施领域更甚。2018年8月，莫里森任国库部长期间，澳大利亚成为全球首个禁止华为参与5G网络建设的国家。为防止华为“曲线”接入澳大利亚电信网络，澳还说服所罗门群岛放弃了与华为的协议，转而由澳大利亚帮助建设联通所罗门群岛、巴新与澳大利亚之间的海底电缆。2018年11月，澳大利亚又叫停了长江基建对澳大利亚天然气管道运营商APA集团130亿澳元的投资。迄今仍有迹象显示，澳大利亚将继续收紧外资监管。尽管澳大利亚政府一再否认收紧外资审查是针对特

---

① Danuta Kozaki，“NSW Government Scraps Chinese Government-Sponsored Confucius Classrooms”，August 23，2019，https：//www.abc.net.au/news/2019 - 08 - 23/nsw-government-scraps-confucius-classroom-foreign-influence-fear/11440936.

② Michelle Grattan，“Government Boosts Scrutiny over Chinese Targeting of University Sector”，The Conversation，August 28，2019.

定国家，但在中国投资近年成为澳大利亚外资增长主力，且由矿业开始向基建等领域拓展的情况下，澳大利亚这一官方声明颇有“此地无银”之感。

三是在南太“排挤”中国。澳大利亚一贯视南太为其“后院”，对中国在太平洋日益增长的存在多有疑忌，担忧中国会稀释其在南太地区的主导地位和影响力。为此，在经济领域，澳大利亚一面频频发声指责、抹黑中国对岛国援助是在构置“债务陷阱”，一面加大基建投入，并拉美、日等国介入，以与“一带一路”倡议相抗衡。在安全领域，则有意“挖墙脚”，积极推动与巴新、瓦努阿图等“战略港口”的合作，并与美国共建马努斯海军基地等。在外交上，除触角延伸外，还试图利用最大援助国身份帮助台湾拉住所谓的南太“邦交国”。

四是在敏感议题上对华“指手画脚”。如在南海问题上，澳大利亚继续紧随美国立场，影射中国为“地区秩序破坏者”，并继续所谓的“航行自由”行动。在中国发展中国家地位上，莫里森多次将中国归为“发达经济体”之列，并借此敦促中国在贸易安排、参与解决全球环境挑战及对发展中国家支持方面“承担更多责任”。[①] 在新疆、香港等中国内政问题上，澳大利亚亦频频罔顾事实，评头论足，进一步给中澳关系蒙上阴影。

纵观历史，中等强国要想发挥创造性影响力，大国平衡是关键。但澳大利亚当前急于充当“马前卒”“急先锋”的做派，显然已与这一目标背道而驰。2019 年 5 月莫里森率自由党—国家党联盟赢得连任，执政地位更加稳固，政策腾挪空间也随之增大。在此背景下，我们不妨对澳大利亚能够及时纠偏，真正做到与中国“相向而行”抱有一些期待。

① Scott Morrison et al.，“Chicago Council on Global Affairs”，September 23，2019，https：//www.pm.gov.au/media/chicago-council-global-affairs.

专　题　篇

Special Reports

B.5

澳大利亚工党败选探因

胡　亮*

摘　要： 2019年5月，澳大利亚举行大选。选前被普遍看好的工党意外败选，继续在野。执政联盟执政6年后，再度蝉联。工党落败原因是多方面的，主要在于当前世界经济形势不佳，澳民心思定，更信任擅长治理经济的执政联盟；工党竞选政策阐释不足，竞选操作不当，未能充分争取选民支持。目前工党已更换党领袖及领导层，新任党领袖阿尔巴尼斯正带领全党反思败选教训，锐意改革，为下届大选积累力量。

关键词： 澳大利亚　工党　大选

* 胡亮，中共中央对外联络部美大北欧局。

2019年5月18日，澳大利亚举行大选，此次大选选情复杂，执政联盟（自由党—国家党联盟）与反对党工党竞争激烈。虽然工党选前呼声较高，甚至在选举当天的早期出口民调（exit polling）中也一度领先[①]，但结果出人意料。执政联盟赢得151个众议院议席中的77席，蝉联执政。工党仅获68席，党领袖肖顿承认败选并引咎辞职，影子内阁基础设施交通部部长阿尔巴尼斯在无人竞争的情况下当选新任党领袖。此次工党在选情一度看好的情况下，依然落败，与工党竞选操作失当、澳民心思定等因素密切相关。

一　工党竞选主打“四张牌”，但效果不彰

（一）打“民生牌”，但取信度不足

执政联盟政府自2013年执政6年来，澳经济持续增长，在发达经济体中表现不俗，成为执政联盟选战中的亮眼招牌。2019年4月，澳财长弗莱登伯格公布联邦预算案，宣布澳在经历多年财政赤字后将首次实现盈余。[②]随后，执政联盟支持率从36%升至38%，反对党工党支持率则从39%降至37%，这也是自由党领袖莫里森担任总理以来，执政联盟支持率首次超过工党。

工党深知自身经济弱项，避免在相关政策领域与执政联盟正面对抗，重点抨击经济增长未使民众分享红利，强调工党将着力推进社会公平，为澳带来真正的发展与改变。[③] 一是推进税制改革，完善股息估算、退休金税务优惠、家庭信托等领域政策，打击偷税漏税，增加政府收入。二是主张政府调

---

① Nick Pearson，“Exclusive Exit Poll：Labor Set to Win Government”，May 18，2019，https：//www. 9news. com. au/national/exit-poll-federal-election-results-labor-liberal-scott-morrison-bill-shorten-tony-abbott-politics-news/2a184e6e-72a3 –4769 –9007 –99534a655eb3.

② Budget Documents：The Treasurer Handed Down Budget 2019 –20 at 7：30pm on Tuesday 2 April 2019，https：//www. budget. gov. au/2019 –20/content/documents. htm.

③ A Fair Go for Australia：Standing Up for Middle and Working Australia，https：//www. alp. org. au/.

节工资，敦促公平工作委员会就最低薪资进行高于通胀率的涨薪，承诺未来四年投入69亿澳元以降低民众生活成本。三是加大教育、医疗等民生领域投入，包括增加拨款262亿澳元，资助职业技术教育学院（TAFE）以及各层级学校；提供152亿澳元税收优惠，支持企业雇用大龄和年轻员工；拨款44亿澳元，扩大国民医疗保险覆盖面等。四是拨款42.8亿澳元加大基础设施建设力度，拨款92亿澳元建造25万套新的经济适用房，采纳执政联盟政策，实施首次置业贷款首付计划，支持首次置业者购房等。尽管工党提出的政策蓝图宏大，愿景美好，但并未就如何落实提出明确方案，相关政策可信度不足，民众疑虑难消。

（二）打“开放牌”，但吸引力有限

澳向以多元文化为傲，强调开放包容的传统。澳民众中英国及爱尔兰后裔占74%，亚裔占5%，土著人占2.7%，其他民族占18.3%。[①] 近年来，赴澳移民数量持续上升。据统计，2016年赴澳移民人数猛增27%，2017年澳新增移民人数突破24万人。截止到2018年底，澳人口已达到2518万人，人口年增长率为1.6%。其中，2018年澳人口增长中，自然增长占了38.6%，海外净移民增加则占了61.4%。英国、中国和印度为排名前三位的移民来源地。[②]

面对日益庞大的移民选民群体，肖顿等工党领导人强调工党珍视多元文化，提出将为移民家庭获取父母长期居住签证提供更多便利，加大多元文化养老基金投入，支持多元文化社区建设，积极争取移民支持[③]；承认工党陆克文政府边境政策有失误，但强调不应将难民妖魔化，突出人文关怀。鉴于中国移民年增逾4.4万人，已成澳第二大移民群体，工党推出华裔候选人杨

① Australia，https：//en. wikipedia. org/wiki/Australia.

② 《澳人口新地图：中国移民年增逾4.4万，成第二大移民群体！哪州人口增长最快?》，澳洲新快网，https：//mp. weixin. qq. com/s/CDM9ZutixiMLevDHUiv01Q。

③ A Fair Go for Australia：Standing Up for Middle and Working Australia，https：//www. alp. org. au/.

千惠，到访华人聚居区，利用华文媒体、微信平台积极拜票，争取华人选民。[1] 同时，针对澳年轻选民诉求多元，民众对气候变化等议题关注度上升等，工党强调将实施开放社会政策，支持同性婚姻等，吸引年轻选民；推行建设性国际主义，支持多边主义和地区主义，包括增加国际发展援助 11.8 亿澳元，积极参与应对气候变化，大力发展新能源产业，力争将碳减排目标提高到 45%，到 2030 年将电动汽车销售份额达到 50%[2]等，力塑开放进取形象。但部分措施相对激进，特别是减排方案等目标过高，成本过高，被执政联盟攻击为脱离实际，难以付诸实施，对选民吸引力不大。

（三）打“团结牌”，但党内暗流涌动

近年来，澳朝野政党内斗频繁。2007 年至 2013 年工党执政时期，该党内斗不止，从陆克文到吉拉德再到陆克文，两次更换党领袖，严重影响该党形象，民心流失严重，致使工党 2013 年败选下台，沦为在野党。执政联盟向来自诩团结，但上台以来也内讧严重。近 6 年，澳大利亚已出现阿博特、特恩布尔、莫里森 3 位总理，以及特拉斯、乔伊斯、麦科马克 3 位副总理。

工党大力抨击执政联盟内斗“黑历史”，宣称工党已汲取因内斗下台的教训，近年加强党内建设，促进了党内团结。强调选择工党就是选择变革和稳定。选战期间，工党上下统一步调和声音，全力支持肖顿竞选，鲜有政要发表与本党立场相左的观点，基廷、陆克文、吉拉德等多位工党前总理并分赴重点选区为肖顿站台，力图展现工党已摆脱历史阴影、团结备战的新形象。但同时，工党内部左、右翼派系界限分明，双方斗争激烈。特别是肖顿作为右翼代表人物，与左翼代表、现党领袖阿尔巴尼斯有“宿怨”。2013 年 10 月，工会出身的肖顿在党领袖选举中获得 63.95% 的议会党团票、40.08% 的党员票，以合计 52.02% 的微弱优势击败阿尔巴尼斯，当选党领袖。此后，阿尔巴

---

① Bill Shorten：《中国很重要！澳大利亚拥抱多元文化，珍视多元文化》，https://www.yeeyi.com/news/index.php? act = article&aid = 252828&app = home。

② A Fair Go for Australia: Standing Up for Middle and Working Australia，https://www.alp.org.au/.

尼斯对落败一直耿耿于怀，表面支持肖顿，暗里不时批评肖顿的政策。[①] 此次大选中，两派虽因选举需要保持表面团结，但内部分歧难以消弭。

（四）打“亲情牌”，但领袖形象改善有限

肖顿曾在2010年6月吉拉德取代陆克文“党内政变”中发挥重要作用。2013年6月，肖顿在工党领袖改选投票前突然宣布支持陆克文，成为陆克文二次“出山”的重要推手。由于数次参与工党内斗，加之被媒体曝出曾卷入工会腐败案件，肖顿个人形象欠佳。尽管工党支持率总体领先执政联盟，但在最佳总理人选上，肖顿支持率长期落后于特恩布尔、莫里森等同期自由党领袖，在一定程度上拉低了工党选情。

此次大选期间，肖顿大搞亲民攻势，展现善于倾听、勇于担当的一面。他还接受媒体采访[②]，动情介绍已故母亲生平，声称母亲曾因无钱支付学费，年少时放弃了学习法律的梦想；但她一直坚持奋斗并成为教师，最终在年过四旬后进入法学院学习，并获最高法律学生奖。他强调母亲奋斗经历促其投身政治，为促进男女平等、推进社会公平正义而奋斗。他着力改善自身形象，但总体提振有限。选前民调显示，虽然肖顿个人支持率一度升至38%，但仍落后于自由党领袖莫里森的45%。

二　盟友不给力，竞选操作失当

（一）绿党助力不足

澳大选采取依序投票制和可转移计票制。投票时，选民将根据喜好对选

① Jacqueli Maley, “Albanese, Shorten and the Leadership Question that Won't Go Away”, June 9, 2018, https://www.smh.com.au/politics/federal/albanese-shorten-and-the-leadership-question-that-won-t-go-away-20180608-p4zka2.html.

② Richard James, “Bill Shorten Gives Emotional Press Conference after Newspaper Story about his Mother”, May 8, 2019, https://www.buzzfeed.com/richardhjames/bill-shorten-attacks-new-low-in-campaign-after-newspaper.

票上的候选人依次排序进行选择。计票时，如果候选人所得第一排序的票数超过本选区票数一半，则当选议员；如没有人超过，则计算每个候选人所得第一排序的票数，票数排名最后一位的候选人被淘汰，他（她）所得选票将重新统计，分配给选票上第二排序的候选人。这一程序循环往复，直到产生票数过半的获胜候选人。[①] 因工党与执政联盟互为竞争对手，两党常利用拨票制度，将优先票投给小党。

在此次大选中，执政联盟与联合澳大利亚党达成拨票协议，工党与绿党达成拨票协议。联合澳大利亚党由矿业大亨帕尔默为参选组建，在昆州等摇摆选区有一定选民基础。该党来势汹汹，选战期间曾投入5000万澳元进行广告攻势，一度将民调支持率提升至5%。[②] 绿党在气候变化等议题上与工党有较多共同语言，但该党在澳大利亚各州力量发展不平衡，在环保问题相对突出的几个州支持者较多，而在经济发展要求超越环保呼声的州则支持者寥寥。据澳选举委员会统计，执政联盟靠"拨票"在昆州至少赢得18个议席，不仅保住该党原先在昆州的全部席位，还从工党手中夺回2个席位。此外，近年来，选民自主投票意识日益增强。据选前统计，投票支持绿党或其他小党、独立人士的民众中，约78%的选民表示将无视政党投票指示卡，自行决定拨票选择，这在一定程度上对工党选情也产生了冲击。

（二）摇摆选区争取不够

澳众议院选举以选区为基础，选区按人口数量调整划分，通常需确保每个选区人口约85300人。此次大选中，新南威尔士州有众议院议席47个，维多利亚州有38个，昆士兰州有30个，西澳大利亚州有16个，南澳大利亚州有10个，塔斯马尼亚州有5个，首都地区有3个，北领地有2个。[③] 从

① Preferential Voting in Australia，https：//australianpolitics. com/voting/preferential.

② "Federal Election 2019：'Clive Palmer may Decide Outcome of Four Marginal Seats'"，April 23，2019， https：//www. 9news. com. au/national/federal-election-2019-clive-palmer-united-australia-party-newspoll-vote-sway-politics/0456a47d-a5af-40de-9070 – 121ba93f9a42.

③ 2019 Australian Federal Election，https：//en. m. wikipedia. org/wiki/Next_ Australian_ federal_ election.

基本面看，执政联盟与工党“铁杆选民”各占30%左右，两党最终胜选关键在于约30%的中间选民。传统上，执政联盟在昆士兰州、西澳大利亚州基础较雄厚，工党在维多利亚州、新南威尔士州有一定优势。

为争夺摇摆选民，肖顿展开“巴士巡访”选举造势活动，加大对昆州等重点州的争取力度。[①] 执政联盟则将大选指挥总部定在布里斯班，莫里森展开昆州“全覆盖”活动，并深入20多个摇摆选区积极备选。但工党政策主张总体偏重迎合城市选民和进步人士，对矿业、牧业地区选民利益关注不够，对工人阶级这一工党传统选民争取不足。加之昆州、塔州等较偏远地区发展相对落后，民众焦虑、排外情绪较强烈，认为被主流社会抛弃，对工党相关政策不“买账”。排外的单一民族党、联合澳大利亚党等并就难民、移民政策等敏感话题进行炒作，微信等社交媒体上一度出现关于工党将在全澳中小学开展同性恋教育之类的假新闻，[②] 煽动民众对工党恐慌情绪。尽管工党一再辟谣，莫里森否认自由党参与误导微信用户，但工党形象已被抹黑，负面影响难以迅速消除。

（三）政策阐释不足

大选前，莫里森与肖顿进行了三次电视辩论，分别阐述本党政策主张，就经济、民生、安全等议题进行激辩。国库部长弗莱登伯格、农业部长利特普也分别同影阁国库部长鲍恩、影阁农业部长费茨吉本进行了专题辩论。执政联盟集中抨击工党“高支出、高税收”政策弊端，批评工党是“加税党”“反商业党”，其红利抵免政策是对老年人变相征税，气候变化、环境政策等脱离现实，增大民众负担。不断逼问工党政策开支来源，令工党左支右绌。

---

① Nick Pearson，“Why Labor is struggling in Queensland”，Jun 8，2019，https：//www.9news.com.au/national/queensland-labor-anthony-albanese-bill-shorten-federal-politics-news/b27fed52－5179－44e8－8804－51b457ddeb1e.

② 徐蕾：《澳工党为微信“假新闻”致信腾讯，自由党却说：受害的是我们》，观察者网，2019年5月9日，https：//www.guancha.cn/internation/2019_05_09_500860.shtml。

在执政联盟压力下，工党公布题为“机会均等”的财政预算细节，包括税收改革政策细节等，如将利用税收改革，通过股息红利抵免、负扣税与资本利得税、信托、跨国公司及会计扣除费用、养老金优惠等，实现比自由党更充沛的预算盈余。工党影阁财长查尔莫斯接受媒体采访时表示，经过独立议会预算办公室和会计专家小组的仔细审查，预计工党政府在2019～2020年度预算盈余为74亿澳元，在2022～2023年度预计盈余更是高达218亿澳元。[①] 但预算计划公布后，执政联盟迅速抨击工党计划有漏洞，一旦实施，政府财政将捉襟见肘、增大失业风险等，工党却未能及时有效回应，更增加了民众疑虑。而肖顿为争取特殊群体选票，借同性恋议题攻击莫里森宗教信仰，言辞激进，也引起一部分保守民众的反感。

三　内外因素助推，“思定”压倒“求变”

（一）澳民众选举热情下降，变革积极性不高

早在1856年，南澳大利亚州率先取消了对选民在职业、财产等方面的要求，使所有成年男子都享有选举权。1893年起，澳大利亚公民不分男女，只要年满18周岁并在选前连续在澳居住超过一定时间，就具有选民资格。[②] 由于土地辽阔，人员居住分散，澳强制要求选民必须主动到当地的选举委员会注册登记，个人信息变动须主动申报。投票时登记选民必须参加投票，无故不投票将罚款20澳元，拒缴罚款则被起诉。[③]

作为世界上极少数实行强制登记和投票的国家，澳自1924年以来，投票率从未跌破90%，在西方国家中排名十分靠前。但澳政坛长期由执政联

① 澳洲财经见闻：《影子金融部长访谈：工党财政预算如何实现“公平”的澳大利亚?》，网易，2019年5月16日，http：//dy.163.com/v2/article/detail/EF9P0SRB05199N88.html。

② “Voting within Australia-Frequently Asked Questions”，https：//www.aec.gov.au/FAQs/Voting_Australia.htm#compulsory.

③ “Voting within Australia-Frequently Asked Questions”，https：//www.aec.gov.au/FAQs/Voting_Australia.htm#compulsory.

盟、工党轮流坐庄。二战以来，执政联盟从1949年至1972年、1996年至2007年、2013年至2018年分别连续执政23年、11年和5年，工党从1983年至1996年、2007年至2013年分别执政13年和6年。两党轮流把持朝政，致使民众对强制投票制下的“形式民主”日益反感，对“无人可投”的不满持续上升。据选前民调显示，对此次大选持焦虑、失望或愤怒等负面态度的民众高达56%，仅11%的选民态度积极。民众对莫里森、肖顿的热情均不及前自由党总理霍华德、前工党总理霍克等前领导人，但迫于选项有限，只能选择相对成熟、老练的莫里森，是两相权衡下的无奈之举。

（二）外部经济环境不佳，选民更趋保守

当前世界经济下行压力加大、不确定性增强，澳外部环境趋紧。特别是铁矿石、煤炭等澳最大出口商品价格持续大跌，进一步制约澳经济发展。自2018年下半年起，澳经济增长出现明显放缓。2018年第四季度环比仅增长0.2%，同比增长2.3%。[①] 2019年第一季度经济增长率仅为0.4%，将年增长率拉低至1.8%[②]，创10年来新低，民众薪酬增长停滞，失业率创下近8个月的高位，5月失业率达10.3%，同比增长0.5个百分点[③]。国际货币基金组织（IMF）将2019年澳大利亚经济增长预期下调了0.7个百分点至2.1%[④]，显示对澳经济前景不甚乐观。

随着澳经济日益疲软，贫富差距拉大，民众获得感降低，焦虑增强。长期以来，澳选民普遍认为，执政联盟经济治理能力优于工党。特别是在澳经济前景不明朗的背景下，多数民众更加关注工资水平、生活质量等切身利

① 《财经观察：内外风险叠加或拖累澳大利亚经济增长》，新华网，2019年4月19日，http：//www.xinhuanet.com/2019-04/19/c_1124389312.htm。

② 《澳大利亚一季度经济增长0.4%　创下10年来最低纪录》，中国经济网，http：//intl.ce.cn/specials/zxgjzh/201906/10/t20190610_32311405.shtml。

③ 《澳大利亚经济又一盏红灯亮起　5月份失业率已超10%》，搜狐网，http：//www.sohu.com/a/319527666_719828。

④ 《财经观察：内外风险叠加或拖累澳大利亚经济增长》，新华网，2019年4月19日，http：//www.xinhuanet.com/2019-04/19/c_1124389312.htm。

益，对工党能否促进澳经济持续发展心存疑虑，部分中老年选民担心工党通过增税进行财富再分配，影响自身生活。民众求稳保守心态较强，变革意愿不迫切。莫里森精准抓住民众关切，重点渲染执政联盟执政期间的经济成就，许诺若胜选连任，将力保经济增长，以经济发展的“稳定性”凸显工党上台的“不确定性”，进一步争取选民支持。

四　工党厉兵秣马，锐意改革，为下届大选积蓄力量

因大选落败，肖顿在选举夜宣布辞职，工党随即启动新领袖选举程序。5 月 27 日，工党影阁基础设施部长阿尔巴尼斯作为唯一参选人，正式当选工党新领袖。根据惯例，因阿尔巴尼斯为工党左翼且来自新州，副领袖应为右翼并来自维州或昆州。经党内协调，来自维州的右翼代表人物、影阁防长马尔斯担任副领袖。工党议会党团会议并确认了 30 名前排议员，其中 16 名来自右翼，14 名来自左翼。6 月，工党成立新影阁，前领袖肖顿担任新设立的影阁国家残疾人保障计划部长和政府服务部长，原影阁国库部长鲍恩转任影阁卫生部长，原影阁财长查尔莫斯担任影阁国库部长，影阁财长由原小企业和财政服务部长加拉格尔接替。[①] 7 月，工党召开全国执委会会议，全国书记卡罗尔辞职，助理全国书记埃里克森暂代全国书记。

同时，着眼下届大选，党内呼吁加强反省，总结败选教训，整改党内政策。维州工党议员瓦姆瓦基诺宣称，工党竞选中提出的负扣税政策会对澳中产阶级带来不利影响，主张领导层重新审视相关政策。阿尔巴尼斯表示，大选结果显示工党仅获 1/3 的选民认可，这促使工党应重点思考如何促进就业，加强与选民对话，回应民众关切，巩固工党传统选民基础。强调工党将对执政联盟政府采取更强有力的态度，不会在下届大选前急于推出政纲，将在能源等问题上采取比肖顿更温和的政策，带领工党重回前总理霍克时期促

---

① “Albanese Announces Labor's New Shadow Ministers”, June 2, 2019, https://www.9news.com.au/national/news-national-anthony-albanese-announces-labors-portfolios-shorten/be446c1c-2fed-4b52－82de-3ca4dd9a1730.

进增长的经济发展模式，努力提高人民生活水平。①

在本届议会中，工党在参议院76个议席中占26个，与上届持平；执政联盟35个，小党和独立参议员共15个。众议院工党占68个，减少1席；执政联盟77个，小党和独立议员共6个。② 工党议席虽有所下降，但并未伤元气，实力犹在。党内痛定思痛，就维护团结、加强改革形成初步共识，将加强与执政联盟的抗衡。阿尔巴尼斯个人形象较好，继2013年竞选党领袖铩羽后，时隔6年终于如愿以偿，料将带领全党，积极作为，为下届大选上台积蓄力量。

① 《阿尔巴尼斯当选为澳工党新党魁　承诺将与选民对话》，新浪网，2019年5月27日，https：//news. sina. com. cn/w/2019－05－27/doc-ihvhiews4885559. shtml。

② "Federal Election 2019 Results"，https：//www. abc. net. au/news/elections/federal/2019/results.

B.6 2018~2019年澳大利亚媒体最新动向

胡　丹*

摘　要： 2018年9月~2019年8月，澳大利亚的媒体新闻报道在前一年的基础上出现了进一步的负面化动向。其中，有关中国的报道也同步出现了负面化的趋势，且在该年度尤其是2019年6~8月间报道数量暴增，几乎翻了一番。本报告以媒体监测公司和学术机构的调查结果为基础，对澳媒体环境的最新情况进行详细梳理，从澳大利亚国内政治风向的改变、新闻消费习惯的变迁、媒体版图的变动（尤其是媒体改革法案通过后媒体行业并购所形成的新的两大媒体集团并立）及其后引发的裁员、传统与数字媒体平台间的竞争进一步加剧、商业媒体平台与国家广播机构之间的矛盾进一步白热化等多角度深入挖掘媒体报道负面化倾向背后的原因，并基于澳媒体环境的独特性和现状，及其与民意、国内政治之间的互动关系，对未来与澳媒接触及对其进行话语分析提出相应建议。

关键词： 澳大利亚　媒体　新闻回避　涉华报道

---

* 胡丹，北京外国语大学英语学院讲师，澳大利亚研究中心副主任、中国澳大利亚研究会副秘书长、国际澳大利亚研究会会刊《澳大利亚研究》编委，研究方向为中澳关系、外资审查、中国企业海外并购、中英经济关系。本报告受“中央高校基本科研业务费专项资金”资助，为“全球投资保护主义兴起的比较与对策研究”（2019JJ013）项目的中期成果之一。

一 澳大利亚的媒体与媒体环境

澳大利亚有2500万人口①，尽管收入和福利水平高，但互联网的普及率②仅为88%，从全球来看，大概处于平均水平，较显著地低于七国集团国家。③ 国内多年来对澳媒进行媒体和话语研究时惯常采用《澳大利亚人报》（*The Australian*）和《悉尼晨锋报》（*Sydney Morning Herald*）作为风向标，有时加上《澳大利亚金融报》（*Australian Financial Review*）。但多方面数据显示，澳大利亚人的主要新闻来源并非仅这三家报纸。近年来随着数字媒体的崛起，澳大利亚人的新闻消费习惯已发生重大变化；同时，这三家媒体在地域和观点倾向的代表性上也在不断被削弱。本报告主要依据牛津大学路透新闻研究学院（Reuters Institute for the Study of Journalism）的年度《数字新闻报告》（Digital News Report）④ 来分析澳媒体与新闻消费习惯。该学院自2012年起对全球多国的媒体和新闻消费进行年度调查，是“世界上现行的对新闻消费最为全面的比较研究”。⑤ 另外，本报告还参考了澳媒体监测公司Streem的实时媒体监测结果。⑥

---

① 2018年8月澳人口数量突破2500万。

② 又作渗透率。

③ 七国集团的互联网普及率分别为：加拿大90%、日本93%、法国93%、德国96%、意大利92%、英国95%、美国96%。

④ 该报告虽名为《数字新闻报告》，但其实旨在对各平台的媒体及大众的新闻消费习惯进行年度跟踪，主要关注的问题包括大众对新闻付费的意愿、对新闻媒体的看法等。2019年的报告对38个经济体里超过75000名受访者进行调查，并辅之以质性研究。Nick Newman，Richard Fletcher，Antonis Kalogeropoulos，Rasmus Kleis Nielsen，“Reuters Institute Digital News Report 2019”，Reuters Institute for the Study of Journalism at University of Oxford，http：//www. digitalnewsreport. org/survey/2019/overview-key-findings-2019/.

⑤ Nick Newman et al.，“Reuters Institute Digital News Report 2019”，Reuters Institute for the Study of Journalism at University of Oxford，http：//www. digitalnewsreport. org/survey/2019/overview-key-findings-2019/.

⑥ Streem（www. streem. com. au.）是澳大利亚一家实时媒体资讯平台，提供对报刊、网络、电视、广播和社交媒体的综合监测与分析。此次跟踪调查，Streem搜集了澳大利亚28家主流媒体的数据。

（一）澳大利亚的主要媒体与新闻消费习惯

1. 各媒体平台的影响力与热度

同其他国家一样，澳大利亚的媒体主要可分为报刊①、电视、广播、数字媒体②四类。根据最新的年度《数字新闻报告》，四大平台间的横向比较显示，澳大利亚人获取新闻时，其实主要还是通过电视，其次是通过网络渠道，平时国内研究得最多的报刊仅列第三位。

从新闻消费的另一端——新闻报道的提供者来看，媒体报道的数量多寡与消费者的使用偏好排序是一致的。以媒体监测公司 Streem 2019 年 8 月录得的涉华报道的数量为例，电视和网络遥遥领先，广播和报刊较远地落在后面（见图 1）。可见，电视和网络既是供应新闻最多的媒介，也是新闻消费者最偏爱的媒介。

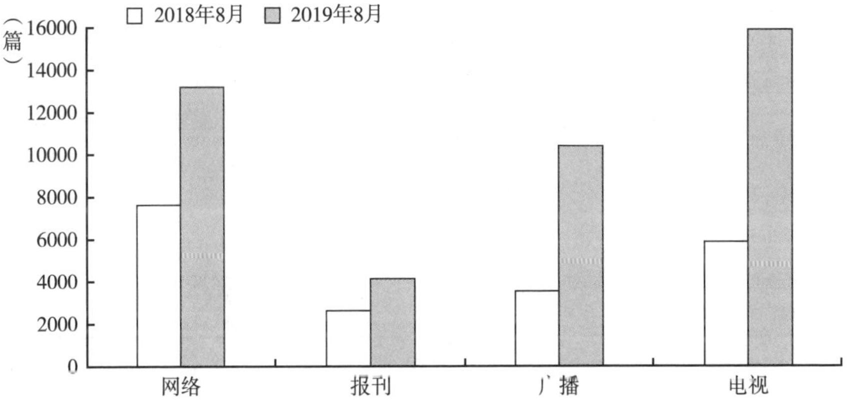

图 1　澳大利亚各类型媒体关于中国新闻报道的数量
（2018 年 8 月和 2019 年 8 月）

资料来源：Streem，“China Coverage Soars as Australia Wrestles With Relationship”，September 27，2019，https：//www. streem. com. au/2019/09/27/china-coverage-soars-as-australia-wrestles-with-relationship. html。

---

① 也作“纸媒”，本报告后文两词将同义混用。

② 国内也惯常将其称为“新媒体”。

2. 各平台的主要媒体

依据最新的年度《数字新闻报告》的统计，按平台种类进行分别排序后，依澳大利亚人每周新闻消费的热度计（见图 2），各类型媒体平台中主要包括以下媒体（依热度从高到低排列）。[①]

电视[②]：在使用度最高的媒介——电视媒体中，澳大利亚广播公司（ABC）仍占首位，但 7 频道（Channel 7）、9 频道（Channel 9）、十频道（Channel TEN）[③] 三家免费商业电视网络紧跟其后，尤其是 9 频道的母公司九娱乐公司（Nine Entertainment Co.，“九娱乐”）收购费尔法克斯媒体公司（Fairfax Media）后还同时拥有三大纸媒，已替代后者和新闻集团（News Corp）形成新的双巨头的局面。SBS 和其后的两家电视台热度显著较低（见表 1）。

表 1　澳大利亚主要电视媒体

媒体	倾向与定位
澳大利亚广播公司	国家广播公司
7 频道	商业免费电视，新闻节目据称全澳收视率最高
9 频道	商业免费电视
十频道	商业免费电视
澳大利亚特别节目广播事业局（SBS）	促进多元文化
Prime 7	
WIN 电视（WIN Television）	

广播：在澳大利亚人的新闻消费习惯中，广播逊于电视。常用的广播包括 ABC、SBS，以及商业的调频、调幅广播。

报刊：作为另一重要的传统媒体，澳报刊行业出现了新的双巨头局面——媒体集团九娱乐在兼并费尔法克斯后，坐拥三大纸媒，和新闻集团形

① 权属关系来源于澳大利亚通信与媒体局（ACMA），https：//www. acma. gov. au/theACMA/media-interests-snapshot。

② 英国的 Sky 和 BBC 分别排第 8、第 9 位，因不属于澳媒，故不纳入比较和讨论。

③ 2017 年被美国哥伦比亚广播公司（CBS）收购。

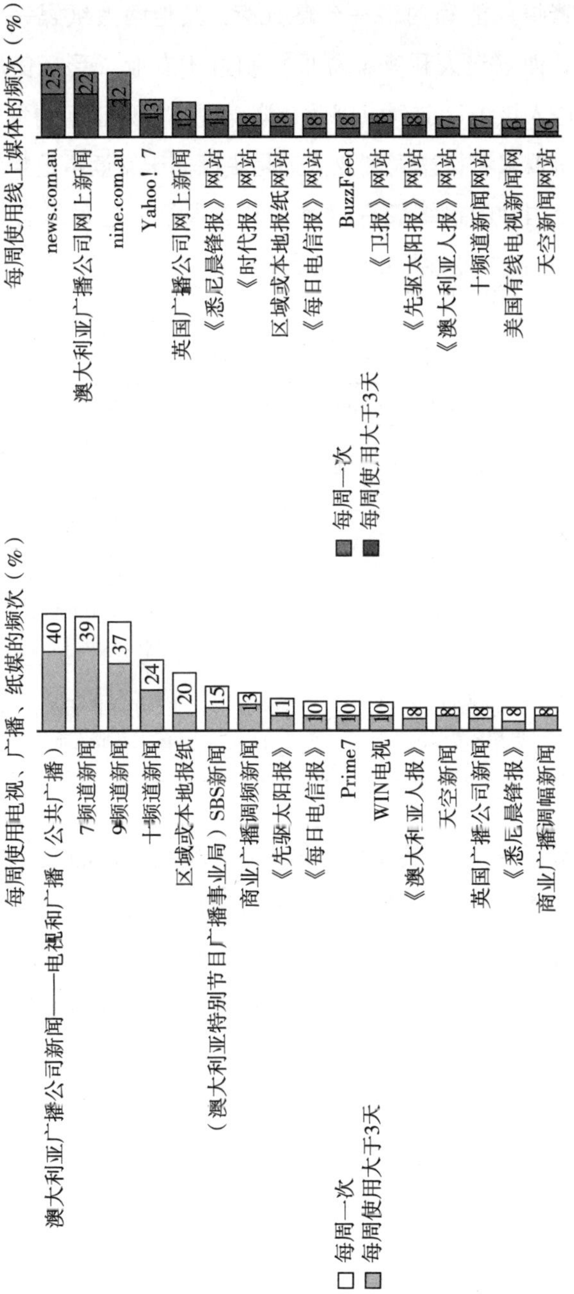

图 2　澳大利亚人每周线上线下媒体新闻消费的偏好（依热度排列）

资料来源：Caroline Fisher et al., *Digital News Report: Australia 2019*, Canberra: News and Media Research Centre, 2019。

成新的对峙局面。但仔细来看，新闻集团旗下的三大纸媒仍占据前三位，九娱乐仅有《悉尼晨锋报》能和网络平台略抗衡，其他两大纸媒——《时代报》属区域性报纸，而《澳大利亚金融报》则过于专业，受众仍局限于商界人士，甚至均未进入该统计前列。因此，澳媒现基本处于新闻集团的笼罩下。另外，从消费习惯来看，澳大利亚人还是更倾向于阅读本地报纸，排名略靠前的报纸中，全国性的报纸仅有《澳大利亚人报》这份综合性报纸和《澳大利亚金融报》这份专业性报纸（见表2）。

表2　澳大利亚主要报刊媒体

媒体	所属集团	主要发行区域	倾向与定位等
《先驱太阳报》(*Herald Sun*)	新闻集团	维多利亚州	同新闻集团旗下其他报纸共享新闻源
《每日电信报》(*Daily Telegraph*)	新闻集团	新南威尔士州	保守的、小尺寸的通俗报纸(tabloid)
《澳大利亚人报》(*The Australian*)	新闻集团	全国	全国性报纸中发行量最大，一般认为其倾向偏右
《悉尼晨锋报》(*Sydney Morning Herald*，也译作《悉尼先驱晨报》)	九娱乐（原费尔法克斯）	新南威尔士州	历史最悠久的报纸，一般认为相较于《澳大利亚人报》的倾向属偏左

网络（数字媒体）①：尽管是新兴媒体平台，网络媒体的版图进一步折射出澳大利亚现行的媒体集团态势：新闻集团一马当先，ABC 作为国家广播公司排第二位，九娱乐自有的网站并列第二，并在并购费尔法克斯后进一步获得《悉尼晨锋报》网络新闻的加持。地区性或地方性的报刊网站居于中游。纸媒网站中除了《悉尼晨锋报》，其他纸媒的比重都相对较小（见表3）。②

① 英国的 BBC 排第五位，因不属于澳媒，故不纳入比较和讨论。

② 数据主要源于 2019 年《数字新闻报告》澳大利亚篇。Caroline Fisher et al.，*Digital News Report*：*Australia 2019*（Canberra：News and Media Research Centre，2019）。

表3　澳大利亚主要网络媒体

媒体	所属集团
news. com. au	新闻集团
ABC 网上新闻	ABC,联邦政府资助
nine. com. au	九娱乐
Yahoo！7	威瑞森（Verizon）
《悉尼晨锋报》网站	九娱乐 （原费尔法克斯）

（二）媒体法与行业管理

同世界上绝大多数国家一样，媒体在澳大利亚属于较敏感的行业，无论在外资控制还是国内竞争和反垄断的问题上，都是规制的重点。相关法律和主管机构分别为1992年的《广播电视服务法》（Broadcasting Services Act 1992）和澳大利亚通信与媒体局。由于媒体行业的敏感属性，直到2007年《广播电视服务法》才取消了对外国人获取商业广播电视牌照和外国人担任董事的限制，但该领域的外资并购和控制仍须受澳1975年《外资并购法》（Foreign Acquisitions and Takeovers Act）的限制：政府（国库部）仍享有审查外资交易是否符合澳“国家利益”的权力，并可据此对交易叫停。具体来说，任何超过5%的外商投资必须获得国库部长的审查批准。

同很多国家一样，澳大利亚的媒体同大众舆论、国内政治间存在着紧密、活跃的互动关系。简单来说，一方面，媒体通过议程设置、话题筛选、倾向引导等来影响民意和国内政治，正如媒体监测公司Streem的报告中所指出的，“随着记者深挖安全、经济和政治方面的线索，有越来越多的问题引起关注，虽然并非所有的话题都有新意”。[①] 另一方面，民意和国内政治

① Iris Zhao，“Australian Media's Coverage of China Soars in Last Year，Led by Hong Kong and US-China Trade War”，ABC，September 27，2019.

风向的变动从某种程度上反过来又影响媒体报道的题材选择和观点倾向，媒体为生存计也会尽量明晰自己的目标读者并迎合其观点。因此，对澳媒体生态的扎实把握和及时跟踪，对于理解澳国内民意和政治风向的变化具有重大意义。

正如前述分析显示，澳媒体环境以及大众消费新闻的渠道和方式都发生了重大变化，国内在对澳媒进行接触和分析时恐怕也需要紧随其行业版图和消费习惯的变化，加强对电视媒体和网络媒体的分析，不再过度依赖地域性、观点代表性不够强的几家报刊。

二　澳大利亚媒体环境和新闻报道的最新动向

2018～2019 年，澳大利亚的媒体行业经历了近乎翻天覆地的变化：2017 年媒体改革法案的通过导致跨媒体平台的并购成为可能，2018 年九娱乐兼并费尔法克斯后取而代之，与新闻集团形成了新的两大媒体集团并立的局面。行业内竞争加剧，随之带来的是关闭、裁员，行业内一片哀鸿，国家广播公司 ABC 也受到了“政治干涉”的指控并出现高层震动。在此背景下，澳新闻报道随之发生了引人注目的变化：媒体报道进一步负面化，同时，关于中国的报道也出现了同步的趋势，并在 2019 年 6～8 月相关报道数量暴增。

（一）新闻报道的负面化

澳媒新闻报道自 2018 年初出现了明显的负面化转变，从 2019 年开始陆续有学者提出此观点。《数字新闻报告》的年度跟踪印证了这一点：2019 年[①]前的历年报告中均无对负面化的相关研究，2019 年初进行的年度调查第一次提出该问题，并发现澳 44% 的受访者认为新闻媒体“经常过于负面

① 2019 年的调查由堪培拉大学新闻和媒体研究中心于当年 1 月底至 2 月初进行，后出版。该年度报告系连续第五年对澳大利亚的新闻消费行为进行跟踪调查，尤其是数字新闻消费。

化”，显著高于全球平均水平（39%），仅次于英国（47%），排全球第二位。[①]

澳一年多的新闻报道负面化主要表现为选题和观点的负面化以及报道风格的惊悚化。《数字新闻报告》调查的受访者就表示，尽管新闻媒体较好地帮助他们了解时事，但“话题的选择通常过于负面化”，“对事件的观点过于负面化”。有意思的是，新闻消费者中右翼群体（53%）较之左翼观点持有者（41%）更多地持此观点，新闻付费用户（51%）较之非付费用户（43%）更多地持此观点，而年纪较大的新闻消费者（73岁以上的受访者中45%）较之年轻人（Z世代[②]中37%）更容易持此观点。[③]

新闻报道的惊悚化容易引发不满和诉讼，甚至出现对传统新闻底线的僭越。除了执政联盟政府对某些报道不满而引发ABC主席贾斯汀·米恩（Justin Milne）力主解雇相关记者，并在招致争议后黯然辞职，新闻聚合网站BuzzFeed也卷入诽谤案。在红衣主教乔治·佩尔（Cardinal George Pell）的儿童性侵案中，也出现法庭不得不签发禁止令阻止记者报道的情况。[④]

（二）涉华报道的数量激增与负面化

中国可谓澳大利亚当前对外关系中最为复杂、棘手的部分，相应地，涉及中国的报道除了与大趋势一致，出现了负面化的趋势，还呈现出数量上的显著增加。

自2017年自由党—国家党联盟政府开始炒作所谓“外国干涉”“留学生”等议题时，澳媒对中国的相关报道就开始呈现负面化的趋势，多位学者对此进行过阐述，如悉尼科技大学（UTS）澳中关系研究院（ACRI）的

---

① Caroline Fisher et al., *Digital News Report*: *Australia 2019*（Canberra: News and Media Research Centre, 2019）.

② 1997年后出生的人，此调查中指18~21岁的受访者。

③ Caroline Fisher et al., *Digital News Report*: *Australia 2019*（Canberra: News and Media Research Centre, 2019）.

④ Caroline Fisher et al., *Digital News Report*: *Australia 2019*（Canberra: News and Media Research Centre, 2019）.

执行院长罗震（James Laurenceson）在评论澳媒对中国的相关报道时就指出，“对某些话题的报道方式感到忧虑……某些时候，媒体报道和评论员的分析耸人听闻，而且不顾事实和证据”。①

2019年9月底，媒体监测公司Streem公布的对澳媒的跟踪数据印证了这一观察，并呈现出相关报道在数量上的攀升。2018年7月1日至2019年6月30日，全澳有超过30万篇报道提及中国，“几乎每周都出现核心元素是中国或是澳籍华人的新报道”。②

其中，有关中国的报道数量在6～8月暴增。2018年1月1日至2019年5月31日17个月间，澳媒每月对中国的报道一直在18000～25000篇徘徊，尽管也曾出现过2018年3月、2018年11月、2019年1月三个峰值，但在2019年6～8月急剧增加，8月的峰值相当于6月前17个月平均水平的两倍，尤其是6月、8月，出现了惊人的上升（见图3）。

除了数量上的增加，关于中国的报道在版面上的位置也日益重要，“今年8月，澳纸媒前10版中出现的关于中国的报道同比翻番，新闻网站上前十条中出现的关于中国的报道出现了53%的增幅”。③

暴增的新闻报道主要来自电视和广播，月度出现了近乎300%的增长，纸媒和网络新闻的增幅分别为60%和73%。④

过去一年澳媒关于中国的报道中，“贸易”主题遥遥领先，这与经济在两国关系中的地位和关注度，以及中美贸易谈判的时间点也是吻合的，相关报道达近75000篇；第二梯队（20000～40000篇报道）为“唐纳德·特朗

① Iris Zhao, “Australian Media's Coverage of China Soars in Last Year, Led by Hong Kong and US-China Trade War”, ABC, September 27, 2019.

② Iris Zhao, “Australian Media's Coverage of China Soars in Last Year, Led by Hong Kong and US-China Trade War”, ABC, September 27, 2019.

③ Streem, “China Coverage Soars As Australia Wrestles With Relationship”, September 27, 2019, https://www.streem.com.au/2019/09/27/china-coverage-soars-as-australia-wrestles-with-relationship.html.

④ Streem, “China Coverage Soars As Australia Wrestles With Relationship”, September 27, 2019, https://www.streem.com.au/2019/09/27/china-coverage-soars-as-australia-wrestles-with-relationship.html.

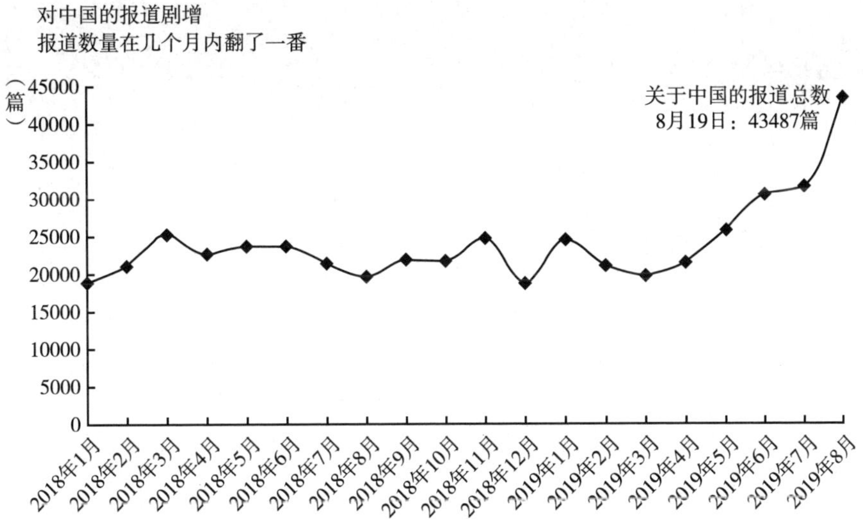

图3　澳大利亚媒体关于中国的新闻报道数量
（2018年1月1日～2019年8月31日）

资料来源：Streem，"China Coverage Soars as Australia Wrestles With Relationship"，September 27，2019，https://www.streem.com.au/2019/09/27/china-coverage-soars-as-australia-wrestles-with-relationship.html。

普""安全""香港""贸易战""大学""资源""贸易伙伴"；第三梯队（5000～20000篇报道）为"军事""国防""习近平""华为""间谍活动""旅游""教育""南海问题""人权""黑客活动""维吾尔族人""'一带一路'倡议"（见图4）。①

三　澳媒体环境和新闻报道变化的深层次原因

2018～2019年，澳大利亚媒体新闻报道的负面化趋势和与中国相关报

① Streem，"China Coverage Soars As Australia Wrestles With Relationship"，September 27，2019，https：//www.streem.com.au/2019/09/27/china-coverage-soars-as-australia-wrestles-with-relationship.html.

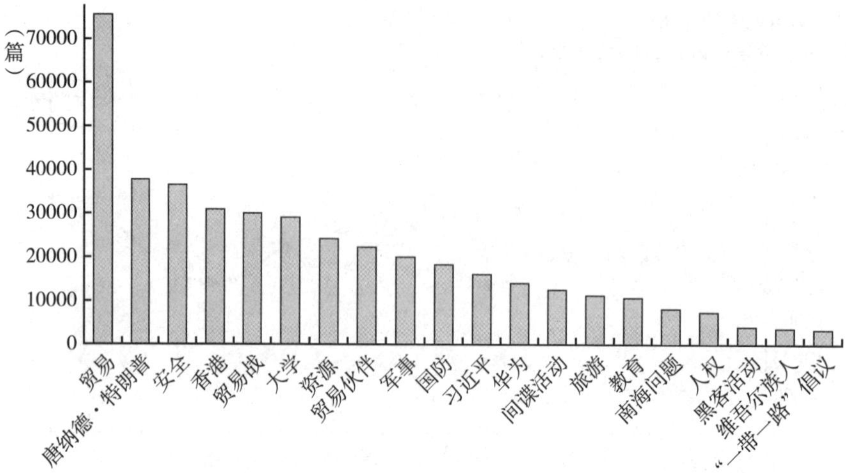

图4　2018年9月~2019年8月澳大利亚媒体关于中国报道的主题分布

资料来源：Iris Zhao，“Australian Media's Coverage of China Soars in Last Year，Led by Hong Kong and US-China Trade War”，ABC，September 27，2019。

道的负面化与数量激增，归根结底源于多重因素的共同作用。从具体表现来看，澳新闻报道的负面化趋势主要体现为新闻话题、叙事、观点的负面化，甚至是极端化。

（一）新闻报道先天的负面化趋势

报道的负面化问题由来已久，有学者认为媒体报道先天地就趋于负面化：“新闻自身的性质导致其高度负面化。从定义上来说，新闻就应当是人们不知道或大部分出乎人们意料的内容，应当是‘打破现状’的，多是不好的令人吃惊的事情、批评意见或所谓的坏行为。”① 也正所谓中国人所说的“好事不出门，坏事传千里”，坏事才更容易吸引大众的注意力。无论是

① Caroline Fisher et al.，*Digital News Report*：*Australia 2019*（Canberra：News and Media Research Centre，2019）.

新闻从业人员还是消费者，“正面的故事通常被认为没那么紧迫”[①]，自然也更不容易刊载出来。

（二）澳国内政治风向的保守化

自由党自阿博特（Tony Abbott）2013年大选上台后在多领域的政策中逐渐展现出其相对保守的倾向，其后的特恩布尔（Malcolm Turnbull）联盟政府在任期间则因双重国籍的问题在议会中的优势岌岌可危，从而竭尽所能地寻找议题来打压工党，在此过程中，其政策的保守性和极端性在“生死存亡”压力的裹挟下更是进一步加强，引致整个媒体关注的焦点也呈现负面化和极端化的趋势：无论是自由党党内和自由党（联盟）政府的内斗，还是在经济政策上体现的对外资的收紧、对华为参与澳大利亚5G网络建设的态度进一步强硬，以及在所谓“外国干涉”“间谍”“政治捐款”、留学生等一系列议题上不遗余力地“叫卖”，都真实地反映在媒体的生态变化和新闻报道中。

（三）传统媒体同数字媒体（尤其是社交媒体）间的竞争加剧与新闻消费习惯的变迁

正如上文所引统计显示，澳大利亚大众新闻消费的习惯逐渐发生了变化，一方面仍有很多人习惯从电视、收音机来获取新闻；另一方面，手机和平板电脑的普及使网络渠道强势崛起，报刊沦为最为边缘的新闻获取渠道。另外，正如中国现在有相当数量的人从微信、微博等社交媒体获取新闻，社交媒体也早已成为澳大利亚人重要的新闻获取渠道。事实上，根据《数字新闻报告》的年度追踪，从社交媒体获取新闻的人尽管还是很多，但已开始略呈下降趋势。如图5所示，2016年时大众获取新闻的途径依排序为电视（65%）、社交媒体（52%）、纸媒（38%）、

① Caroline Fisher et al., *Digital News Report: Australia 2019* (Canberra: News and Media Research Centre, 2019).

网络（26%，不包括社交媒体）①。2016～2019 年三年间，纸媒呈持续下降趋势，且降幅显著，电视基本稳定，网络媒体（社交、网站、App）与社交媒体的变化趋势吻合。及至 2019 年，排序已演变为电视（66%）、社交媒体（45%）、纸媒与非社交媒体的网络媒体并列第三（28%）。

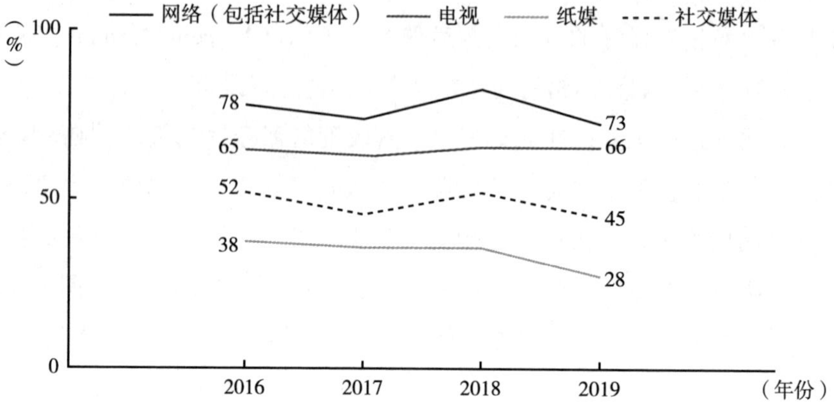

图 5　澳大利亚人获取新闻的来源（2016～2019 年）

资料来源：Caroline Fisher et al.，*Digital News Report*：*Australia 2019*（Canberra：News and Media Research Centre，2019）。

在此背景下，传统媒体公司对脸书（Facebook）和谷歌（Google）这样的互联网巨头在数字广告领域的优势地位及获利非常不满，一方面于 2017 年底迫使澳消费者保护和竞争主管机构澳大利亚竞争与消费者委员会（ACCC）就数字平台给媒体和广告服务市场的竞争所带来的影响进行深入调查；② 另一方面，不断向政府进行游说，要求打破此前长达 30 年的对跨媒体平台的所有权限制，声称传统媒体必须依靠规模效应方能抵御竞争。③

① 网络媒体主要包括社交媒体和网站与 App 浏览，因此剥离社交媒体的比例得到后两者的数值。

② Shawn Lim，"What the ACCC's final report on digital platforms to the Australian government means"，July 30，2019，https：//www.thedrum.com/news/2019/07/30/what-the-acccs-final-report-digital-platforms-the-australian-government-means.

③ John McDuling，"What Does the Nine-Fairfax Merger Mean?"，*The Sydney Morning Herald*，December 7，2018.

该委员会于2019年6月向政府递交了最终报告，调查显示，传统媒体同以谷歌、脸书等为代表的社交媒体之间的竞争进一步加剧，默多克的新闻集团就表示“谷歌利用在搜索服务和广告科技两个服务市场的优势地位，伤害消费者、广告商和新闻出版机构的利益”。[①] 报告中还提出“谷歌卖掉搜索业务，或仅保留搜索业务，将其他业务剥离给第三方”的建议。[②]

（四）媒体行业并购后形成的新的两大集团的对峙与竞争

抛开ABC和SBS两家受政府资助的国家广播机构来看，澳大利亚私营媒体企业在上述的竞争大背景下于2018～2019年度出现了全面的重组和洗牌。经过长时间的游说，2017年底特恩布尔政府推动通过了媒体改革法案，跨媒体所有权相关法律的修订[③]使多平台的融合成为可能。在此背景下，2018年12月，九娱乐完成了对拥有177年历史的媒体集团费尔法克斯的并购，并一举取代它成为与默多克的新闻集团并立的新两大私营媒体势力。然而，激烈的竞争和并购不可避免地带来裁员和重组，使整个私营媒体行业感受到了空前的压力，编辑和记者团队为了求生存进一步向极端化、惊悚化靠拢。有观察人士表示，一年多来澳大利亚媒体上几乎没有给予理性、平衡的新闻报道以生存空间，此类新闻极难发表。

例如，尽管九娱乐在并购费尔法克斯后承诺，后者旗下的三大媒体《悉尼晨锋报》《时代报》《澳大利亚金融报》在新闻编辑上保持独立，但并购后机构和人员的调整，尤其是裁员，给编辑和记者团队带来了现实的生存压力，使其不得不向“眼球”和“注意力”屈服。九娱乐保留

① Shawn Lim, “What The ACCC's Final Report On Digital Platforms To The Australian Government Means”, July 30, 2019, https://www.thedrum.com/news/2019/07/30/what-the-acccs-final-report-digital-platforms-the-australian-government-means.

② Shawn Lim, “What The ACCC's Final Report On Digital Platforms To The Australian Government Means”, July 30, 2019, https://www.thedrum.com/news/2019/07/30/what-the-acccs-final-report-digital-platforms-the-australian-government-means.

③ 自20世纪80年代起，澳大利亚的跨媒体所有权法律就一直禁止任何公司在同一市场上拥有电视台、报纸、广播这三种平台中超过两种的平台。特恩布尔政府2017年底取消此限制。

了三大报，而将费尔法克斯旗下的160余家地区性报刊全数卖给安东尼·卡塔拉诺（Antony Catalano）。三大报截至2019年2月也裁员多达92人，新闻集团2018年裁员超过60人，BuzzFeed等外国媒体公司在澳也削减员工人数。这对于澳大利亚这种体量的媒体市场来说，是具有高度破坏性的。

（五）商业媒体平台与国家广播机构之间的竞争

除了商业媒体公司彼此间的竞争和整合，私营媒体集团们也在同有政府支持的国家广播机构进行激烈竞争，并通过各种场合对国家广播机构进行抨击，其中的焦点多是国家广播机构利用政府的财政支持推行免费服务，对商业性的媒体平台形成了不当竞争。特恩布尔政府2017年争取单一民族党（One Nation Party）参议员对媒体改革法案支持的代价之一，便是对ABC展开一项关于“竞争中立性”的调查，[①] 费尔法克斯在提交的回应中表示：“ABC威胁着商业新闻记者行业的生存，限制了（商业媒体企业的）广告收入，对商业新闻的订阅量有负面影响”，并对ABC的免费网络新闻平台介入商业媒体行业的版图非常不满。[②] 事实上，关于受政府支持的国家广播机构破坏了商业新闻机构的发展这一指摘并不仅限于ABC，也针对SBS。[③]

（六）与中国相关的报道倾向变化的原因

澳媒体与中国相关报道的负面化倾向与整体的负面化倾向同步，同时也深刻折射出中澳关系的现状与未来对政府和各界人士所造成的巨大挑战。而数量的增加与双边关系的重要性也是吻合的，至于6~8月报道数量的显著攀升，主要还是源于中美贸易摩擦的演变。事实上，恐怕在中国以及世界上

---

① Zoe Samios, “Government to Undertake ‘Competitive Neutrality Inquiry’ Into ABC In Exchange for One Nation’s Support of Media Reforms”, *Mumbrella*, August 15, 2017.

② Zoe Samios, “Fairfax Media Accuses ABC of Threatening the Sustainability of Commercial News Journalism”, *Mumbrella*, July 9, 2018.

③ Caroline Fisher et al., *Digital News Report*: *Australia 2019* (Canberra: News and Media Research Centre, 2019).

其他国家和地区，该现象也同步出现。另外，随着澳大利亚各界逐渐意识到，中美贸易摩擦尽管短期内对某些澳行业会带来短暂利好，但长期来看对澳大利亚的经济具有较大的负面影响，中美贸易摩擦的具体走向越来越为澳大利亚人所关注。这三个月里另一广为关注的话题则是香港。据统计，这三个月对中国的报道中，香港和贸易摩擦均占1/5强，分别占报道主题的23%、20%。[①]

需要指出的是，澳媒的负面化不仅如《数字新闻报告》的年度跟踪中所显示的，已成为民众的担忧，在负面化报道中成为焦点或“牺牲品”者都对此十分不满，包括执政的自由党—国家党联盟政府。2018～2019年，澳大利亚的国内政治经历了2018年自由党内部的再次内斗及其后8月的党首－总理的更替，此后不久便进入2019年上半年联邦选举前的长达半年多的竞选期，两大主要政党间的斗争持续白热化，如此广泛的政治动荡和喧嚣不可避免地波及媒体行业。该时期内，媒体和国内政治较为重要的一层互动关系便是自由党—国家党联盟政府对一些媒体的负面报道十分不满。ABC的执行总裁米歇尔·古斯里（Michelle Guthrie）首先突然被董事会辞掉；主席贾斯汀·米恩（Justin Milne）力主解雇政府不喜欢的相关记者，并在招致争议后黯然辞职。澳国内继而对ABC新闻编辑上的独立是否受到不当影响进行了热烈讨论，随后参议院对ABC是否受到“政治干涉”展开调查；总理为了安抚ABC的员工、重获公众的信任，则不得不搬出澳媒体的标志性人物伊塔·巴特罗斯（Ita Buttrose）来担任ABC主席。

四　未来对澳大利亚媒体进行研究和接触的建议

如前文所分析，澳大利亚的媒体环境和新闻消费习惯出现了重大变化，有鉴于此，未来与其接触和进行研究时或可考虑以下情况和建议。

---

① Streem, “China Coverage Soars As Australia Wrestles With Relationship”, September 27, 2019, https://www.streem.com.au/2019/09/27/china-coverage-soars-as-australia-wrestles-with-relationship.html.

（一）澳媒体政治影响有限

尽管澳大利亚的媒体不可避免地会影响国内政治与大众舆论，但具体来说，这种影响力是有限的：具体体现在澳大利亚人对政治的兴趣偏低、对新闻的关注度低和对新闻的不信任度较高。

澳大利亚人对政治的兴趣在全球范围内偏低，《数字新闻报告》2019年的调查结果显示，65%的新闻消费者表示他们对政治的兴趣低，显著高于全球的平均水平（55%）。[①] 与此相辅相成的是，澳大利亚人对新闻的兴趣在受访的全球38个国家和地区内最低，属于典型的“轻型新闻消费者”：受访者中仅有9%的人愿意为网络新闻支付费用，更多的人愿意把钱花在视频流媒体服务上，如34%的受访者表示愿意为Netflix付费。[②] 仅有52%的受访者表示，他们消费新闻的频率为一天一次或更多，48%的受访者每天对新闻的消费低于一次。新闻的消费频率及其所折射出的对新闻的关注度大大低于全球的平均水平（66%），在受访的38个国家和地区中最低（见图6）。[③]

澳大利亚人对媒体和新闻的信任度也偏低，《数字新闻报告》2019年的调查表明，62%的新闻消费者表示他们对互联网上内容的真实性表示担忧，大大高于全球的平均水平（55%）。[④] 该数字与负面性的统计结果也十分吻合。固然全球范围内对新闻的信赖都呈下降趋势，澳大利亚下降的速度明显高于平均水平。过去一年内，全球对新闻的信任度从44%下降到42%，同

① Caroline Fisher et al., *Digital News Report*: *Australia 2019* (Canberra: News and Media Research Centre, 2019).

② Caroline Fisher et al., *Digital News Report*: *Australia 2019* (Canberra: News and Media Research Centre, 2019).

③ Caroline Fisher et al., *Digital News Report*: *Australia 2019* (Canberra: News and Media Research Centre, 2019).

④ Caroline Fisher et al., *Digital News Report*: *Australia 2019* (Canberra: News and Media Research Centre, 2019).

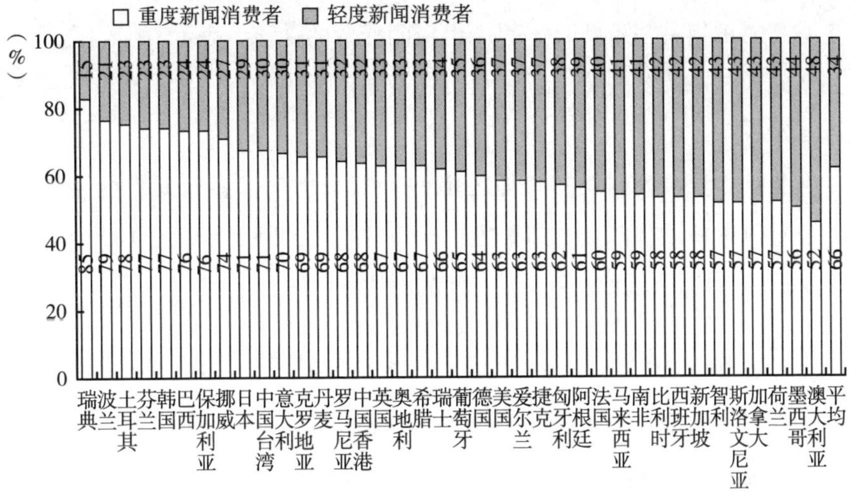

图6　新闻媒体消费者的分类分析

注：选项包括“每天超过10次”“每天6～10次”“每天2～5次”等递减至“低于一个月一次”“从不”“不知道”。

资料来源：Caroline Fisher et al.，*Digital News Report*：*Australia 2019*（Canberra：News and Media Research Centre，2019）。

期澳大利亚则从50%下降到44%。①

这种对媒体的负面看法直接引致澳大利亚人中比例较高的新闻回避②和新闻查验③现象。《数字新闻报告》2019年的调查④表明，回避新闻⑤的受访者比重从2017年的57%上涨到2019年的62%，28%的受访人表示对新闻

---

① Caroline Fisher et al.，*Digital News Report*：*Australia 2019*（Canberra：News and Media Research Centre，2019）.

② 新闻回避（news avoidance）在调查中被定义为“主动尝试回避新闻”。

③ 新闻查验（news verification）在调查中被定义为“对无法辨别真伪的新闻，不会与他人分享”“对同一事件查看不同来源的报道”“开始更倚重名声更好的新闻来源”“停止使用新闻真伪难以辨别的渠道”“不再关注不信任的人分享的新闻”。

④ 2019年的调查由堪培拉大学新闻和媒体研究中心于当年1月底至2月初进行，后出版。该年度报告系连续第五年，对澳大利亚的新闻消费行为进行跟踪调查，尤其是数字空间里的新闻消费。

⑤ 包括“偶尔”“有时”“经常”回避新闻。

的数量已产生疲倦。同时，在新闻疲劳[①]和新闻回避之间，存在显而易见、同步率高的正相关关系：88%的产生新闻疲劳的受访者表示，他们会回避新闻。与此同时，36%的受访者表示会对不同信源进行查看，以了解一则新闻是否真实。[②]

因此，尽管澳大利亚的媒体环境一年多来出现了显而易见的负面化趋势，公众舆论和民意调查上却未出现显著的同步趋势，我们对澳大利亚媒体所能发挥的作用仍应保持客观、全面的看法。

（二）电视媒体的被消费频率和受信任度均领先，应加强对电视媒体的重视

正如上文所分析的，电视仍是澳大利亚人获取新闻的首选途径，同时也对中国的报道增量最为明显，而这一直也是研究和接触中最为忽略的领域。

尽管澳大利亚人对新闻信任度下降的速度高于全球平均水平，但横向来看，电视媒体在最受信赖的新闻来源中仍占据前列。对重度新闻使用者来说电视媒体最受信赖，ABC 和 SBS 的新闻[③]分别以 7.4%、7.3% 稳居前两位，7 频道和 9 频道的排名也不错，分列第 4、第 7 位。其后主要是纸媒，纸媒中《澳大利亚金融报》因其专业性最受信赖，排第 3 位，新闻基本同源的《悉尼晨锋报》和《时代报》分列第 5、第 6 位，偏右的《澳大利亚人报》在几大主流纸媒中排最后，列第 8 位。有意思的是，被认为与《澳大利亚人报》相对，最为偏左的《卫报》仅排第 9 位（见图 7）。

这种对电视媒体的依赖，在轻度新闻使用者中更为明显，ABC、SBS、7 频道、9 频道分别占据前四位，纸媒中新闻集团的《澳大利亚人报》《澳大利亚金融报》领先，原费尔法克斯旗下的两家媒体微弱落后。但无论在哪个群体中，电视媒体最受信赖的地位都是一致的。

---

① 新闻疲劳（news fatigue）在调查中被定义为“因现在新闻报道的数量而产生疲劳”。

② Caroline Fisher et al., *Digital News Report: Australia 2019* (Canberra: News and Media Research Centre, 2019).

③ 电视、广播媒介。

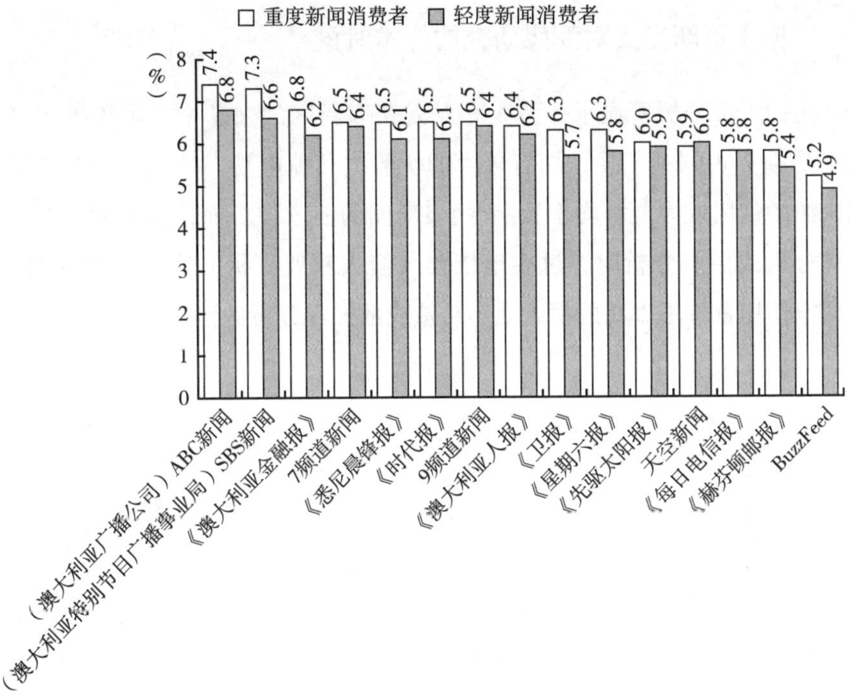

图 7　澳大利亚人最为信赖的新闻媒体品牌

资料来源：Caroline Fisher et al.，*Digital News Report*：*Australia 2019*（Canberra：News and Media Research Centre，2019）。

（三）加强对地方媒体的重视

《数字新闻报告》的调查表明，尽管非网络/数字媒体中电视广播媒体占绝对的优势，地区性或地方性的新闻渠道仍占第 5 位，在网络/数字媒体中地区性或地方性的新闻渠道也占据中游偏前的位置。[①] 与此同时，Streem 的数据也显示，“现在似乎地方媒体对中国的报道尤其挑剔、持批评的态度”。[②] 这就使加强对地方媒体的重视更为重要。

---

① Caroline Fisher et al.，*Digital News Report*：*Australia 2019*（Canberra：News and Media Research Centre，2019）.

② Streem，“China Coverage Soars As Australia Wrestles With Relationship”，September 27，2019，https：//www.streem.com.au/2019/09/27/china-coverage-soars-as-australia-wrestles-with-relationship.html.

（四）重新定义对澳媒研究的样本对象

正如上文分析所显示，澳大利亚人获取新闻的来源中，电视媒体（及ABC广播）占到1/3强，拥有较大的优势。其他电视、广播、报刊作为新闻来源的使用量大概等同于数字/网络新闻的前三位。而传统上对澳媒进行媒体分析或话语分析时，过多地依赖《澳大利亚人报》和《悉尼晨锋报》这两家使用量并不太高的报纸，容易造成数据和分析的偏颇。

B.7

近年来澳大利亚难民准入政策的调整、困境、应对策略和走向*

吴 迪**

摘 要： 作为一个移民国家，澳大利亚的难民政策不时在其国内及国际社会引起激烈的争论。自1977年澳大利亚出台了正式的难民政策后，其几经变迁都有着特定的历史背景。现在，澳大利亚两大政党都逐渐收紧其难民准入政策，设立境内外拘留中心，对寻求庇护者特别是船民异常严苛。2019年5月，澳大利亚联邦大选尘埃落定，难民准入政策未来的走向会如何？本文结合大量史实、政府报告和权威网络资源，从总理莫里森其人、最新联邦预算中关于难民的支出部分，以及近年来澳大利亚接收的难民构成三方面进行分析，得出结论：澳大利亚将继续实施严苛的难民准入政策，尤其是在遏制难民的威慑措施方面，同时在难民的选择上会立足于本国需求和意识形态。

关键词： 澳大利亚　难民准入政策　船民　莫里森　联邦预算

2019年6月16日至22日是澳大利亚难民周，澳大利亚在此期间举行了各类庆祝活动以表彰难民对澳大利亚社会的积极贡献。作为联合国难民公约

---

* 对于本文的构思、资料搜集、写作和修改，华东师范大学澳大利亚研究中心主任陈弘教授给予了大力支持和帮助，在此表示由衷的感谢。

** 吴迪，华东师范大学英语系讲师，华东师范大学澳大利亚研究中心成员。

的签署国，澳大利亚曾接收了大量的难民，很好地承担了一个发达国家的国际互助人道主义责任，并赢得了国际社会的赞誉。但自 1992 年，尤其是 2001 年以来，澳大利亚政府对寻求庇护者①的入境实施严格的管控，对船民②强制地无期限拘留，境外拘留中心的自残或伤人事件，长期拘留对苦难者尤其是儿童造成的身心伤害等不时在其国内及国际社会引起激烈的争论。

鉴于难民政策可细分为难民准入政策和难民安置政策，本文主要探讨的是近年来澳大利亚的难民准入政策。

一 澳大利亚难民准入政策的演变

联邦建立初期，澳大利亚的移民政策为广泛熟知的“白澳政策”（White Australia Policy 1901 – 1973）。它排斥有色人种，当时除英国人外，很少有人去澳大利亚。基于本来就小的人口基数，该政策大大限制了澳大利亚人口增长。③

二战后，澳大利亚急需大量人口满足国家安全和战后经济发展的需求。1945 年 8 月，联邦政府第一任移民部长卡尔维尔（Calwell）提出澳大利亚

---

① 寻求庇护者指任何先行入境，再在入境地根据联合国 1951 年通过的《难民地位公约》或 1967 年《关于难民地位的协议》的相关条款申请难民资格的个人。入境的方式包括以访问者、游客或者学生的身份合法入境，以及没有相关证件或是持伪造证件的非法入境。Barry York，*Australia and Refugees*，*1901 – 2002*：*An Annotated Chronology Based on Official Sources*，Information & Research Services，Department of the Parliamentary Library，2003：ii.

② 船民是指乘坐未经澳大利亚政府授权的船只非法进入澳大利亚的没有合法证件的寻求庇护者。这一称谓在 20 世纪 70 年代末被广泛使用，并在 20 世纪 90 年代重回大众视线，当时又有不少没有合法证件的乘客乘坐非法船只进入澳大利亚。Barry York，*Australia and Refugees*，2003：ii. 自 2013 年 10 月以后，被政府称为“非法海上到来者”，尽管根据澳大利亚和国际相关法律，去澳大利亚寻求庇护并不违法。Refugee Council of Australia，Recent Changes in Australian Refugee Policy，July 7，2018，p. 10，https：//www. refugeaecouncil. org. au/recent-changes-australian-refugee-policy/4/.

③ 邵波：《澳大利亚难民政策的演变（1945 ~ 2007）》，硕士学位论文，苏州科技学院，2011，第 8 页。

必须“增加人口，否则将会消亡”（populate or perish）[①]。当时英国移民仍是澳大利亚人口主要来源，但其人口总数持续下降。同时，常年战争使欧洲难民剧增。因此，澳大利亚开始接收欧洲难民。据统计，澳大利亚在1947年至1972年共接纳了26万名难民。[②] 这一时期澳大利亚对难民的接纳仍保留了白澳政策的主要特征——只欢迎欧洲人。可以说，澳大利亚接收难民的出发点更多是基于本国需求和意识形态，而非人道主义责任。

1954年，澳大利亚签署联合国1951年通过的《关于难民地位的公约》。1973年，“白澳政策”被惠特拉姆（Gough Whitlam）工党政府废除。1977年，为应对印度支那大量船民的涌入，澳大利亚有了第一个官方的难民政策，其核心是“允许难民进入的决定权必须保留在澳大利亚政府手里”。[③] 之后，直到20世纪90年代初，澳大利亚又陆续迎来几拨印度支那难民和船民。此时，澳大利亚国内对难民的抵触情绪开始抬头，希望对船民采取严控措施。

1992年，澳大利亚正式规定寻求庇护者在其难民身份审核阶段应被强制拘留，以期阻止船民的到来。可惜事与愿违，当时国际难民局势恶化，1997年起船民人数不断增加。1999年，澳大利亚将保护签证分为永久保护签证（Permanent Protection Visa，PPV）和临时保护签证（Temporary Protection Visa，TPV）。对于未经允许进入的寻求庇护者，如果被认定为难民，则只能授予临时保护签证。该签证为期三年，期满后必须重新申请，且无法享有永久保护签证所给予的多项服务。

2001年美国“9·11”恐怖袭击事件再次唤起澳大利亚民众对边境安全的担忧。当时的寻求庇护者多来自阿富汗，因而被认为与恐怖分子有关。此外，当时澳大利亚经济严重萧条，失业率居高不下，澳大利亚人不愿与任何

① Nonja Peters, *Milk and Honey—But No Gold: Postwar Migration to Western Australia 1945 – 1964* (Perth: University of Western Australia Press, 2001), pp. 7 – 8.

② James Jupp, *From White Australia to Woomera: The Story of Australian Immigration* (Cambridge: Cambridge University Press, 2002), p. 180.

③ Don McMaster, *Asylum Seekers: Australia's Response to Refugee* (Victoria: Melbourne University Press, 2001), p. 71.

新的到来者一起竞争有限的福利和经济资源。因此，对船民采取严厉措施，阻止他们入境的呼声成为主流。而此时的执政联盟政府总理霍华德（John Howard）正因为民调始终落后于工党，面临败选的可能。于是，他利用大批到来的寻求庇护者成功转移了选举关注的焦点。同年，政府出台了“太平洋解决方案”，它被称为有史以来最严厉的船民管控立法。根据该方案，澳大利亚在太平洋岛国瑙鲁（Nauru）和巴布亚新几内亚（PNG）的马努斯岛（Manus）建立拘留中心，对赴澳途中被拦截的寻求庇护者实施境外羁押。强硬的政策使船民人数锐减，也帮助霍华德获得连任。

然而，该解决方案由于过度强调澳大利亚的国家利益，失去了对难民起码的人道主义关怀精神。在地处偏僻、条件恶劣的难民中心，遭受长期关押的寻求庇护者身心都受到了不同程度的伤害，从而引起了国际社会的强烈谴责，呼吁澳大利亚政府善待难民。另外，“太平洋解决方案”耗资巨大，加重了政府财政负担。最终，执政联盟政府在2007年的联邦大选中败北，让位于工党。

2007年12月，工党陆克文（Kevin Rudd）上台后即关闭了瑙鲁和巴布亚新几内亚的马努斯拘留中心，废止了“太平洋解决方案”；改善难民拘留条件，缩短难民申请处理时间；废除临时保护签证。人道主义措施使工党政府迅速获得国内外认可。当时国际难民局势平稳，他国难民申请数量下降，但澳大利亚的申请数量不降反升。[①]

于是，2010年6月就职的吉拉德（Julia Gillard）转而采取强硬的难民准入政策，遏制激增的船民，力图挽回工党在国内的声誉。为了和之前的联盟政府有所区别，她放弃瑙鲁和马努斯岛境外拘留中心，先后提出“东帝汶解决方案”和“马来西亚解决方案”，但均以失败告终。最终，工党政府向现实妥协，重启被关闭的瑙鲁和马努斯岛拘留中心，再度回归“太平洋解决方案”。该方案的回归也被视为工党企图利用选民对难民的抵触情绪扭

① UNHCR, Asylum Levels and Trends in Industrialized Countries 2010, March 28, 2011, p.6, https://www.docin.com/p-445889404.html.

转其在民意测验中的惨淡境遇。[①] 但最终还是不敌两党联盟，在 2013 年 9 月的大选中落败。澳大利亚再度迎来自由党—国家党联盟执政时期。

2013 年，继任的联盟政府总理阿博特（Tony Abbott）毫无悬念地出台了更为严格的难民政策：缩减计划接收的难民人数；继续延用霍华德时期的境外羁押政策，并开展“主权边界”行动（Operation Sovereign Borders），派遣海军拦截船民，并将其遣返至始发地。2014 年 12 月临时保护签证被重启，同时政府还引入了一类新的临时签证——为期五年的安全港企业签证（Safe Haven Enterprise Visa，SHEV）。2014 年 9 月，澳政府与柬埔寨签订协议：在瑙鲁拘留中心的难民可以去柬埔寨定居，在柬获得相应服务并最终获得其公民身份。但申请人寥寥无几，显然这个第三国安置选项并不受欢迎。

2015 年 9 月上台的特恩布尔（Malcolm Turnbull）宣布政府将永久禁止船民入境，寻求庇护者在境外拘留中心被确认难民身份后将在第三方国家进行安置。不过，移民部长拥有自由裁量权，即如有必要，可以允许寻求庇护者申请有效澳大利亚签证，但只限于临时保护签证或安全港企业签证。2016 年 11 月，澳大利亚与美国达成协议，美国愿意接纳最多 1250 名在瑙鲁和马努斯拘留中心的难民。当然，这些难民申请者必须通过美国当局的审查、面谈和体检。然而，之后由于美国政府换届，直到 2017 年 9 月才有通过美方审查的难民被陆续送往美国。伊朗和索马里难民被拒的概率最高，而前者在澳大利亚两大境外拘留中心占比最大。[②] 此外，2016 年 4 月底，巴布亚新几内亚最高法院判定马努斯拘留中心羁押寻求庇护者“违宪”，该拘留中心将于 2017 年 10 月 31 日关闭。然而，人们在中心关闭后因担心自身安全及新安置点的设施是否齐备而拒绝离开。于是当地政府通过断电停水等措施，最终在僵持了 3 周后用武力迫使滞留人员分别前往三个新的安置地点，而那里不过是另

---

① John Minns et al.，“Australia's Refugee Policy：Not a Model for the World”，*International Studies* 55（2018）：6，https：//journals. sagepub. com/doi/pdf/10. 1177/0020881717746797.

② 《美国政府将接收滞留澳洲的难民　特朗普称“尊重”》，环球网，2017 年 9 月 20 日，https：//baijiahao. baidu. com/s? id = 1579049708704930427&wfr = spider&for = pc。

外的拘留中心。①

2017 年 12 月，澳大利亚成立全新的“超级部门”——国土事务部（Department of Home Affairs），统领包括移民、情报、警察、边防等在内的整个安保系统。当时的移民事务和边境保护部部长达顿（Dutton）出任首任部长。此前，因各职能部门分属不同机构，在打击恐怖主义方面难以形成合力。于是，政府整合力量，使国土安全和执法部门更紧密合作，以便更好地应对日益复杂的反恐形势。②

2018 年，莫里森（Morrison）当选总理。2019 年 2 月，具有争议性的难民医疗转移法案在澳大利亚参议院通过。原来，患有疾病的难民需要经过政府专门团队评估，再由边防部门助理专员最终裁决：应在收关当地治疗还是转移到澳大利亚或别的国家。而新法案规定，两名以上的医生即可对收关在瑙鲁或马努斯岛上的澳大利亚设施内的难民提出治疗建议，将他们转移到澳大利亚治疗，除非难民有严重犯罪记录或涉嫌危害国家安全。莫里森一直反对这项法案，担心其会被人口走私贩曲解和利用，重燃他们的走私计划。事实上，新法案只适用于已经收关在境外的难民。③ 5 月莫里森获得连任后，废除难民医疗转移法案是他的工作重点之一，但这是一场艰难的“斗争”。

至此，澳大利亚的难民准入政策已极其严厉，几乎断绝了所有船民抵澳的出路，并将他们再次推回遭受迫害、战火纷乱的故土，这无益于国际难民问题的解决。

二　难民准入政策面临的困境和应对策略

总的来说，澳大利亚接收难民出于四个原因。一是遵循联合国 1951 年

---

① Refugee Council of Australia, Recent Changes in Australian Refugee Policy, July 7, 2018, https://www.refugeecouncil.org.au/recent-changes-australian-refugee-policy/9/.

② 《澳大利亚成立“超级部门”：国土事务部》，《光明日报》2017 年 7 月 20 日第 10 版，http://au.mofcom.gov.cn/article/jmjg/zwglbm/201709/20170902643831.shtml。

③ 《莫里森政府败于难民医疗法案　大选硝烟愈浓》，澳华财经在线，2019 年 2 月 14 日，http://www.acbnews.com.au/workfocus/20190214-30874.html。

的难民公约和1967年的议定书；二是希望在“国际社会”中建立参与国际合作的积极形象；三是难民多为有活力的年轻人，是澳大利亚劳动力和人口增加的有效途径；四是一些在澳大利亚的宗教和种族群体希望减轻他们海外同胞的痛苦。[①] 不可否认，澳大利亚的确曾在处理国际难民问题上做出了不少贡献，表现出了高度的人道主义责任感。然而，由于20世纪七八十年代以来国际难民局势日趋严峻，恐怖主义行为时有发生，澳大利亚逐渐倾向于严格限制难民入境，以保护国家利益免受冲击，同时也是为了迎合选民，最终令其难民政策逐渐偏离了人道主义精神。

曾经，澳大利亚的难民准入政策似乎陷入了一种举步维艰的两难困境：为保护边境安全，需要严格限制难民入境，但这几乎等同于将寻求庇护者推回其渴望逃离的故土，有造成新的人道主义灾难的可能，违背联合国难民公约签约国的人道救助义务；但如果尽可能多地接收难民，则会吸引更大规模的难民（尤其是船民）涌向澳大利亚边境，给边境国土安全带来一些不稳定因素。因而，如何权衡协调保护国家利益与承担难民人道主义救助责任之间的冲突，就成为历届政府处理难民问题的焦点。难民问题及政党对此的应对策略更是逐渐上升为每次联邦大选的关键之一。

近年来，澳大利亚难民准入政策的变化主要是为了应对船民人数和海上溺亡人数的日益增加。对船民的顾虑始终“困扰”着各届政府，饱受争议的“境外羁押”政策也仅仅是针对船民。事实上，大部分的庇护申请者是持有效短期签证（如旅游或学生签证）乘坐飞机抵澳的，但其入境后再申请难民保护并被审核通过的比重往往比船民低得多。[②] 相反，船民在澳大利亚移民规模中占比微乎其微，可能不足1.5%。[③] 对于这样小规模的庇护申请者，澳大利亚各届政府却“不辞辛劳”地反复修改难民准入政策，使其

---

① James Jupp, *From White Australia to Woomera: The Story of Australian Immigration* (Cambridge: Cambridge University Press, 2002), p. 178.

② Janet Phillips, *Asylum Seekers and Refugees: What are the Facts?* March 2, 2015, p. 8, https://www.aph.gov.au/About_Parliament/Parliamentary_Departments/Parliamentary_Library/pubs/rp/rp1415/AsylumFacts.

③ Janet Phillips, *Asylum Seekers and Refugees: What are the Facts?* p. 15.

日益严苛，不断增加境外拘留中心的资金投入，究竟是为什么呢?

船民到达澳大利亚边境时满满的一船人，加上媒体的大肆跟踪报道渲染，再配合政客们的振臂疾呼，轻而易举地让澳大利亚人相信这样的船民会干扰边境，进而危害国家利益。同时，种族主义情绪也被充分利用。毕竟，“白澳政策”在这片广阔的土地上盛行了70多年，对白人的喜好和对亚洲人的厌恶还扎根在一些澳大利亚人的心中，歧视亚洲人的言论也时有耳闻，而去往澳大利亚的船民又大多来自中东和亚洲国家。在煽动起大众的担忧甚至敌视情绪后，政府再适时推出一些严厉的准入措施，无疑在民众心里植入了一个能有效管理国家、维护边境安全的积极的政府形象。如果适逢联邦大选，还能在一定程度上转移公众注意的焦点，为选举助力。正如2001年霍华德在坦帕事件①后立刻出台了“太平洋解决方案”，在很大程度上扭转了执政联盟的劣势，帮助霍华德连任，否则当时工党获胜的几率很大。而一旦“难民对国家利益、国家安全会产生威胁”的想法根植人心，就很难根除。再加上近几年国际难民局势严峻，导致申请庇护的难民数量有相当的增长，以至于每当发现船民数量增加，澳政府就要想方设法，甚至不惜耗费巨资地严阵以待。

如果说最初对难民的排挤心理是由政客们挑起的，那么时至今日，即便想要对难民实施更加人性化的举措可能都会骑虎难下。就如工党的陆克文曾想对难民准入政策进行人道主义改革，当然其出发点主要还是想通过与霍华德的严苛政策形成鲜明对比，以彰显人道主义精神并获得国内外的褒扬，从

① 2001年8月26日，一艘名为“坦帕号”（MV Tampa）的挪威货船，在靠近澳大利亚的水域从一艘将要下沉的印尼船只上救了433名寻求庇护者。这些人大多来自阿富汗和伊拉克，试图去澳大利亚的圣诞岛寻求庇护。起初，“坦帕号”船长打算将这些获救者送回印尼，但遭到了船上获救者的一致反对，因此“坦帕号”只得转向开往圣诞岛。此时澳大利亚政府正式要求船长驶向印度尼西亚并命令其待在澳大利亚领海以外的水域。船长考虑到一些获救者的健康状况、船上缺乏食物且获救人数众多等诸多原因拒绝了澳大利亚政府的命令。8月27日，船长要求澳大利亚政府给予船上避难者食物及医疗援助。但是澳大利亚威胁如果船长把这些获救者带到澳大利亚，便要指控其犯有人口偷渡罪。8月29日，“坦帕号”驶向澳大利亚并停在距离圣诞岛4海里的地方。此时，澳大利亚政府派出45名特别空中勤务人员登船并控制了“坦帕号”，阻止任何人登陆。

而使工党得以抗衡自由党—国家党联盟。可随着船民的增多，局势的恶化，工党吉拉德立即抛弃原有立场，转而收紧难民准入政策，以取悦选民，但最终还是失去了执政党的位置。

前总理弗雷泽（Malcdm Fraser）也指责工党和自由党—国家党联盟对难民的态度“冷酷无情”，并认为关于船民问题的争论已“被危险地政治化了”。[①] 二者过度关注如何限制难民入境，而不是探讨如何协调澳国家利益与人道主义义务这一核心问题。

三　澳大利亚工党和自由党—国家党联盟难民准入政策的异同

迄今为止，面对国内外指责，工党和自由党—国家党联盟依然相信日趋严苛的威慑措施能有效阻止驶往澳大利亚的难民船。二者在难民准入政策中的很多方面是一致的，包括对于未经授权的船民的强制拘留，境外难民身份审理安排，船只遣返，遏制人口偷渡的区域合作、边境保护措施等。当然，二者在难民准入政策上也存在少许差异，主要体现在该给予寻求庇护者临时保护签证还是永久保护签证，以及每年接纳难民的人数上的不同。

临时保护签证最初由自由党—国家党联盟在1999年提出，主要是针对事后被认定为难民的船民，有效期三年，期满后要重新申请，希望能以此遏制船民的到来。但由于大部分持有该签证的难民无法安全回国，需要反复申请，所以在2007年离任前，霍华德秘密地为持有临时签证的11300名难民中的9500多人签发了永久保护签证（原本仅仅签发给持有效短期签证抵澳后再申请难民保护的寻求庇护者）。[②] 但自由党—国家党联盟始终坚持临时保护签证能有效遏制船民的增加，尤其是在陆克文上台废除了临时保护签证

① 赵青、颜廷：《澳大利亚陆克文—吉拉德政府难民政策改革述评》，《国际论坛》2018年第4期，第73页。

② Refugee Council of Australia, Recent Changes in Australian Refugee Policy, July 7, 2018, https://www.refugeecouncil.org.au/recent-changes-australian-refugee-policy/10/.

后船民数量剧增。但工党和其他难民支持者认为颁发临时保护签证反而会促使妇女儿童冒险成为船民，因为持该签证的难民没有申请家庭团聚的权利。近几年，工党更是联合澳大利亚第三大党绿党反对临时保护签证。

至于在难民的接收数量上，虽然自由党—国家党联盟给出的名额近几年一直在增加（从2015~2016年的13750名到2019~2020年的18750名），但名额始终少于工党（基本每年维持在20000名，曾承诺到2025年前增加到27000名），且将绝大多数配额保留给在海外申请难民身份者。虽然两党愿意接纳难民的数量不同，但都支持限制船民的家庭团聚选择。①

不难看出，在过去相当长的一段时期内，无论执政的是自由党—国家党联盟还是工党，除了细微的差异，均实施严苛的难民准入政策。自从难民问题成为可以影响政党执政权的政治问题以后，这是双方在这方面进行政治博弈的必然结果，也为未来的难民准入政策走向奠定了基调。

四　澳大利亚未来难民准入政策的走向

2019年5月18日，执政的自由党—国家党联盟在大选中获胜，澳大利亚现任总理、自由党领袖莫里森连任当选第31任澳大利亚联邦总理。那么，难民准入政策未来走向会如何呢？或许从莫里森其人、最新联邦预算中涉及难民的部分，以及近几年澳大利亚接收难民的构成这三方面入手，我们可以看出些许端倪。

（一）对难民立场强硬的莫里森

作为澳大利亚政府的掌舵人，总理对难民问题的立场和态度会直接影响政府的难民政策，所以探究其从政经历及政绩是必要的。

---

① Janet Phillips, A Comparison of Coalition and Labor Government Asylum Policies in Australia since 2001, February 2, 2017, research paper series, 2016 – 2017, Parliamentary Library, p. 15, https://www.aph.gov.au/About_Parliament/Parliamentary_Departments/Parliamentary_Library/pubs/rp/rp1314/AsylumPolicies.

澳大利亚现任总理莫里森出生于悉尼的政治世家，2000 年进入政界，2007 年进入澳大利亚国会。2013 年自由党—国家党联盟执政，莫里森在阿博特政府任移民和边境保护部长。2013 年，由军方领导的“主权边境行动”（Operation Sovereign Borders）即由莫里森发起。政府在对船民实施境外羁押的同时，还出动国防力量对偷渡船只进行拦截，将船遣返始发国。这项行动的标志性口号为“停止难民船”（stop the boat）。这为莫里森在自由党内树立了务实高效的形象。后来，他曾先后担任社会服务部长、国库部长等要职，并于 2018 年 8 月 24 日当选澳大利亚第 30 任总理。

2018 年 11 月，莫里森宣布退出《全球性难民和移民协议》（简称《全球移民协议》）的决定。该协议中的移民，实际上主要指难民。根据协议内容，各国应同意“审查和修订”各自制裁非法入境的法律，根据国际法优先考虑非拘留的替代办法，但是同时“将拘留作为最后手段”，允许使用移民拘留中心“作为威慑”。协议还要求各国缩短移民被拘留的时间。[①] 莫里森在宣布退出的声明中表态：该协议与澳大利亚有序移民的原则相冲突，违背国家利益，将被批评澳大利亚边境政策者利用；签署该协议不会增强澳大利亚控制边境和管理移民计划的能力；而且协议也未能充分区分非法进入澳大利亚的人和以正确方式进入澳大利亚的人，特别是在福利待遇方面。[②] 该声明明确表达了莫里森政府的坚定立场，即由澳大利亚独立决定控制边界的最佳方案以及谁能被允许进入澳大利亚。也就是说，政府会一如既往地采取边境严控和对船民的境外强制拘留政策。

而在 2019 年澳大利亚大选前夕，为谋求连任，莫里森再次打出“难民牌”。[③] 据澳大利亚广播公司（ABC）报道，在一场竞选演讲中，莫里森强调：

① 《〈全球移民协议〉是什么?》，环球网，2018 年 11 月 29 日，https://baijiahao.baidu.com/s?id=1618403768517373131&wfr=spider&for=pc。

② 《莫里森亮明强硬移民立场　宣布“退群”全球移民协议》，澳华财经在线，2018 年 11 月 21 日，http://www.acbnews.com.au/immigration/20181121-28598.html。

③ 《澳大利亚大选临近　莫里森求连任再拿难民“开刀”》，新浪网，2019 年 4 月 28 日，http://k.sina.com.cn/article_3057540037_b63e5bc502000hbyl.html?from=news&subch=onews。

“我们已经让国家边境和预算得到控制，之后我们将根据澳大利亚的国家利益决定谁可以留下来。”他承诺将把未来三年每年入境澳大利亚的难民人数控制在18750人，并优先接收女性难民，比例增加到60%，这高于2017～2018年的50.8%。同时，2019～2020年去偏远地区定居的难民比例将从原来的30%增加到40%，当然这些难民会被安排到有社区支持的地方。[①] 莫里森直言，他当选后的工作重点之一就是力争尽快废除在2月通过的难民医疗转移法案，以威慑和遏制人口走私。

莫里森的从政经历和竞选宣言均清晰地表明了其对难民的强硬立场，而当地难民对大选结果的反应也从侧面进行了诠释。大选之前，难民希望工党胜出后能采取一个相对比较宽松的政策。不少难民将其人生希望系于这次大选，但最终希望落空。所以，有人觉得他们永远也不可能离开这些境外拘留中心或岛屿，将在那里被困一辈子（澳大利亚法律并没有规定船民被转移到境外拘留中心等待难民资格“审核”的明确期限）。而且在那些拘留中心的难民生活状况堪忧：食品供应不足，缺乏干净饮用水，医疗需求得不到满足，还有不少难民有严重身体和精神方面疾病却无法得到治疗，反而被警察用警棍粗暴对待。于是，不少难民开始自残，已有多名难民试图自杀，甚至还有人因此而住院。[②] 这或许预示了在新一届执政联盟政府的统治下，难民前景堪忧。

（二）2019～2020年联邦预算中关于难民的支出部分

预算是经法定程序审核批准的国家年度集中性财政收支计划。它规定国家财政收入的来源和数量、财政支出的各项用途和数量，反映着整个国家政策、政府活动的范围和方向。[③] 政府对于某项开支的增加或减少能从侧面反

---

① 《大局已定！2019澳大利亚联邦大选结果出炉：华人将受到这些影响……》，2019年5月19日，http：//dy.163.com/v2/article/detail/EFHVEIPH0515GOGH.html。

② 《澳大利亚总理莫里森赢得连任后，多名寻求庇护的难民失望自杀》，新浪网，2019年5月22日，http：//k.sina.com.cn/article_6882118491_19a34cb5b00100inqs.html。

③ 《预算》，百度百科，https：//baike.baidu.com/item/预算。

映出政府对其支持与否。

在2019年4月公布的最新联邦预算中关于难民的支出部分就充分体现了执政联盟政府对难民的强硬态度，主要表现为对难民直接经济援助的减少和对境外拘留中心等威慑遏制船民的设施投入的增加。

根据新的预算，在难民抵澳的第一年无法享受就业援助服务，这比之前的6个月足足延长了一倍的时间。但因此而节约下来的7790万美元却不会再投入其他形式的就业援助中。另外，对于寻求庇护者的经济援助从2017～2018年的1.398亿美元削减到2019～2020年的5260万美元，仅仅两年下降幅度就超过60%。鉴于政府预估2018～2019年实际支出比预算少了24%，即2950万美元，很有可能2019～2020年的实际支出也会低于预算金额。但在预算减少的同时，乘坐飞机抵澳后寻求庇护者的人数却在不断增加，更有不少人等待难民身份的审核时间已经超过5年。①

在2018～2019年实际分配给寻求庇护者的经济援助比预算节省了2950万美元的同时，国土事务部的各项预算却大大超支，其中境外拘留中心超支3.977亿美元，使总支出高达11.58亿美元。虽然2019～2020年境外拘留中心的支出预算期望能下降到5.26亿美元，② 但据之前的实际开支状况，未来力求不超支的道路“曲折而漫长”。此外，难民医疗转移法案通过后，莫里森立即重新开放圣诞岛难民拘留中心，以威慑人口走私。目前1.789亿美元③已投入进行该拘留中心的重新建设，未来应该还会增加。

综上所述，一方面，需要经济援助的难民不断增加，政府却削减预算和实际支出；另一方面，起到威慑遏制船民作用的拘留中心原本的预算就动辄

---

① Refugee Council of Australia, *The Federal Budget*: *What It Means for Refugees and People Seeking Humanitarian Protection*, April 2, 2019, pp. 1 – 2, https: //www. refugeecouncil. org. au/federal-budget-summary/.

② Refugee Council of Australia, *The Federal Budget*: *What It Means for Refugees and People Seeking Humanitarian Protection*, April 2, 2019, p. 3, https: //www. refugeecouncil. org. au/federal-budget-summary/.

③ Refugee Council of Australia, *The Federal Budget*: *What It Means for Refugees and People Seeking Humanitarian Protection*, April 2, 2019, p. 2, https: //www. refugeecouncil. org. au/federal-budget-summary/.

几亿美元，却还在巨额超支。这种加强拘留管制、减少实际资助的状况也在一定程度上传递了政府对于难民的态度。

（三）近年澳大利亚人道主义援助计划中接收的难民构成

往年澳大利亚接纳的难民构成虽然已成历史，但鉴于政策往往具有一定的延续性，以往的选择倾向必然会对未来产生一定影响，所以我们也试图从这些数据中一探究竟。

澳大利亚每年接收的难民分为境内、境外两类，境内是指以短期签证的形式进入澳大利亚，再申请难民保护；境外是指在海外申请，获批后再前往澳大利亚。而广泛引起国内外争议和媒体关注的船民在难民身份得到认可后，只能在第三国安置，或是申请临时保护签证或安全港企业签证进入澳大利亚，但这两类签证并不占用每年澳大利亚人道主义援助计划中的配额。

2008～2018年十年间，每年的配额绝大多数给予了境外申请难民身份者，其中2015～2018年三年间的比重更是高达90%。[①] 可见，澳大利亚更偏爱让其有更多选择权的境外难民申请者。鉴于其占绝大多数，且更能体现澳大利亚政府对难民的选择倾向，本文分析的难民构成也主要针对这一类人。

在境外申请者中，被接收的难民基本来自亚洲、非洲和中东，但2008～2018年的十年间其各自具体的占比又在不断地变化。2008年时，亚洲、非洲和中东的占比分别为约40%、30%和30%；到了2018年，三者占比分别为25.9%、18.2%和55.9%。[②] 尤其是近三年，澳大利亚接纳的中东难民大幅增加，而亚洲难民却大幅减少。鉴于亚洲是距离澳大利亚最近的大洲，而根据近三年的联合国难民趋势报告，有2/3的难民来自五个国家，其中就有两

---

① Department of Home Affairs, Australia's Offshore Humanitarian Program 2017－2018, p. 2, https://www.homeaffairs.gov.au/research-and-stats/files/australia-offshore-humanitarian-program-2017－18-glance.pdf.

② Department of Home Affairs, Australia's Offshore Humanitarian Program 2017－2018, p. 20, https://www.homeaffairs.gov.au/research－and－stats/files/australia－offshore－humanitarian－program－2017－18.pdf.

个亚洲国家：阿富汗和缅甸，另外也有不少的难民来自巴基斯坦。[①] 所以，澳大利亚接收的亚洲难民不增反减，不禁让人觉得疑惑。

或许，澳大利亚分别在2018年和2019年对特定地区的难民所表现出的接收意向可以说明问题。2017年南非发生423起农场袭击事件，共导致82人死亡；2018年前三个月，又发生109起袭击事件，包括15起谋杀。[②] 澳大利亚国土事务部部长达顿认为，南非政府的土地政策导致了南非白人农民遭受暴力、谋杀和被剥夺土地等“迫害”，并在5月初表示愿意为那些受到“暴力犯罪”的南非白人农民提供快速的人道主义签证，让他们搬来澳大利亚。他还表示，当前已经有大量南非移民生活在澳大利亚，他们遵守法律，工作认真，努力融入澳大利亚社会，是澳大利亚想要的移民，而不是那些依靠社会福利生活的移民。[③] 南非政府则强烈抨击这种言行，称其是“种族主义”。

达顿的言论在澳大利亚国内也引起了争论。当时的工党领袖肖顿（Shorten）表示，难民政策不应该基于种族。绿党领袖纳塔尔（Natale）则直接指出，达顿就是认为白人才会为澳大利亚社会做贡献，而其他人种则会欺骗澳大利亚的福利系统，这是试图将“白澳政策”带回澳大利亚！但澳大利亚副总理麦考马克（McCormack）则公开支持达顿，认为其是出于好意。澳大利亚外交部长毕晓普（Bishop）也否认政府在对待难民上存在双重标准。

紧接着，2019年6月，澳大利亚联邦政府表示，在委内瑞拉发生人道主义危机之际，澳大利亚将优先考虑来自南美洲的移民。虽然目前还没有关于南美洲难民来澳人数的公开数目，但预计将达到数百人，这可能意味着委内瑞拉将在2020年加入人道主义签证前10个出生国家的行列，从而改变从

---

① 《联合国难民署公布年度全球趋势报告》，《澳华时报》2019年6月21日，第10版。

② 《南非200多白人农民称遭种族迫害　澳大利亚乐意接收》，凤凰网资讯，2018年5月23日，http：//news. ifeng. com/a/20180523/58417807_ 0. shtml。

③ 《澳拟庇护南非“受迫害”白人惹争端　南非政府提出抗议》，人民网，2018年3月16日，https：//news. sina. com. cn/o/2018 –03 –16/doc-ifysiias5999181. shtml。

7月开始每年18750名来澳难民的构成。[1] 这与澳大利亚过去数十年的做法大不相同，之前难民大多来自中东、亚洲和非洲。

这两例对于遥远的非洲和南美洲的难民抛出“橄榄枝”的做法，却与2016年3月澳大利亚曾明确拒绝接收更多临近的印尼难民的处理方式截然相反。可以说，种族歧视在澳大利亚难民政策转变过程中一直起着潜移默化的作用。地理上，澳大利亚四面环海，远离他国，是一个被多元文化和不同种族包围的岛洲。远离西方文明的澳大利亚人时刻都担心会遭受来自亚洲民族的入侵。对于同种文明的认同和其他文明的排斥，深深根植于澳大利亚人的内心，“白澳政策”即是这种心态的表现。尽管随着时代的发展，“白澳政策”最终被废除，人们逐步接受多元文化主义，但种族主义和排外的根基依然存在。现在，面对人道主义救助的国际职责，在难民的选择上，澳大利亚政府舍近求远的做法就是一个很好的例证。

此外，澳大利亚在2013~2018年五年间接收的难民中0~17岁占比最高，均在40%左右，这应该与低年龄段适应性强，更能融入澳大利亚生活有关。其次是30~49岁和18~29岁两个年龄段，占比均在25%左右，[2] 这与澳大利亚老龄化严重，人口出生率低，缺乏青壮劳动力不无关系。挑选“对澳大利亚有价值的人”不仅主导了其移民政策倾向，也影响着难民准入政策。

综上所述，我们有理由认为澳大利亚未来的难民准入政策会持续收紧，尤其是在针对遏制难民的威慑措施方面。而在难民的选择上会带有一定的种族主义色彩：更倾向于选择非亚裔的难民。澳大利亚的难民准入政策从未“偏离”初衷：立足本国需求和意识形态，并始终“践行”着政策核心，即允许难民进入的决定权必须保留在澳大利亚政府手里。由此出发，澳大利亚

---

① 《澳大利亚将优先考虑南美移民　或改变难民构成》，澳大利亚新快网，2019年6月20日，http：//www. cbfau. com/cbf-201580159. html。

② Department of Home Affairs, Australia's Offshore Humanitarian Program 2017 – 2018, p. 25, https：//www. homeaffairs. gov. au/research-and-stats/files/australia-offshore-humanitarian-program-2017 – 18. pdf.

在难民问题上的强硬立场，强制拘留政策以及拘留中心的恶劣条件所引发的一系列伤人或自残事件等也将持续引发争议，使其陷于国际舆论谴责的漩涡中。

然而，目前难民局势日趋严峻。联合国难民署 2019 年度全球趋势报告显示，2018 年有 7080 万人流离失所，逃离战争、迫害和冲突的人数已升至 70 年来的最高点，比上一年增加了 280 万人。①

诚然，作为一个国际性问题，仅凭澳大利亚一国之力并不能彻底解决难民问题。但如果能加强区域和国际合作，减少政治动荡，并帮助难民始发国逐步成为经济健康持续发展的安全国度，那么就能从源头上遏制难民大规模的产生，澳大利亚也就不需要加强“边境防御”。毋庸置疑，这是一个漫长而艰难的过程，但只要坚定立场、加强沟通、持续努力，必将是对澳大利亚边境的一种更为高效且人性化的管控。同时，伴随而来的国际赞誉和国际地位的提升反过来能促进国家进一步的健康发展。

① 《联合国难民署：世界流离失所者超过 7000 万　创近 70 年新高》，中国新闻网，2019 年 6 月 20 日，http：//world. people. com. cn/n1/2017/0619/c1002 –29348573. html。

B.8
2018～2019年澳大利亚技术移民政策的变动

宋 灿 武婧宜*

摘 要： 澳大利亚是一个典型的移民国家，技术移民政策在国家事务中占据非常重要的地位。澳大利亚物产资源丰富，人口稀少，技术移民作为不可或缺的劳动力因素，能为澳大利亚经济和社会发展做出重要贡献。21世纪以来，为了增加劳动力、降低劳动成本和引进先进技术，澳大利亚政府对技术移民持鼓励和积极态度，相继放宽移民政策。然而，技术移民规模的不断扩大也给澳大利亚社会内部带来了诸多压力。因此，政府开始重新思考技术移民问题并做出相应的政策调整。本文旨在解读2018～2019年澳大利亚政府对技术移民政策的调整，分析政策变动背后的原因，梳理政界、商界、教育界等各方的反应，以及预测未来澳大利亚技术移民政策的走向。

关键词： 澳大利亚 技术移民 457类签证 482类签证

澳大利亚是一个典型的移民国家。澳大利亚统计局（ABS）的数据显示，2018年澳大利亚共有730万名移民，约占全部人口的30%。[①] 从历史上

---

* 宋灿、武婧宜，北京外国语大学英语学院澳大利亚研究中心硕士研究生。

① Australian Bureau of Statistics, "7.3 Million Migrants Call Australia Home", April 3, 2019, https://www.abs.gov.au/AUSSTATS/abs@.nsf/Latestproducts/3412.0Media%20Release12017－18?opendocument&tabname=Summary&prodno=3412.0&issue=2017－18&num=&view=.

看，移入澳大利亚的人口总是大于移出人口，从而促进了全国人口的增长。随着时间的推移，来自许多国家的移民浪潮对澳大利亚人口多样性产生了重要影响。自20世纪中期以来，澳大利亚海外净移民（net overseas migration）增长占总人口增长的比重就高于自然增长（natural increase），可以说，海外移民成为澳大利亚人口增长的主要推动力。其中，约2/3的永久性移民（permanent migrants）是通过技术移民流（skilled stream）进入澳大利亚的。[①] 技术移民具有较高的受教育水平，他们的就业率比澳大利亚本土民众高，在税收方面的贡献也大于政府对其的开支成本。[②]

技术移民政策是澳大利亚移民政策的重要组成部分，21世纪以来，澳大利亚政府对技术移民持鼓励和积极态度。澳大利亚物产资源丰富，但人口稀少，技术移民作为资本主义发展不可或缺的劳动力因素，能为澳大利亚经济和社会发展做出重要贡献，因此政府需要长期通过技术移民进一步增加劳动力、降低劳动成本和引进先进技术。2003～2012年是澳大利亚的资源繁荣时期（resources boom years），历届政府相继放宽移民政策：通过457类签证，给澳大利亚雇主充分的自由权（open-ended rights）来招募所需的技术移民；通过雇主担保永久入境签证（permanent entry employer sponsored visa），让雇主有更多机会长期聘用这些临时雇员——这两类签证是大部分技术移民来澳的主要渠道。2015～2016年期间，共计45395份457类签证签发给了主申请人（principal applicants），48250份雇主担保永久入境签证签发给了主申请人和副申请人（dependents）。[③]

然而，随着技术移民规模的持续扩大，排斥移民的声音也在不断涌现。

---

① Australian Government Department of Prime Minister and Cabinet, "Planning for Australia's Future Population", 2019, https://www.pmc.gov.au/sites/default/files/publications/planning-for-australias-future-population.pdf.

② Australian Government Department of Home Affairs, Continuous Survey of Australia's Migrants, 2019, https://www.homeaffairs.gov.au/research-and-stats/files/csam-methodology-paper-2013-to-2019.pdf.

③ Bob Birrell, "The Coalition's 457 Visa Reset: Tougher than You Think", The Australian Population Research Institute, August 2017, https://tapri.org.au/wp-content/uploads/2016/04/immigration-reset-7-August-2017-final.pdf.

一些澳大利亚人认为技术移民在给本国发展带来活力的同时，也给本地民众的生存带来压力，如本地人就业机会受到挑战、房价升温、城市交通拥堵、基础设施短缺以及环境恶化等。因此，政府开始重新思考技术移民问题并做出相应政策调整，最终于 2017 年 4 月 18 日宣布将废除临时技术签证 [Temporary Work（Skilled）Visa]，即 457 类签证，并以新的临时技能短缺签证（Temporary Skill Shortage Visa，TSSV）分三个阶段逐渐取而代之。

一 2018～2019年澳移民政策新规

2018 年 3 月起，457 类临时技术签证被全面废除，取而代之的是新的临时技能短缺签证，即 482 类签证。[①] 从澳大利亚总理马尔科姆·特恩布尔（Malcolm Turnbull）及移民和边境保护部（Department of Immigration and Border Protection）部长皮特·达顿（Peter Dutton）发表联合声明起，[②] 此次移民政策调整主要围绕可申请职业清单及签证时限、对技术移民的要求和对澳大利亚雇主的要求三方面，分三个阶段逐步推进，历时近一年。

（一）可申请职业清单及签证时限

为了更具针对性、更真实地反映澳大利亚国内各地不同的技能需求，2017 年 4 月，短期技能职业清单（Short Term Skilled Occupation List，STSOL）和中长期关键技能清单（Medium and Long Term Strategic Skills List，MLTSSL）分别取代了原 457 类签证中的统一担保职业清单（Consolidated Sponsored Occupation List，CSOL）和技能职业清单（Skilled Occupation List，SOL）；[③] 涉及航空航天、边保防卫、牙医、作家、网站开发人员、财务主管、翻译、

① "457 agent news May 2017"，Department of Immigration and Boarder Protection，https：//www. celgroup. com. au/uploads/6/2/9/1/62911909/agent_ newsletter_ may_ 2017. pdf.

② "Putting Australian workers first"，April 18，2017，https：//minister. homeaffairs. gov. au/peterdutton/2017/Pages/putting-australian-workers-first. aspx.

③ "457 agent news May 2017"，Department of Immigration and Boarder Protection，https：//www. celgroup. com. au/uploads/6/2/9/1/62911909/agent_ newsletter_ may_ 2017. pdf.

知识产权律师、裁缝、电器工程师等行业的216项岗位被从原职业清单中划除；[①] 而剩余的435个职业中，有59个职业将在经验要求、区域位置和具体工作内容要求上添加额外的条件限制。[②]

7月1日，在广泛征求行业意见及就业和教育培训部（Department of Employment and the Department of Education and Training）建议的基础上，特恩布尔政府对中长期关键技能清单和短期技能职业清单进行了第一次调整。[③] 此前，457类签证的期限一般为四年，而调整之后，只有主申请人的职业在中长期关键技能清单上，才可能获得长达四年的签证期限，并且在满三年后才可申请续签及转向永居；否则只有可能获得两年期限，且只可续签一次——这也同样适用于在4月19日前提交的但还有待处理的签证申请。[④]

（二）针对技术移民的要求

新签证政策对技术移民要求的收紧主要体现在工作经验、强制性犯罪历史检查（mandatory criminal history checks）、英语语言水平三方面。

工作经验要求方面，所有签证申请人需要具备所申请职业至少两年的工作经验。[⑤]

---

① 新的职业清单可见澳内政事务部官网，https：//www. homeaffairs. gov. au/Pages/PageNotFoundError. aspx? requestUrl = https：//www. homeaffairs. gov. au/Trav/Work/Work/Skills-assessment-and-assessing-authorities/skilled-occupations-lists/removed-skilled-occupations，被移除的职业可见 https：//www. scribd. com/document/345473504/List-of-occupations-removed-from-457-scheme#download&from_ embed。

② "457 agent news May 2017", Department of Immigration and Boarder Protection, https：//www. celgroup. com. au/uploads/6/2/9/1/62911909/agent_ newsletter_ may_ 2017. pdf.

③ "Update of skilled visa occupations lists", Department of Immigration and Boarder Protection, June 30, 2017, https：//minister. homeaffairs. gov. au/peterdutton/Pages/update-of-skilled-visa-occupations-lists. aspx.

④ https：//www. australianmigration. co. za/news-updates/download/7_ 8fcf5f4c0444d5a659aae5d3ba673cc7 + &cd = 2&hl = zh-CN&ct = clnk&gl = us.

⑤ "Putting Australian workers first", April 18, 2017, https：//minister. homeaffairs. gov. au/peterdutton/2017/Pages/putting-australian-workers-first. aspx.

强制性犯罪历史检查方面，所有 17 岁及以上的签证申请人需要提供在之前主要居住国家的无刑证明（Penal Clearance Certificates）。①

英语语言水平要求方面，新规取缔了此前针对工资在 96400 澳元以上的签证申请人的英语语言测试豁免资格（Exemption to English Language Testing），这意味着在 2017 年 7 月 1 日及之后提交的签证申请必须提供英语语言测试结果（English Language Test Results）：

（1）新两年签证需要雅思 IELTS 平均分数达到 5 分，每项测试至少需要达到 4.5 分；

（2）新四年签证需要雅思 IELTS 平均分数达到 5 分，每项测试至少需要达到 5 分。②

但以下两项情况例外：

（1）申请人是海外企业的雇员，被派遣至澳大利亚为该企业或其关联实体工作，其指定的基本工资至少为 96400 澳元；

（2）申请人符合目前其他适用的英语语言豁免资格要求（例如，某些护照持有人不需要进行英语语言测试）。

为了保证此项规定的严格执行，移民和边境保护部从 2017 年 12 月 31 日起收集签证持有者和其他雇主担保移民的税号，并和澳大利亚税务局的记录进行核对，以确保签证持有者的收入不低于提名薪资，并确保违反义务的雇主资料得到公示。③

（三）针对澳大利亚雇主的要求

新签证政策对澳大利亚雇主要求的收紧集中体现在确保雇主为提高澳大利亚国内技术水平、促进当地居民就业做出贡献。

---

① “457 agent news May 2017”, Department of Immigration and Boarder Protection, https://www.celgroup.com.au/uploads/6/2/9/1/62911909/agent_ newsletter_ may_ 2017.pdf.

② “English proficiency (subclass 482)”, Department of Immigration and Boarder Protection, https://immi.homeaffairs.gov.au/visas/getting-a-visa/visa-listing/temporary-skill-shortage-482/sufficient-english.

③ https://visaexecutive.com/latest－news/australia－457_ and－pr－update/.

首先，强制性职业技能评估（Mandatory Skills Assessments）的实施范围得到扩大；政府通过设置符合培训基准（Training Benchmark）的培训资金类型（Types of Training Funds）和培训开支类别（Types of Expenditure on Training），进一步明确和收紧了对企业培训基准的要求。①

其次，制定了一套更为严格的劳动力市场测试（Labour Market Testing）；雇主还需要通过一项证明自己不会歧视澳大利亚本地工人的测试。②

最后，雇主提名申请临时技能短缺签证时将需要支付一笔费用，用于澳大利亚技术基金会（the Skilling Australians Fund）为澳大利亚技术工人提供额外教育和培训，其中：

（1）年交易额在1000万澳元以上的企业需要每年为每份临时技能短缺签证支付1800澳元；

（2）年交易额在1000万澳元以下的企业需要每年为每份临时技能短缺签证支付1200澳元。③

综上可以看出，此次技术移民政策改革对职业清单及签证时限、技术移民的要求和澳大利亚雇主的要求三方面都进行了收紧式调整。另外，据报道，澳政府还将进一步把2019～2020年度移民配额从此前的19万人削减至16万人。④

① "457 agent news May 2017", Department of Immigration and Boarder Protection, https://www.celgroup.com.au/uploads/6/2/9/1/62911909/agent_newsletter_may_2017.pdf.

② "Labor Market Testing", Department of Immigration and Boarder Protection, https://immi.homeaffairs.gov.au/visas/employing-and-sponsoring-someone/sponsoring-workers/nominating-a-position/labour-market-testing.

③ "Skilling Australia Fund (SAF) Visa Factsheet", April 9, 2018, https://www.tssimmigration.com.au/downloads/Skilling-Australia-Fund_2018.pdf.

④ Katharine Murphy, "Coalition's Permanent Migration Cap Revealed As Morrison Launches Population Policy", March 19, 2019, https://www.theguardian.com/australia-news/2019/mar/20/coalitions-permanent-migration-cap-revealed-as-morrison-launches-population-policy.

二　澳移民政策变动的深层原因

联邦政府废除457类签证的提案与移民带来的人口增长及国内经济与社会问题关联密切。在增强城市发展活力的同时，移民也加剧了就业、城市基础设施、住房、公共服务以及环境等方面的压力。[①] 自20世纪中期以来，澳大利亚海外净移民增长占总人口增长的比重就高于自然增长（见图1）。澳大利亚统计局的数据显示，2018年，澳大利亚海外净移民人数的初步统计数字攀升至24.8万人，大约占新增总人口的61.4%。[②] 财政部预计2020年净移民人数将超过27万人。然而，移民大部分集中在大城市，如墨尔本（Melbourne）、悉尼（Sydney）、堪培拉（Canberra）等，83%的移民选择居住在首府城市；过去20年间，悉尼和墨尔本至少一半的人口增长来自移民。

（一）就业率下降

首先，民众认为大量移民的涌入导致了国内人口就业率下降，担忧自身就业机会受到挑战。据澳大利亚统计局调查，2019年2月的就业人口有1270万人，几乎占15岁及以上公民人口的2/3（2010万人）。然而，2019年7月失业率（unemployment rate）达到了5.2%，就业不足率（underemployment rate）再次上升，达到8.6%，大部分人选择兼职工作（part-time jobs）。[③] 大部分失业者将难以找到工作的原因归咎于申请人太多

---

① Australian Government Department of Prime Minister and Cabinet, "Planning for Australia's Future Population", 2019, https://www.pmc.gov.au/sites/default/files/publications/planning-for-australias-future-population.pdf.

② Australian Bureau of Statistics, "Australian Demographic Statistics, Dec. 2018", June 20, 2019, https://www.abs.gov.au/ausstats/abs@.nsf/0/D56C4A3E41586764CA2581A70015893E?Opendocument.

③ Australian Bureau of Statistics, "Participation, Job Search and Mobility, Australia, Feb. 2019", August 7, 2019, https://www.abs.gov.au/ausstats/abs@.nsf/0/49A83FBC3DF528CACA257FD800129321?Opendocument.

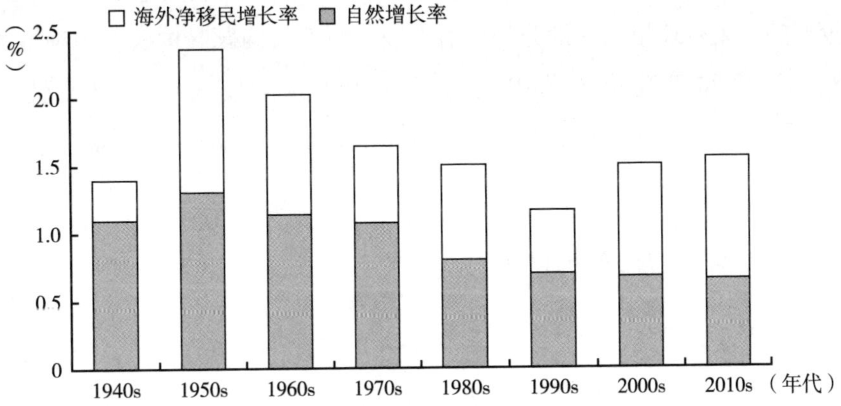

图1　澳大利亚人口增长率比重

资料来源：Australian Government Department of Prime Minister and Cabinet，"Planning for Australia's Future Population"，2019，https：//www. pmc. gov. au/sites/default/files/publications/planning- for-australias-future-population. pdf。

和自身经验能力不足。① 澳大利亚人口研究所（The Australian Population Research Institute）一项全国范围内关于澳大利亚公民对人口和移民的民意调查显示，52%的人同意或强烈同意"澳大利亚发生了翻天覆地的变化，有时感觉自己生活在异国他乡"的说法。② 此外，澳大利亚统计局的最新数据显示，印度和中国是澳大利亚移民的主要来源国。③ 罗伊研究所（The Lowy Institute）2019年的调查发现，74%的民众认为澳大利亚目前过于依赖中国

① Australian Bureau of Statistics，"Participation，Job Search and Mobility，Australia，Feb. 2019"，August 7，2019，https：//www. abs. gov. au/ausstats/abs @ . nsf/0/49A83FBC3DF528CACA257FD800129321？Opendocument.

② Katharine Betts et al.，"Australian voters' views on immigration policy"，The Australian Population Research Institute，October，2017，https：//tapri. org. au/wp-content/uploads/2016/04/TAPRI-survey-Oct-2017-final. pdf.

③ Australian Bureau of Statistics，"Understanding Migrant Outcomes-Insights from the Australian Census and Migrants Integrated Dataset"，July 18，2018，https：//www. abs. gov. au/ausstats/abs@ . nsf/0/706907E56F9F5128CA257BEA00111584？Opendocument.

的经济，68%的民众认为澳大利亚政府允许来自中国的投资过多，[①] 加之在澳投资的中国企业很大一部分是国有企业，所有权问题又构成了一种挑战。政府在此次移民政策改革中的口号“优先保障澳大利亚国民就业”（Australian workers are given the absolute first priority for jobs）[②] 也是对这些焦虑的回应。

（二）基础设施负担过重

在城市基础设施方面，2017 年有 74% 的民众认为澳大利亚不需要更多的移民，因为移民给住房支付能力、道路交通的畅通、医院的运转以及环境等带来了巨大的压力。[③] 在移民人数增加的同时，澳大利亚的房价也在飙升。悉尼和墨尔本接收的移民比以往任何时候都多，在过去的五年中，澳大利亚的房价上涨了 50%，悉尼上涨了 70%。[④] 在澳大利亚广播公司（ABC）的一项报道中，国际住房负担能力排名显示，在世界十大买房最贵的城市中，悉尼排名第二，房价几乎是中等家庭收入的 13 倍，墨尔本则是 10 倍。[⑤] 根据澳大利亚人口研究所的数据，在墨尔本，购买新房至少要花 40 万美元，在悉尼则要花 60 多万美元；分别有近 1/3 的移民和超过一半的移

---

① Lowy Institute, *The Lowy Institute Poll* 2019, June 26, 2019, https://www.lowyinstitute.org/publications/lowy-institute-poll-2019.

② Australian Government Minister for Home Affairs, "Joint media release with the Hon. Malcolm Turnbull MP, Prime Minister – Putting Australian workers first", Media Release, April 18, 2017, https://minister.homeaffairs.gov.au/peterdutton/2017/Pages/putting-australian-workers-first.aspx.

③ Katharine Betts et al., "Australian voters' views on immigration policy", The Australian Population Research Institute, October, 2017, https://tapri.org.au/wp-content/uploads/2016/04/TAPRI-survey-Oct-2017-final.pdf.

④ John Daley et al., "How Migration Affects Housing Affordability", The Conversation, 2017, http://theconversation.com/how-migration-affects-housing-affordability-92502.

⑤ David Chau, "Australian property 'severely unaffordable', Sydney crowned 'second least affordable market'", Australian Broadcasting Corporation, January 23, 2018, https://www.abc.net.au/news/2018-01-22/australian-housing-unaffordability-experts-disagree-on-extent/9349796.

民有意愿在悉尼和墨尔本寻找独立住宅（detached house）。[1] 随着自住业主和投资者的增多，这两座城市的独立住宅数量都在减少，房地产市场越来越严峻。

（三）交通拥堵

在日常出行方面，有民众认为移民似乎也成为"交通拥堵的制造者"。[2] 有时大城市主要道路上的交通延误可能会超过一个小时。澳大利亚基础设施管理局（Infrastructure Australia）对整个国家的基础设施需求（从道路到城市供水系统等各个领域）进行审计时发现，几乎2/3的费用由悉尼和墨尔本承担，这两个城市的公共交通拥堵的成本预计将增长5倍，达到每年8.37亿美元，并且警告称，如果政府不采取行动，到2031年，交通拥堵造成的生产力损失将增加一倍，达到388亿美元。[3] 对此，后座议员（members of coalition backbench）呼吁对移民接纳情况进行重新审查，莫里森（Scott Morrison）政府将对澳大利亚的移民计划展开强有力的调查，以进一步削减移民数量、缓解交通拥堵地区的压力。[4]

（四）公共服务短缺

在公共服务方面，移民的涌入也导致许多医院和学校（特别是市中心

---

① Bob Birrell et al.，"Immigration and the Housing Affordability Crisis in Sydney and Melbourne"，The Australian Population Research Institute，July 2018，https：//tapri. org. au/wp-content/uploads/2016/04/immigration-and-housing-affordability-crisis-july-2018. pdf.

② Matt Wade，"Boost the migration in take but relieve population Pressures on big cities：CEDA report"，*Sydney Morning Herald*，November 2，2016. http：//www. smh. com. au/business/the－economy/boost－the－migration－in take－but－relieve－population－pressures－on－big－cities－report－20161102－gsg79f. html.

③ Infrastructure Australia，"Urban Transport Crowding and Congestion：The Australian Infrastructure Audit 2019 Supplementary Report"，June，2019，https：//www. infrastructureaustralia. gov. au/sites/default/files/2019－08/Urban%20Transport%20Crowding%20and%20Congestion. pdf.

④ Shane Wright et al.，"Migration under review amid growing congestion concerns"，*Sydney Morning Herald*，August 14，2019，https：//www. smh. com. au/politics/federal/migration-under-review-amid-growing-congestion-concerns-20190813-p52gks. html.

地区）满负荷运转，出现老化迹象，需要大笔的资金升级设施。昆士兰州儿童医院就是一个例子，该医院从昆士兰州政府获得了2000万美元的资助，用于增加床位数量。① 澳大利亚政府公共政策智囊团格拉坦研究所（Grattan Institute）预测，未来10年，维多利亚州需要220所新学校，新南威尔士州需要213所，昆士兰州需要近200所。② 到2046年，澳大利亚人口预计将增长1180万人。澳大利亚基础设施管理局预测到2046年，悉尼的人口将激增至740万人，届时医院、工作岗位、学校的开放空间都将减少。③ 如果不能有效地应对人口增长，基础设施的限制将提高经济、社会和环境成本，侵蚀城市的生产力，降低居民的生活质量。

（五）环境问题

最后，有民众认为移民的增加也带来了环境问题。长期以来人们认为澳大利亚是一个人口稀少、资源丰富的国家。但在全球生态危机的背景下，移民的增加导致澳大利亚人对本国的人口承载能力表示担忧。交通拥堵造成汽车尾气的排放量日渐增大，澳大利亚每年人均二氧化碳排放量几乎是经合组织国家平均排放量的两倍。④ 政府面临着双重挑战，一方面要鼓励企业创新，另一方面又要进行监管，因为技术发展可能会对环境造成威胁。⑤ 环境

① Infrastructure Australia, "An Assessment of Australia's Future Infrastructure Needs: The Australian Infrastructure Audit 2019", June 2019, https://www.infrastructureaustralia.gov.au/sites/default/files/2019-08/Australian%20Infrastructure%20Audit%202019.pdf.

② Anne Davies, "Q&A: Australia's immigration rate should be cut in half, Bob Carr says", *The Guardian*, March 12, 2018, https://www.theguardian.com/australia-news/2018/mar/13/qa-australias-immigration-rate-should-be-cut-in-half-bob-carr-says.

③ "Infrastructure Australia wades into Tony Abbott's immigration debate", *The Guardian*, February 22, 2018, https://www.theguardian.com/australia-news/2018/feb/23/infrastructure-australia-wades-into-tony-abbotts-immigration-debate.

④ Infrastructure Australia, "An Assessment of Australia's Future Infrastructure Needs: The Australian Infrastructure Audit 2019", June 2019, https://www.infrastruct ureaustralia.gov.au/sites/default/files/2019-08/Australian%20Infrastructure%20Audit%202019.pdf.

⑤ Infrastructure Australia, "An Assessment of Australia's Future Infrastructure Needs: The Australian Infrastructure Audit 2019", June 2019, https://www.infrastruct ureaustralia.gov.au/sites/default/files/2019-08/Australian%20Infrastructure%20Audit%202019.pdf.

运动的部分人士认为，为了实现澳大利亚的生态可持续发展，必须立即采取措施限制移民增长。

三　社会各界对政策变动的反应

此次技术移民政策的改革在澳大利亚国内可谓一石激起千层浪。政界、商界、教育界、普通民众的反应褒贬不一，并从具体政策内容、可操作性以及改革可能造成的影响等不同角度提出了一些建议与担忧，而政府也做出了相应的回应。

（一）政界的反应

由于变革的旗号“澳大利亚人优先就业”（Australians First）带有浓烈的民粹主义色彩，单一民族党党魁宝琳·汉森（Pauline Hanson）和保守党参议员科里·贝尔纳迪（Cory Bernardi）都认为自己的政党是此次变革的主要推动力。[①]

工党则在肯定改革必要性的同时对新政策表示了质疑。比尔·肖顿（Bill Shorten）认为所谓改革只是做做样子，因为从职业清单上移除的许多职业，如动物园管理员等根本无足轻重，因此改革后技术移民人数只会比原来减少很少的8%，并指责特恩布尔唯一在乎的只是自己的总理职位。[②]

肖顿在2017年8月澳大利亚科学学会（Australian Academy of Science）做的一次演讲中表示自己完全支持“澳大利亚人优先就业”，但这并不应该妨碍澳大利亚的研究人员、公司和研究生接触各自所在领域的佼佼者，并不应该妨碍澳大利亚吸引世界上最优秀的人才。因此，他一旦当选，工党将为

① James Massola，“Malcolm Turnbull to Abolish 457 Immigration Work Visas”，April 18，2017，https：//www. smh. com. au/politics/federal/malcolm-turnbull-to-abolish-457-immigration-work-visas-20170418-gvmw34. html.

② James Massola，“Malcolm Turnbull to Abolish 457 Immigration Work Visas”，April 18，2017，https：//www. smh. com. au/politics/federal/malcolm-turnbull-to-abolish-457-immigration-work-visas-20170418-gvmw34. html.

科学界（Science）、医学界（Medicine）、学术界（Academy）、研究和技术领域（Research and Technology）的行业领先者量身订制一项新的四年签证，即 SMART 签证，SMART 签证将提供永久居留权的途径。① 除此以外，工党还将以一个独立的劳动力市场测试机构——澳大利亚技能管理局（Australian Skills Authority）取代现有的技术移民部长级咨询委员会（Minister Advisory Committee on Technical Migration），管理局将与各行业、工会、高等教育领域、职业技术与继续教育部门（TAFE），以及地方州政府合作，确定并提前预测国内短缺技能，并为此培训澳大利亚工人。② 在一项名为“把本地工人放在首位”（Putting Local Workers First）的计划中，工党把签证费用从 330 澳元提高到了 575 澳元，以鼓励澳大利亚雇主在雇用海外人才之前首先考虑本地工人。最后，肖顿还提出要设立一项 SkillUP 培训基金，用于弥补技能短缺。③

不难看出，工党的所谓新政与本次政策改革并无太大差异，本质上都是优先促进澳大利亚国民就业，在支持企业引进必需的技术移民的同时强制其为国内技术人才的培养提供资金支持。

（二）工商界的反应

工商界普遍认为 457 类签证制度存在问题，需要改革；但对新规的反应褒贬不一，总体而言持较为保守的态度。

1. 支持声

由澳大利亚 100 多家大型公司的首席执行官组成的澳大利亚商业委员会

---

① Bill Shorten，“Address To The Australia Academy Of Science”，August 17，2017，https：//www. billshorten. com. au/speech_ address_ to_ the_ australia_ academy_ of_ science_ canberra_ thursday_ 17_ august_ 2017.

② “Australian Startups Face Skills Shortage Because of Turbull's Botch Job”，Media Release，July 27，2018，https：//migrationalliance. com. au/images/easyblog _ images/5725/Australian-Startups-face-Skills-Shortage-media-release. pdf.

③ Asha Barbaschow，“Labor Proposes SMART Plan For 457 Visa Reform”，May 3，2017，https：//www. zdnet. com/article/labor-proposes-smart-plan-for-457-visa-reform/.

（Business Council of Australia）一直以来都是技术移民签证制度的热烈拥护者，认为澳大利亚一些地区存在严重的技能短缺，因此限制海外技术移民入境将不利于经济发展。对于此次457类签证改革，委员会也秉持了其一贯的支持态度。在特恩布尔政府宣布政策改革后，委员会总理事詹妮弗·韦斯特科特（Jennifer Westacott）首先表示“企业雇用临时工人来弥补其技能短缺对澳大利亚而言是一个整体利好、能够安然度过动荡经济周期的措施”，随后提出了一些建议：首先，政府既然做出了这一决定，那么其必须与澳大利亚的雇主们在政策细节的落实上通力协作，以保证行业技能短缺得到真实有效的弥补；另外，要确保所有的移民雇佣协议（Employment Migration Agreements）完整存档，因为这是支撑众多投资项目的基石。其次，如果真如声明所承诺的，要让澳大利亚人进入高技能技术行业，那么此前被忽视的职业教育和培训体系必须得到重振；同时，政府还需要研究能够鼓励澳大利亚人在偏远地区就业的激励措施。至关重要的是，新的职业类别清单必须足够灵活——既能适应经济环境的瞬息万变，又能方便各行业和政府对其进行审查。[①]

澳大利亚工业集团（Australian Industry Group[②]）总裁英尼斯·维罗克斯（Innes Willox）同样对此次改革表示了欢迎。[③] 他表示，457类签证制度旨在弥补国内技能短缺，对澳大利亚工业企业的发展非常重要；但一直以来存在的误解和滥用助长了国内反移民情绪，这反倒违背了这项政策出台时的初衷。而此次改革查缺补漏，将进一步提高签证制度的完整性，有效防止签证滥用，从而为澳大利亚工业企业发展做出积极贡献。对此，维罗克斯具体做了以下两点补充说明。首先，改革后的诚信措施（Integrity

① “Will Temporary Work Visas Rebuild Public Confidence?”, *Business Review Australia*, April 18, 2017, https://anz.businesschief.com/leadership/2383/Will-temporary-work-visas-rebuild-public-confidence.

② 澳大利亚工业集团是一个雇主组织，与其合作伙伴组织共同代表澳大利亚国内制造业、建筑业、工程业、运输物流、矿业服务、国防工业、民用航空和ICT等6万多家企业的利益。

③ https://www.aigroup.com.au/login/?returnurl=%2fpolicy-and-research%2fmediacentre%2freleases%2fSkilled-Visa-Changes-18April%2f.

Measures)，例如要求签证持有者持有并申报税务档案号码，加强对雇主担保人的审核，不仅操作简单，也可以有效防止技术签证的滥用。其次，技能职业清单（Skilled Occupation List）经过更新与重新分类后，减少了一些界限不清或非必要的技能类别，这不仅有利于反映国内技能短缺的真实情况，也能有效避免此前签证申请中常见的机会主义。同时，维罗克斯也强调密切关注语言测试的变化的必要性，以确保日臻严格的语言要求不会妨碍低技能类别（Lower Skilled Categories）的技术工人的就业。酒店服务业一直是457类签证的最大使用者之一，澳大利亚餐饮集团（Restaurant and Catering Australia）首席执行官约翰·哈特（John Hart）认为新政策在防止低技能工人获得永久居留权与行业聘用临时工之间取得了恰当的平衡。

2. 反对声

澳大利亚工会理事会（Australian Council of Trade Unions）主席格德·科尔尼（Ged Kearney）认为特恩布尔的声明“只是夸夸其谈，并没有什么实质性内容”，所谓改革只是换汤不换药，并不能真正实现把澳大利亚的就业放在首位；理事会新南威尔士州秘书长马克·莫雷（Mark Morey）则进一步指出，澳大利亚的移民制度目前正被用来剥削移民工人，因此真正需要改革的是审查制度，在工作签证和严格的劳动力市场测试方面建立一个全面的三方审查机制（Tripartite Review Mechanism），从而妥善解决剥削移民（Migrant Exploitation）和薪资诈骗（Wage Theft）问题，保持和提高澳大利亚标准。

这一观点得到了澳大利亚工人联盟（Australian Workers Union）的支持，联盟全国秘书长丹尼尔·沃顿（Daniel Walton）表示，政府真正需要做的是对劳动力市场测试进行仔细审查，以确保就业岗位按照市场价格发布广告，防止有人钻空子。①

① Anna Patty, “Abolition of 457 Visas Is ‘Spin over Substance’, Say Unions”, April 18, 2017, https://www.smh.com.au/business/workplace/abolition-of-457-visas-is-spin-over-substance-say-unions-20170418-gvmxss.html.

IT 专业人员协会（Information Technology Professionals Association）[①] 指出，澳大利亚国内很多初级技术支持职位（Entry-Level Tech Support Roles），本地 IT 专业毕业生完全能够胜任，但被签证持有者填补——过去 10 年间签发的 457 类签证总数（不包括 IT）仅增长 2%，而为 IT 工作者签发的 457 类签证却增长了 136%。但此次改革并没有涉及这方面。[②]

会计巨头毕马威（KPMG）移民事务全国负责人迈克尔·沃尔（Michael Wall）表示，近年来 457 类签证签发的数量一直在下降，没有证据表明现行体系运转不正常，此次改革违背了政府加大创新力度的承诺，给澳大利亚潜在的海外投资公司带来了不确定性。

世界工程组织雇主联合会（World Federation of Engineering Organization）当选主席马琳·坎加（Marlene Kanga）表示，这些变化可能会限制合格人士（Qualified People）来澳开展大规模项目，例如，许多像澳大利亚商业软件巨头 Atlassian 这样的创新公司担心他们无法招聘到公司所需要的技术人才。[③] StartupAUS[④] 首席运营官亚历克斯·格鲁斯卡（Alex Gruszka）在接受《澳大利亚人报》采访时就表示许多科技公司在 457 类签证废除以后遭遇了技术人才短缺的窘境。[⑤]

---

① ITPA 是一个成立于 2016 年的非营利组织，旨在促进澳大利亚社区、企业和政府部门对信息与计算机技术问题的理解。成员为澳大利亚及海外资讯科技业的专业人士，致力于推动资讯科技的实践。

② Elizabeth Knight，“Turnbull，Dutton or Trump? Who killed 457 visas?”，April 19，2017. https：//www. smh. com. au/business/the-economy/who-killed-457-visas-20170418-gvn3a8. html

③ Sarah Danckeret al.，“Business Welcomes 457 Visa Changes，Warns On Red Tape”，April 18，2017，https：//www. smh. com. au/business/workplace/business-welcomes-457-visa-changes-warns-on-red-tape-20170418-gvn0rm. html.

④ StartupAUS 是一个非营利性的国家创业倡导组织，于 2013 年由澳大利亚创业界的 50 位领导者建立，致力于支持科技界和加速澳大利亚初创企业的发展。

⑤ “Australian Startups Face Skills Shortage Because of Turnbull's Botch Job”，Media Release，July 27，2018，https：//migrationalliance. com. au/images/easyblog_ images/5725/Australian-Startups-face-Skills-Shortage-media-release. pdf.

（三）教育界的反应

在教育界，悉尼大学副校长邓肯·艾维森（Duncan Ivison）教授表示联邦政府废除457类签证的提案对澳大利亚学术研究的开放性构成了威胁，这不仅会给澳大利亚的高等教育当头一棒，也会波及整个社会。[①] 首先，政府从职业技术清单中移除了包括生命科学家、土木工程师、微生物学家、考古学家和历史学家在内的诸多职业，它们涉及大学讲师和研究人员，这对大学和研究机构招聘工作的打击将是毁灭性的。例如，考虑到某些学科的培训要求以及人才需要（特别是量子计算、人工智能和生物医学工程），悉尼大学有300多名员工都是持这些签证的海外人员。其次，关于签证持有者在相关领域至少有两年的工作经验这一要求，在以前的457类签证下，具备特定的正式资格（如博士学位）的人可以例外，而新政策取消了这一例外，再加上对停留时间的严格限制，优秀年轻研究人员前往澳大利亚的重要通道可能就此被切断。从长远来看，突然让澳大利亚成为一个难以招募学术研究人员的国家将大大削弱大学的研究和创新实力。

艾维森教授的担心也得到了留学生群体的回应。与2017年相比，申请457类签证的留学生人数减少了一半。[②] 据人民网（People's Daily Online）报道，澳大利亚的中国留学生对457类签证的废除表示不满。“457类签证计划对我们来说是在澳大利亚学习的一项福利，因为它提供了成为澳大利亚永久居民的简易通道。所以取消它肯定会影响我们在这里学习的热情”，墨尔本大学会计学专业的一名中国学生如是说道。一位拥有工程硕士学位的中国学生在接受采访时也表示自己曾参加过几次墨尔本针对本科生和应届毕业生的地区性职业招聘会，大多数公司张贴了醒目的“仅限澳大利亚公民”

---

① “Government's 457 Visa Reforms Threaten Research”, April 20, 2017, https://sydney.edu.au/news-opinion/news/2017/04/20/government_s-457-visa-reforms-threaten-research.html.

② Michael Koziol, “Students from China, India And Nepal Surge at Australian Universities Despite Jobs Squeeze”, March 1, 2018, https://www.smh.com.au/politics/federal/students-from-china-india-and-nepal-surge-at-australian-universities-despite-jobs-squeeze-20180301-p4z2bd.html.

或“澳大利亚永久居留权要求”标语，因此，一旦 457 类签证被废除，留学生可能会失去在这里工作的唯一的机会。澳大利亚移民服务公司 Iscah Migration 的一项调查显示，在 495 名留学生受访者中，93% 的人表示对此次签证制度改革感到失望；89% 的人表示，如果早知道会有这次改革，自己当初不会选择澳大利亚作为留学目的地。①

（四）澳大利亚民众的反应

罗伊研究所 2017 年的调查报告显示，40% 的澳大利亚民众表示澳大利亚接收的移民数量过高（too high），53% 的人则认为移民数量刚好或者不太够（about right or too low）。② 而 2018 年的报告则出现了一次反转：54% 的民众认为移民数量过多，44% 的民众认为移民数量刚好或者不太够；并且有 41% 的民众认为澳大利亚对移民的开放和包容可能会导致国家身份的迷失（losing our identity as a nation）。③ 考虑到此次 457 类签证政策改革的口号“澳大利亚人优先”，以及前总理托尼·阿博特（Tony Abbott）等政界人士的言论（继改革政策出台后，阿博特多次主张应继续降低移民率，以减轻国内基础设施、房价和工资方面的压力），④ 或许可以认为随着改革的推进，澳大利亚民众似乎在潜移默化中接受并认可了移民是国内诸多经济社会问题的根源。

对于社会各界褒贬不一、如火如荼的讨论，执政联盟也做出了回应。皮特·达顿（Peter Dutton）表示，首先，之前在工党的领导下，457 类签证的签发数翻了一番，达到了 11 万份；企业（特别是快餐业）通过滥用技术移

① Kou Jie, “Cancellation of 457 Visas Dampens Chinese Enthusiasm for Studying in Australia”, May 17, 2017, http://en.people.cn/n3/2017/0517/c90000－9216936.html.

② “2017 Lowy Institute Poll”, June 21, 2017, https://www.lowyinstitute.org/publications/2017-lowy-institute-poll.

③ “2018 Lowy Institute Poll”, June 20, 2018, https://www.lowyinstitute.org/publications/2018-lowy-institute-poll.

④ Fergus Hunter, “Treasurer Scott Morrison Rubbishes Tony Abbott's Call for Immigration Cut”, February 21, 2018, https://www.smh.com.au/politics/federal/treasurer-scott-morrison-rubbishes-tony-abbott-s-call-for-immigration-cut-20180221-p4z12f.html.

民制度引入了大量低端技术工人，造成了澳大利亚本地就业紧张。因此，此次技术移民政策收紧式的调整其实是政府在尝试清理工党留下的烂摊子。而针对收紧移民制度是一次向右翼和反移民情绪的投降的言论，达顿回应道，执政联盟从2014年开始就已经注意到了457类签证制度本身存在的诸多漏洞和工党领导下该制度的滥用现象，改革酝酿已久，并不是一夜之间发生的。其次，针对各大小企业关于技术人才短缺的担忧，达顿再三强调，此次政策改革的核心原则是如果情况允许，尽量保证澳大利亚人优先就业；如果真的遇上经济特定期，需要灵活引进更多海外技术工人，政府在改革后的制度框架下也完全有能力做到；但政府绝不允许出现本地雇主默认雇用海外技术工人（即出现技术断层时，雇主在未尝试寻找或培训合格的澳大利亚本地工人之前就招聘海外技术人员）的局面，更不会为此向企业道歉。[①] 最后，对于科研工作者，例如大学讲师、神经外科医生，或者是其他领域的专家，中期签证（Medium Term Stream）有一个期限为四年的更为具体的列表可以帮助他们先转为永久居民，最终正式成为一名澳大利亚公民。[②]

四　未来预期

可以看出，这次的技术移民政策调整并不是一次一蹴而就的变动，而是长期以来澳大利亚在移民问题的背后日渐积累的经济问题、社会问题等各方面矛盾的爆发，是在特定的社会背景下随着时势的调整，我们不妨把这次的政策调整看作一个风向标。首先，对于技术移民对澳大利亚社会发展所做出的贡献，澳大利亚政府是持肯定态度的，因此从理论上说，它不会全盘否定技术移民的价值，也不会全面限制技术移民。毋庸置疑，在全球化背景下，技术移民对澳大利亚经济和社会的发展至关重要，它引进了劳动力，带来了

---

① "Interview with Kieran Gilbert, Sky News AM Agenda", April 19, 2017, https://minister.homeaffairs.gov.au/peterdutton/2017/Pages/sky-news-19042017.aspx.

② "Interview with Steve Austin, ABC Radio Brisbane", April 19, 2017, https://minister.homeaffairs.gov.au/peterdutton/2017/Pages/interview-abc-radio-brisbane-19042017.aspx.

商机，延缓了日趋严重的人口老龄化进程，已经成为经济增长的重要推动力。然而，未来澳大利亚技术移民政策可能会呈现出维持或继续收紧的态势，政府会制定更加细化、精准的要求来限定或缩减技术移民的职业，重点将技术移民输送到偏远地区的劳动力紧缺市场，鼓励和扶持偏远地区，如南澳、西澳等。澳大利亚政府的主要目标是在确保澳大利亚公民优先就业的前提下，如还有空缺岗位，则可以让技术移民来填补，而且更重要的是吸收那些更年轻的，并且有能力胜任技术短缺行业或者愿意去偏远地区促进当地社会发展的技术移民。未来澳大利亚技术移民政策可能还会迎来更细致的调整，一方面移民体系将会更为健全，另一方面接收技术移民的条件也会进一步的收紧。

B.9
澳日两国强化“特殊战略伙伴关系”

屈彩云*

摘　要： 澳日两国非常重视发展与对方的关系。近些年来，澳日两国始终保持着频繁的战略互动、日趋增强的合作态势和日益密切的关系结构。斯科特·莫里森和安倍晋三在澳日两国关系原有的发展轨道上，进一步推动双方多层面、多维度的全面发展与合作。澳日两国已成为彼此重要的外交对象国与可信赖的合作伙伴。作为亚太地区的重要力量，作为美国的传统盟友，澳日两国在亚太地区扮演着重要角色，其双边关系的发展与亚太地区格局的变动紧密相关。当前，澳日两国正在构建“特殊战略伙伴关系”、角逐亚太地区格局的多重权益的进程中，打造日益密切的准同盟关系结构。

关键词： 澳大利亚　日本　澳日关系　“特殊战略伙伴关系”

澳日两国非常重视双边关系与合作。自确立伙伴关系以来，澳日两国积极推进双边关系的持续发展和不断升级，在20年的时间里历经了“建设性伙伴关系”“本地区不可或缺的伙伴关系”“全方位的战略、安全、经济伙伴关系”“特殊战略伙伴关系”的双边关系定位和构建。澳日两国已开启了

---

* 屈彩云，中国社会科学院亚太与全球战略研究院澳大利亚、新西兰、南太平洋研究中心研究员。

政治、经济、安全等领域全方位的合作，并在强化“特殊战略伙伴关系”的进程中拓展和深化双方合作。

一　两国政治信赖递增

澳日双方保持着稳定的高层对话与会晤机制，政治共识和信赖不断增强。在澳日两国之间，已建立了首脑电话会谈、每年一度的首脑会晤机制、部长磋商机制、部长互访等高层对话渠道和机制。其中，每年一度的首脑会晤被视为“基于共同价值观和利益的两国深厚、持久、坚韧的友谊的象征”。[①] 同时，澳日两国首脑充分利用区域多边合作框架，加强彼此的交流与沟通。借出席“亚洲太平洋经济合作组织”（APEC）、“区域全面经济伙伴关系协定”（RCEP）、“全面与进步跨太平洋伙伴关系协定”（CPTPP）、“20国集团”（G20）会议之际，澳日首脑实现不定期的会晤。澳日首脑和高层通过不同的渠道和平台加强对话与磋商，保持着频繁的互动和紧密的联系。

仅在2018年，澳日就实现了两次首脑互访。2018年1月18日，澳大利亚总理马尔科姆·特恩布尔（Malcolm Turnbull）访问日本，与安倍晋三进行了会谈。双方决定进一步强化基于共享价值观和战略利益的“特殊战略伙伴关系”；致力于在基于规则的国际秩序基础上建立自由、开放、安定、繁荣的印太地区；确认彼此关注对方在本地区及其他地区追求安全与繁荣方面的成功。[②] 而且，马尔科姆·特恩布尔在此次访日之际，出席了日本国家安全保障会议，成为自托尼·阿博特（Tony Abbott）后第二位参加该会议的澳大利亚总理。日本国家安全保障会议于2013年启动，旨在处理紧急事态，解决危机，制定中长期安全战略，应对国家安全问题。安倍晋三邀请澳

① 『共同プレス声明　安倍日本国内閣総理大臣のダーウィン訪問』、日本外務省、https://www.mofa.go.jp/mofaj/files/000420401.pdf.

② 『日・豪共同プレス声明』、日本外務省、https://www.mofa.go.jp/mofaj/files/000326264.pdf.

大利亚总理参加日本国家安全保障会议，不仅体现了日本对澳大利亚的拉拢与示好，更体现了日本欲与澳大利亚构建更紧密伙伴关系的意愿。2018 年 11 月 16 日，安倍晋三访问澳大利亚达尔文港，与澳总理斯科特·莫里森（Scott Morrison）进行会谈，强调进一步深化两国“特殊战略伙伴关系”，加强在印太地区的合作。澳日双方签署了三个备忘录，发表了共同声明，强调：“两国战后取得的巨大进展、两国和解的速度以及深厚信任的发展都反映在了今天所共享的‘特殊战略伙伴关系’上。”①

安倍晋三访问达尔文港对于日澳两国有着重要的意义。达尔文港是二战期间日军对澳大利亚进行首次空袭的地方，也是澳大利亚遭受空袭最严重的地方，更是日本曾经侵略澳大利亚的历史见证。安倍晋三是二战后以来第一位访问达尔文港的日本首相。在澳大利亚总理斯科特·莫里森的陪同下，安倍晋三参观了二战战殁者纪念碑，向战争死难者致哀，发出和平誓言，传递和平信号，进一步推动日本与澳大利亚走向深度的历史和解，进而拉近与澳大利亚的关系。安倍晋三表示：“在各方共同努力下，日本和澳大利亚实现了和解，成为‘特殊战略伙伴’，推动着地区的和平与繁荣。”② 而斯科特·莫里森对于安倍晋三访问达尔文港也给予积极回应，称：“这是一场非常具有象征意义的、重要意义的会晤。”③ 安倍晋三的达尔文之行，进一步加深了日澳双方的理解与信任。2019 年 8 月 1 日，斯科特·莫里森在澳大利亚众议院就“考拉日本战俘越狱事件 75 周年”发表演讲，并表示：“考拉和平钟是对把澳大利亚和日本团结在一起的友谊、尊重与和解精神的致敬。……战争结束后的数年里，澳大利亚和日本结下了深厚而又持久的友谊。我

① 『共同プレス声明　安倍日本国内閣総理大臣のダーウィン訪問』、日本外務省、https：//www. mofa. go. jp/mofaj/files/000420401. pdf.

② Scott Morrison，“Joint Press Statement with His Excellency Shinzo Abe，Prime Minister of Japan”，https：//www. pm. gov. au/media/joint-press-statement-his-excellency-shinzo-abe-prime-minister-japan.

③ Scott Morrison，“Joint Press Statement with His Excellency Shinzo Abe，Prime Minister of Japan”，https：//www. pm. gov. au/media/joint-press-statement-his-excellency-shinzo-abe-prime-minister-japan.

想不出比这更能体现这一点的了，那就是当我们回忆起达尔文轰炸事件时，我有幸与安倍首相一起在达尔文缅怀过去。”① 斯科特·莫里森对于安倍访问达尔文港高度赞扬和认同，强调澳日两国实现了成功的和解，并建立了友好的、紧密的伙伴关系。围绕日本和澳大利亚两国间曾经因战争而产生的历史仇恨与嫌隙，安倍晋三和斯科特·莫里森积极推进两国的历史和解与信任。

澳日两国除了首脑互访会晤外，还以电话会谈的方式加强对话与沟通。自斯科特·莫里森上任以来，澳日两国首脑进行了3次电话会谈。2018年9月5日，安倍晋三以电话会谈的形式，向临危受命担任澳总理的斯科特·莫里森表示祝贺，并强调“共享普遍价值与利益的、特殊战略伙伴的日澳两国，致力于加强在印太地区的紧密合作”②。2019年3月20日，安倍晋三围绕新西兰遭受恐怖袭击事件，与斯科特·莫里森进行电话会谈，并表示：“日本决心与新西兰、澳大利亚及国际社会一道合作反对恐怖主义。”而斯科特·莫里森则向安倍建议在“G20大阪峰会”上讨论恐怖主义与互联网之间的关系。③ 2019年5月20日，安倍晋三再次以电话会谈的方式，向成功当选澳大利亚总理的莫里森表示祝贺，并重申强化两国的关系与多领域的合作。电话会谈的方式虽然短暂，但很便捷，有利于澳日两国首脑就紧急事态进行磋商和应对，也有利于两国首脑联络友谊与感情。

另外，澳日两国首脑还充分利用多边合作平台进行会晤与磋商，加强合作。2019年6月27日，斯科特·莫里森与安倍晋三借“G20大阪峰会”召开之际进行了会谈，双方确认“加强在反恐、互联网、海上安全能力建设、

① Scott Morrison, “Cowra Breakout: 75th Anniversary”, House of Representatives, https://www.aph.gov.au/Parliamentary_Business/Hansard/Hansard_Display?bid=chamber/hansardr/e38fd3ba-f6d3-4827-b9f2-77e87af034f3/&sid=0101.

② 『日豪首脳電話会談』、日本外務省、https://www.mofa.go.jp/mofaj/a_o/ocn/au/page6_000179.html.

③ 『日豪首脳電話会談』、日本外務省、https://www.mofa.go.jp/mofaj/a_o/ocn/au/page6_000274.html.

基础设施建设等方面的合作与支持，以实现印太地区的自由开放”①。2019年8月25日，正在法国进行访问的澳大利亚总理斯科特·莫里森，与在法国参加七国集团峰会（G7峰会）的安倍晋三进行了短暂会晤，双方再次强调进行紧密的对话与合作，进一步强化“特殊战略伙伴关系”。

澳日双方高层通过不同的对话机制与渠道，就两国之间、亚太地区乃至全球的相关事务和议题进行及时、频繁的沟通与磋商，传递出对彼此的重视与亲近，增加彼此的认知与共识，增进双方的友谊与合作。特别是安倍晋三和斯科特·莫里森通过打“历史牌”的方式，来彰显两国之间的历史和解，进一步增强两国之间的理解和信赖。

二　两国经济依存增强

澳日两国经济合作长期以来保持着稳定发展和持续深化的状态，双方成为彼此重要的经济伙伴。自2014年《经济伙伴关系协定》（EPA）签署以来，澳日双边贸易壁垒逐渐破除，双边经济合作进一步增强。澳大利亚作为世界主要的农产品出口国，在牛肉、酒、海产品等方面拥有对日出口的优先准入权，在羊毛、棉花等农产品的对日出口方面享有零关税待遇。日本作为工业制造大国，在汽车、电子、家电等产品的对澳出口方面享有零关税待遇。日本是世界上最大的液化天然气进口国，也是澳大利亚液化天然气最大的出口对象国。澳日两国不断拓展双方经济合作框架，推进多领域的经贸合作。

2018年底，澳日两国在首脑会谈中签署了《澳大利亚外交贸易和出口信贷局与日本贸易保险合作备忘录》《澳大利亚科学与工业研究组织与日本石油天然气与金属矿产资源组织关于促进科学合作的备忘录》，加强贸易和科技等相关领域的合作。2019年6月8日，澳大利亚贸易、旅游、投资部部长西蒙·伯明翰（Simon Birmingham）与日本外相河野太郎借“G20贸易

---

① 『日豪首脳会談』、日本外務省、https://www.mofa.go.jp/mofaj/a_o/ocn/au/page4_005084.html.

和数字经济部长会议”召开之际进行了会谈，双方表示加快在数字经济、电子商务等领域的合作。[①] 2019 年 6 月 16 日，在“G20 能源转换与全球环境可持续发展会议”上，澳大利亚环境能源部部长安格斯·泰勒（Angus Taylor）与日本经济产业大臣世耕弘成进行了会晤，并签署了《澳大利亚环境能源部与日本经济产业省关于能源和矿产资源领域的合作备忘录》，加强低排放能源新技术的研发，推进两国能源、资源领域的合作。双方认为：“随着可再生能源比例的不断增加，对液化天然气和煤炭的依赖仍将继续存在，澳大利亚在可预见的未来将继续成为日本最大的能源供应国之一。”[②]

澳日两国结合本国发展特点和世界经济发展形势，加强在数字经济、电子商务、能源资源、技术研发等领域的广泛合作，拓展双边贸易的深化，并取得了实质的进展。以 2018 年以来的澳日双边贸易为例，2018 年 1 月至 2019 年 6 月，日本在澳大利亚的进口国中位居第三，在澳大利亚的出口国中位居第二。而澳大利亚 2018 年在日本的进口国中位居第三，在日本的出口国中位居第九；2019 年 1 月至 6 月在日本的进口国中位居第三，在日本的出口国中位居第十，到 2019 年年底，澳大利亚仍有可能回归到日本出口国的第九大伙伴。澳日两国经济相互依存度日益加深，形成紧密的经济合作纽带。

然而，自唐纳德·特朗普（Donald John Trump）任美国总统以来，奉行美国优先政策，推进贸易保护主义，与各国重新谈判双边贸易，掀起贸易摩擦和贸易战，引起世界经济动荡，加剧全球经济环境的不确定性。特别是在全球第一大经济体美国与第二大经济体中国之间不断升级的贸易摩擦，对世界经济产生不利影响。澳大利亚和日本是中国、美国重要的贸易伙伴，终将

① 『河野外務大臣とバーミンガム・オーストラリア貿易・観光・投資大臣との会談』、日本経済産業省、https：//www. mofa. go. jp/mofaj/press/release/press4_ 007508. html.

② 『日本国経済産業省とオーストラリア環境エネルギー省との　エネルギー鉱物資源分野における協力覚書』、日本経済産業省、https：//www. meti. go. jp/press/2019/06/20190618008/20190618008_ 07. pdf.

受到中美贸易摩擦的影响。在此种背景下，澳日两国愈益认识到维护双方经济关系与加强双方经济合作的重要性。2018 年初，澳日两国在首脑会晤中明确提出设立“部长级经济对话”。7 月 2 日，澳大利亚贸易、旅游和投资部部长西蒙·伯明翰与日本经济产业大臣世耕弘成举行了第一次部长级经济对话。双方表示：“将通过亚太经合组织、世贸组织、20 国集团等合作，确保在印太地区开展自由开放的贸易，建立基于规则的多边贸易体系及公平竞争的条件。”① 在反对贸易保护主义、推进自由贸易发展方面，澳日两国有着共同的利益。2019 年，斯科特·莫里森与安倍晋三在 G20 峰会的会谈中也多次强调在推动世界贸易组织改革、促进国际数据发布和电子商务规则方面的合作。在全球经济发展充满不确定性、贸易保护主义逆流涌动的境况下，澳日两国不断拓展多领域的经济合作，加强国际经济新规则制定方面的合作，以争取国际经济秩序重建中的话语权与主导权。

三　两国安全合作深化

澳日两国自 2007 年签署安全合作框架、启动安全合作以来，一直积极推进双边防务与安全合作的深化与细化。在近 12 年的时间里，澳日两国围绕后勤防务、情报信息、防卫装备及技术、物资与劳务相互提供等领域签署了多份安全协议，逐步拓展双边安全合作范围，构建紧密的安全合作伙伴，持续向准同盟的方向推进。

2018 年 10 月 10 日，澳日双方再次开展“外长 + 防长”（2 +2）定期会晤，围绕开展军事演习，加强行动与能力建设，增强陆、海、空军队的协作，强化与盟友美国的合作，推进国防装备与科学技术研发的合作，进行访问部队协定谈判等领域进行了磋商，增进双方的国防接触，推进双边防务与安全合作的深化。其中，关于加强军事训练和演习方面，澳日双方倡议：

---

① 『第 1 回日豪経済閣僚対話を開催しました』、日本経済産業省、https：//www. meti. go. jp/press/2018/07/20180706005/20180706005. html.

“提高军事演习的复杂度和熟练度，加深对运作计划的理解，提升双方军队之间的互操作性，推进澳大利亚国防军与日本自卫队在双边和多边更广泛的平台进行培训和演习，为双方军队交流与实际协作创造更多的锻炼机会。”① 澳日两国非常期待开展双边空中联合演习。2018 年初，马尔科姆·特恩布尔与安倍晋三在会晤中就曾提出在当年开展双边战斗机联合军演的期望。在此次的“2+2”对话中，澳日双方确认于 2019 年开展第一次双边战斗机联合演习。同时，澳日双方继续就《访问部队地位协定》进行磋商，希望尽早结束谈判。2018 年底，斯科特·莫里森与访问澳大利亚的安倍晋三签署了“澳大利亚边防卫队与日本海岸警卫队就海上安全领域合作的文件”，加强海上安全领域的合作。双方一致表示在之前“2+2”对话成果的基础上，进一步推进防务与安全合作，推进《访问部队地位协定》谈判进程，尽早缔结协定。《访问部队地位协定》是近几年澳日两国一直谈判的重要安全合作协定。该协定旨在规定澳大利亚军队和日本自卫队在对方国家开展联合训练或演习时相关人员的法律地位。《访问部队地位协定》如果达成，将使澳日双方接受对方军队的手续变得更为方便。虽然，在澳日首脑会晤、“外长+防长”磋商、国防部长会谈中，双方多次提出推进该协定的谈判进程，但是因双方在刑法适用方面存在分歧而使协定处于暂时搁置的状态。2019 年 4 月 1 日，澳日双方决定暂不签署《访问部队地位协定》。2019 年 6 月 1 日，澳大利亚国防部部长琳达·雷诺兹（Linda Reynolds）与日本防卫大臣岩屋毅借“亚洲安全峰会”召开之际在新加坡进行了会晤，双方确认“将继续努力进一步深化和扩大双边防务合作，以维护和强化自由、开放、稳定和繁荣的印太地区”②。

另外，澳日两国彼此邀请对方参与本方原有的军事演习项目，积极开展双边联合演习，加强军事交流、了解与协作。澳大利亚和美国每两年举行一

---

① 『第 8 回日豪外務・防衛閣僚協議（2+2）共同声明』、日本外務省、https://www.mofa.go.jp/mofaj/files/000407336.pdf.

② 『日豪防衛相会談』、日本防衛省、https://www.mod.go.jp/j/approach/exchange/area/docs/2019/06/01_j-australia_gaiyo.html.

次“护身军刀”联合军演。日本最初以观察员的身份参加，并于2015年首次派出40名自卫队队员正式参加该联合军演。2019年6月下旬，澳大利亚和美国启动第八次“护身军刀”联合军演，并邀请日本参加。日本表现出积极的态度，海上自卫队派出“伊势”号直升机母舰和“国东”号船坞运输舰，陆上自卫队派出刚成立不久的精于两栖和夺岛作战的“水陆机动团”前往澳大利亚参加军事演习。2019年9月11日，澳日双方在日本北部举行“武士道卫士——2019”空中联合演习。通过不同类别、不同规模的军事演习，澳日提升双方军队的互操作性和协调性，加强双方军队联合协作能力与作战能力。

四　两国加强区域层面的合作

（一）澳日两国加强在地区经济合作框架中的合作

澳日两国加强在APEC、RCEP、CPTPP等区域组织和经济合作框架的多边合作。其中，CPTPP是澳日两国积极推动并主导的地区合作框架。澳日两国继续加强在CPTPP中的合作。

CPTPP是已生效的跨太平洋的多边贸易合作框架。它的前身是“跨太平洋伙伴关系协定”（TPP）。TPP是一个区域性多边自由贸易协定，最初源起于新西兰、智利、新加坡的三方自由贸易协定谈判，在文莱加入后形成“跨太平洋战略经济伙伴关系协定”，此后随着美国的加入而逐渐扩展到包括澳大利亚、秘鲁、越南、加拿大、马来西亚、日本等12个国家。TPP谈判于2015年达成共识，并于2016年在新西兰奥克兰签署正式协定。TPP曾是贝拉克·侯赛因·奥巴马（Barack Hussein Obama）执政时期推行“亚太平衡战略”的重要支点，也是美国构建其主导的亚太多边经济合作框架的新尝试。澳大利亚和日本非常重视TPP，在TPP谈判中扮演着重要的角色。澳日两国在积极配合盟友美国的亚太战略部署时，追求其在亚太地区经济合作中的更多权益，重塑其在亚太地区经济秩序中的重要地位。

然而，偏好于双边自贸协定的特朗普在竞选美国总统期间就高调抨击TPP，并宣扬放弃TPP。这令对TPP充满期待的日本、澳大利亚等成员国感到震惊和忧虑。安倍晋三在特朗普竞选总统成功还未就职前就急匆匆奔赴美国，与对方进行了仓促的会谈，在拉近日美关系的同时，力劝美国不要退出TPP。然而，2017年1月23日，特朗普在就职总统第三天立即宣布美国正式退出TPP。TPP遭遇到了极具讽刺的挫折，陷入即将化为泡影的困境之中。澳大利亚和日本表现出积极的姿态，紧密合作，一边积极游说美国重返TPP，一边极力加速TPP 11国谈判进程，从而引领TPP逐步走出困境。特别是日本作为TPP 11个成员国中最大的经济体，扮演着领导角色，积极主导TPP谈判进程，携手澳大利亚及其他成员国，历经10个月推进TPP的生成。2018年3月，TPP 11个国家在智利签署协定，并将名称改为“全面与进步跨太平洋伙伴关系协定”，该协定于2018年12月30日生效。此后，澳日两国在首脑会晤、“外长+防长”对话及其他高层磋商中，多次强调在推进CPTPP生效、维护多边贸易体系、推进自由贸易方面的密切合作。

随着CPTPP的生效和运行，商品关税的削减和下调，成员国之间的贸易合作不断增强。已签署自贸协定的澳日两国贸易再次得益于CPTPP，双边贸易发展更为通畅。如在牛肉出口方面，澳大利亚取代美国成为对日出口牛肉份额最多的国家。澳日两国在加强CPTPP框架中经贸合作的同时，彼此积极配合、协作与支持，共同推动CPTPP的进一步发展。2019年1月19日，“全面与进步跨太平洋伙伴关系协定委员会第一次会议”在东京召开，日本、澳大利亚及其他成员国表示：“在强力推进亚太地区乃至超越亚太地区的自由贸易和经济一体化时，确保我们牢固团结的重要性”，并强调“在对最近保护主义趋势的担忧日益增加的情况下，必须保持并强化有效、开放、包容、基于规则的贸易体系”。[①] 澳日两国在推动CPTPP发展，维护自由贸易和多边贸易体系等方面加强合作。CPTPP 11国的经济总量占全球经济的

---

① 『環太平洋パートナーシップに関する包括的及び先進的な協定　閣僚声明』、日本外务省、http：//www. cas. go. jp/jp/tpp/tpp11/pdf/190119_ tpp_ statement_ jp. pdf.

13%，覆盖5亿人口。虽然，相较于TPP，CPTPP的规模较小，但仍不失为一个较大的多边自贸合作框架，是日本和澳大利亚角逐亚太格局中多重权益的重要平台。

（二）澳日两国加强在印太地区的安全合作

澳日两国在加强双边安全合作的同时，积极推进三边、四边等多边合作。两国在持续强化与美国的同盟关系的同时，不断拉拢印度，积极构建“美日澳”“日澳印”战略三角，推进“日美澳印”四方对话，加强在印太地区合作，推进本国的“印太战略”。

澳、日两国增强与美国的安全对话与合作。美国是澳、日两国共同的盟友，而澳、日两国是美国亚太战略部署的南锚和北锚。长期以来，澳大利亚、日本与美国保持着非常紧密的合作。自“美日澳”部长级安全对话启动以来，三方定期开展会晤，持续推进安全合作。2019年6月2日，澳大利亚国防部部长琳达·雷诺兹与日本防卫大臣岩屋毅、美国国防部部长帕特里克·沙纳汉（Patrick Shanahan）借“亚洲安全峰会”召开之际，在新加坡进行了三方会晤，围绕印太地区安全事务进行讨论并加强三方安全合作。澳、日两方欢迎帕特里克·沙纳汉发表的《美国印太战略报告》，希望美国加强在印太地区的存在和影响力。美日澳三方表示：“继续在共同的战略愿景下，以透明、高效率和有效果的方式，密切协调对该地区的支持，实现本国和联合参与的活动在该地区利益的最大化。”① 2019年8月1日，美日澳三方借“东盟外长会议”召开之际进行了部长级战略对话。澳大利亚外交部长佩恩（Marise Payne）与日本外相河野太郎、美国国务卿迈克·蓬佩奥（Mike Pompeo）举行了三方战略对话，加强三方在印太地区海洋安全保障、海上安全能力建设等方面的合作。另外，美、日、澳三方还积极开展联合军事演习，加强三方军事力量的实践交流与理解。2019年2月下旬，

① “Australia-Japan-United States Defense Ministers Meeting”, Australia Government Department of Defence, https://www.minister.defence.gov.au/minister/lreynolds/statements/australia-japan-united-states-defense-ministers-meeting.

澳大利亚、日本和美国在关岛安德森空军基地启动“对抗北方”联合军演。美、日、澳三方对话已形成较为成熟的磋商机制，是三国密切合作的重要标志。

澳、日两国都很重视与南亚地区大国印度的关系，在加强与印度双边合作的同时，不断加强三方对话与合作。而持续推进“东进政策”的印度也在积极融入亚太地区，不断加强与亚太地区国家的合作。澳、日、印三国于2015年启动副部长级对话，围绕印太地区传统安全与非传统安全问题进行讨论。相较于“美日澳三方对话”，“日澳印三方对话”仍处于初步发展阶段。但是，该对话框架是澳、日、印三国构建紧密的伙伴关系、加强战略与安全合作的重要平台。

澳、日两国在加强与美国、印度三方合作的同时，还积极推进“日美澳印”四方合作。自“日美澳印”四方对话重启后，四国逐步推进该对话框架。2018年11月15日，四国高层在新加坡进行了第三次会晤，围绕海上安全保障、网络安全、互联互通、反恐等印太地区相关议题进行了磋商。尽管“日美澳印”四方对话仍然框架松散，也面临着发展的不确定性，但它是澳大利亚、日本两国与美国、印度加强联系的重要依托，也是四国战略合作的直接平台。

另外，澳、日两国加强在亚太地区安全事务上的合作。在朝核问题上，两国多次重申密切合作，强调加强国际协作的重要性，确保联合国安理会制裁决议的有效性。在南海问题上，两国作为域外国，却打着所谓“航行自由”的幌子，干涉南海争端。并且，澳日两国与美国在南海问题上彼此进行战略配合与合作，不时挑起事端，引发南海局势紧张。同时，澳、日两国加强与东盟地区的合作，推动东盟在澳、日两国的“印太战略”中扮演重要的角色。随着近几年南太平洋地区大国博弈的增强，澳日两国加强在该地区的磋商与合作。

澳、日两国通过不同的路径和平台，加强与美国、印度、东盟等国家多边层面的合作，插手地区事务，增强其在该地区的话语权，提升其在该地区的影响力，重塑其在地区格局中的重要位置。

结 语

澳日两国基于共同的价值观、日益趋同的战略利益，从双边、多边层面增强政治共识、加深经济依存、深化安全合作、增进理解信赖，积极打造“特殊战略伙伴关系”，构筑稳固的双边关系框架与结构。在亚太地区格局发生急剧变化、不确定性席卷全球的背景下，澳、日两国加快了合作的步伐，互为借重，追求本国利益的最大化。一方面，澳、日两国在增强合作的同时，推动本国战略目标的实现和战略利益的延伸。长期以来坚持西方国家认同的澳大利亚加强了其亚太国家的地缘身份认同，积极借助不同的平台加快融入亚洲的步伐，搭上亚洲地区经济繁荣的快车，推进其“印太战略”，推动“中等强国”国家定位的实现。丢失世界第二经济大国宝座的日本，积极依托盟友和伙伴，通过不同的平台，推进其“印太战略”，提升地区影响力，以实现长久以来追求的“政治大国”目标。另一方面，澳日两国积极加强与美国的合作，并拉拢印度、东盟等国家和区域性组织，试图平衡中国，维护其在亚太地区格局的传统优势地位。此外，澳日两国在亚太地区扮演积极主动的角色，填补“特朗普不确定性”带来的地区真空带，争取亚太地区秩序重建中的话语权和多重权益。虽然澳、日两国也存在分歧，特别是在捕鲸问题上有着不可协调的矛盾，但这并没有影响到双方关系的实质发展。总的来看，澳日双边关系的紧密度和信赖度进一步增强，双方合作的广度和深度也持续增强，并在构建准同盟的进程中持续推进。

中澳关系篇

China-Australia Relations

B.10 斯科特·莫里森执政期间的中澳关系

〔澳〕马克林*

摘　要： 本文概述了斯科特·莫里森2018年8月到2019年6月底担任澳大利亚总理期间的中澳关系，主张更彻底地"重建"中澳关系，在澳大利亚整体战略政策中更多地向中国靠拢，认为这才符合澳大利亚的利益。

关键词： 澳大利亚　对华政策　中澳关系　斯科特·莫里森

* 马克林（Colin Mackerras），澳大利亚格里菲斯大学荣休教授，澳大利亚人文科学院院士，北京外国语大学荣誉教授。译者：赵恬瑞，北京外国语大学英语学院澳大利亚研究中心硕士研究生。审校：胡丹，北京外国语大学英语学院讲师；邱辰，北京外国语大学英语学院澳大利亚研究中心硕士研究生。

前　言

本文旨在概述斯科特·莫里森 2018 年 8 月 24 日到 2019 年 6 月底担任澳大利亚总理期间的中澳关系。本文讨论的重点是澳大利亚，更多包含的是澳大利亚的对华政策，而不是中国对澳政策，并且使用的多是来自澳大利亚的文献资料。

在国际上，这段时期紧张局势也在加剧。美国总统唐纳德·特朗普发起了对中国的贸易战和技术战，对一系列中国产品征收大量关税，并禁止中国电信巨头华为参与美国第五代移动通信网络（5G）建设。特朗普一贯的“美国优先”口号与习近平主席的“人类命运共同体”理念形成了鲜明对比。

在 2018 年 8 月澳大利亚联邦议会自由党成员的投票中，马尔科姆·特恩布尔的总理一职被斯科特·莫里森取代。莫里森原本担任的财政部部长一职由乔什·弗里登伯格（Josh Frydenberg）接管，而原国防部部长佩恩（Marise Payne）则接替朱莉·毕晓普担任外交部长。

澳大利亚的民众似乎厌倦了“像旋转门一样轮流上任的总理们”，民意调查显示，由比尔·肖顿领导的澳大利亚工党比执政联盟更受欢迎，尽管在“首选总理”投票上莫里森总是领先。几乎所有评论员都预测工党将在 2019 年 5 月 18 日的全国大选中获胜，因为组建政府的是在众议院获得最多席位的政党。然而，事实证明他们是错的。莫里森以微弱优势获胜，导致肖顿辞去工党领袖一职，新的工党党首为安东尼·阿尔巴尼斯（Anthony Albanese）。弗里登伯格和佩恩保留了他们各自财政部部长和外交部长的职位，后者还担任了女性事务部部长，琳达·雷诺兹（Linda Reynolds）成为国防部部长。

莫里森政府的对华政策

莫里森和佩恩从某种程度上实现了相当不错的开局。2018 年 9 月，佩恩在联合国会见了中国外交部部长王毅，两人相谈甚欢。更重要的是，她于11月访问北京两天，这是两年多以来澳大利亚外交部长第一次来访。她与王毅举行了会谈，随后发表了一份声明，传递出积极的信号。声明中强调了澳大利亚对自由贸易和高度互补经济的支持。双方似乎都在准备重建互信。与此同时，保守派报刊《澳大利亚人报》称，两国外长之间的会晤“代表着两国关系的解冻。双方对此都表示支持，并且从各方面来看，双方都处理得很好”①。

佩恩在2019年3月底再次尝试改善与中国的关系。她的主要倡议是成立澳中关系国家基金会（National Foundation for Australia-China Relations）。基金会将取代澳中理事会（Australia-China Council），后者多年来一直是澳大利亚政府为双边关系项目提供资金的主要机构，特别是与文化和教育有关的项目。她说，澳中关系国家基金会将在未来五年内获得约4400万澳元资金，远远超过澳中理事会。

佩恩表示，额外的资金将使新的基金会“不局限于澳中理事会目前对教育、文化和艺术的关注，还要促进澳大利亚在农业、基础设施、健康、老龄化、环境和能源等领域的卓越表现”。她表示，新的国家基金会“将集私营企业、高峰论坛、非政府组织、文化组织、州和联邦机构，以及中澳社会的努力，‘大力推动’我们国家与中国的合作”②。“大力推动”是一个非常强烈的词，表现出佩恩是真诚地希望实质性地改善两国关系，特别是在经济和文化领域。

与此同时，佩恩宣布任命了一位新的澳大利亚驻华大使——傅关汉（Graham Fletcher）。傅关汉先生是一位有名的汉学家，对中国以及中国的语言和文化有广泛的涉猎且颇有了解。

---

① Editorial, *The Weekend Australian*, November 10, 2018, https://www.theaustralian.com.au/opinion/editorials/tensions-confronted-on-china/news-story/d37b296bc519c0a056959cf92c9c86ad.

② AFP (Sydney), "Australia Seeks to Mend China Ties with New Foundation, Envoy", *Sino Daily*, March 29, 2019, http://www.sinodaily.com/reports/Australia_seeks_to_mend_China_ties_with_new_foundation_envoy_999.html.

至于莫里森本人，直到2019年5月大选之后，他才首次就外交政策，尤其是对中国的政策发表了重要声明。莫里森于2019年6月26日在悉尼做了题为《我们生活之地》（“*Where We Live*”）的演讲，紧接着，他参加了在日本大阪举行的G20领导人峰会。观众仅限受邀嘉宾，两位赞助商分别来自墨尔本大学的亚联发展（Asialink）和彭博社（Bloomberg）。[①] 标题中的《我们生活之地》被定义为印太地区，包括美国、中国和东盟国家。的确，“印太”一词曾被用于美国的一项新“战略”，该战略于2019年6月初在香格里拉对话亮相，下文将对其展开简要讨论。然而，莫里森演讲的基调总体上是非常积极的，并且试图避免矛盾。莫里森认为竞争不会必然导致冲突。

从演讲中可以明显地看出，莫里森将美澳和中澳视为澳大利亚两个最重要的关系，但前者更重要。下文会讨论更多关于美国的内容。莫里森有很多关于中国的想法，他总体持赞赏态度，没有提到任何“中国威胁”。一位评论员在读过演讲的预印本后写道：“澳大利亚国内的战略和国防领域主张遏制中国，莫里森先生对此表示强烈反对。”[②]

莫里森特别提到了澳大利亚早先与中华人民共和国达成的全面战略伙伴关系和自由贸易协定。他尤其对中国的经济奇迹赞不绝口。他说：

> 中国有意识地把追求繁荣作为国家统一和稳定的战略，创造了世界上最伟大的经济奇迹之一。现在，中国作为一个重要大国，拥有庞大的军事力量和全球利益，按购买力平价计算，中国是世界上最大的经济

---

① 演讲全文见 The Hon Scott Morrison MP Prime Minister，“Address to Asialink ‘Where We Live’”，June 26，2019，https：//asialink. unimelb. edu. au/stories/australia-and-the-indo-pacific-an-address-by-prime-minister-scott-morrison/_ nocache? _ cldee = Yy5tYWNrZXJyYXNAZ3JpZmZpdGguZWR1LmF1&recipientid = contact-637d529d431de411941c0050568d0279 – 939c1ef33927439c90237f54e37fda5a&esid = 519a033d-d897-e911 – 94a3 – 0050568d0279。

② Simon Benson，“Morrison Calls for US and China to Act in Global Interest”，*The Australian*，June 26，2019，https：//www. theaustralian. com. au/nation/politics/morrison-calls-for-us-and-china-to-act-in-global-interest/news-story/c8f661d86c5f13a959b4f556c91b6ae2.

体。我们必须承认，这一成功是由于美国和全球社会的积极战略性参与才有可能取得的……

中国经济的崛起并非一场零和博弈。对于澳大利亚来说不是，对美国而言也不是。这就是为什么澳大利亚一直并将继续支持中国的经济增长。①

他直接表明澳大利亚将继续支持中国的经济增长，这是件好事。让人们注意到这样一个事实，即从购买力平价（即货币能买到的东西）来看，中国经济已经领先于美国，这也是有益的。② 当然，美国和国际社会的参与也帮助实现了这一成果。然而，在笔者看来，成功的主要原因更多的是中国人民团结一致的努力，以及好的领导。西方国家试图为自己邀功，而莫里森错在盲目听从了这一说法。

莫里森积极致力于加强与中国在经济、社会和教育方面的关系。他说：

我国政府还致力于进一步加强与中国的关系……我们通过全面战略伙伴关系展开与中国的合作，并且不局限于经济领域。我们正在开展各个领域的合作，包括健康、教育和税收，澳大利亚在这些领域可以提供世界一流的专业知识。我们还通过火焰特遣部队（Taskforce Blaze）成功地合作打击了贩毒活动。

我们还有很多可以做的事情。这就是为什么我们今年早些时候成立了澳中关系国家基金会。③

---

① Scott Morrison, "Address to Asialink 'Where We Live'".

② 一些澳大利亚评论员对在购买力平价方面中国经济已经超过美国这一点嗤之以鼻。右翼记者格雷格·谢里丹（Greg Sheridan）虽然对莫里森的演讲印象深刻，但他认为购买力平价是一个“虚构的……有点神奇的”衡量标准，旨在“夸大中国的经济实力”。见“Morrison Navigates Sensible Course in Stormy Waters”, *The Australian*, June 27, 2019, https://www.theaustralian.com.au/commentary/morrison-navigates-sensible-course-in-stormy-waters/news-story/e60b1a72893aef66744ad17ebd9997ac。

③ Scott Morrison, "Address to Asialink 'Where We Live'".

2019 年 3 月，即在 2019 年 5 月选举之前宣布建立的澳中关系国家基金会，在选举之后仍是莫里森政府的工作重点，这一点是十分令人鼓舞的。

习近平主席在 2019 年 6 月底于日本大阪举行的 G20 峰会上没有见到莫里森。莫里森愉快地告诉澳大利亚第七电视网（Seven Network）："今年下半年还有很多峰会，我相信我们会有机会见面的。"① 在笔者看来，莫里森应该严肃对待这个问题，并做出切实的努力，包括访问中国。澳大利亚与中国的关系非常重要，不能再出现任何裂痕，必须及时修复。

澳大利亚工党的对华政策

工党一直都支持与美国联盟。工党领导人比尔·肖顿于 2018 年 10 月 29 日在悉尼罗伊研究所（Lowy Institute）就外交政策发表讲话时谈到了与中国的关系。他对中国的发展表示欢迎，称其"为中国人民带来了前所未有的繁荣，造福了周边地区和澳大利亚"。他赞同地指出，"现在有 100 多万澳大利亚人声称自己是中国人"，并且批评道："在同中国打交道时，不应对其长期发展目标总是抱有最糟糕的预设。"②

如上所述，大多数评论人士预测工党将赢得 2019 年 5 月的大选。工党失败后，党首换成了安东尼·阿尔巴尼斯。艾琳娜·科林森（Elena Collinson）是悉尼科技大学澳中关系研究所（Australia-China Relations Institute）的高级项目研究人员。在阿尔巴尼斯当选反对党领袖后不久，她撰写了一份简报，介绍阿尔巴尼斯可能对中国采取的政策。她的结论摘要如下：

---

① Alice Workman, "Scott Morrison Dismisses Claims of Strains in China Relationship", *The Australian*, June 28, 2019, https://www.theaustralian.com.au/nation/politics/scott-morrison-dismisses-claims-of-strains-in-china-relationship/news-story/2062226b09291fd7dada195a7207362f.

② Bill Shorten, "The Foreign Policy of the Next Labor Government", Speech at the Lowy Institute, October 29, 2018, https://www.lowyinstitute.org/publications/foreign-policy-next-labor-government.

> 虽然阿尔巴尼斯先生支持澳大利亚与中华人民共和国进行接触，加强双边经济关系，但他也认为自己必须考虑到经济与安全的平衡。总而言之，这位新的反对党领袖将基本上遵循工党在比尔·肖顿领导下制定的外交政策路线。①

影子国防部长、阿尔巴尼斯手下的工党副领袖理查德·马尔斯（Richard Marles）多次提出意见，其中包括澳大利亚应该于5月大选后在南海展开“航行自由行动”。他比政府持更强硬的反对中国、支持美国的立场。此外，在其他几个问题上，包括对华为的禁令（下文会讨论），工党对中国的立场与政府非常接近甚至相同。

工党当选是否会对澳大利亚与中国的关系产生实质性的影响是值得怀疑的。工党与自由党—国家党联盟在氛围上有些不同，肖顿和影子外交部长黄英贤发表了比执政联盟更不顾及中方利益和感受的评论，我们将在下面的“2019年5月大选时的中国”一节中看到另一个例证。然而，政策的基础是非常相似的。

一些重要的地缘战略问题

在讨论莫里森政府领导下对中澳关系具有重要意义的地缘战略问题之前，我们先讨论一个背景问题。在澳大利亚政府讨论这类问题时，相关政府部门的分析有时会有所不同。重要的是，外交贸易部对中国的态度往往比情报机构和国防部更为正面。情报机构和国防部支持“中国威胁论”的观点，往往源自目前在美国盛行的新冷战思维。作为“中国威胁论”的支持者，前国防部战略副部长在2019年中期表示：外交贸易部和其他部门想维持一

① Elena Collinson, “Anthony Albanese and the People's Republic of China: An Overview”, Australia-China Research Institute, UTS, p. 1, https://www.australiachinarelations.org/sites/default/files/20190618%20ACRI%20Facts%20-%20Anthony%20Albanese%20and%20the%20People's%20Republic%20of%20China_Elena%20Collinson.pdf.

个“建立在共同利益、互利共赢和相互尊重基础上的和中国建设性的关系”，而国防部和安全机构则想要“头脑冷静地分析如何应对中国带来的风险”，换句话说，他们采取的是更加反华的政策。①

与美国联盟

近几年来，美国在对华问题上逐渐展现冷战思维，美国国防部的官方文件将中国称为“战略竞争对手”，并将中国视为“威胁”。2019 年 6 月，美国国防部发布了《印太战略报告》（*Indo-Pacific Strategy Report*），将对中国采取更强硬态度纳入新战略议程，同时指责中国军事现代化。在 2019 年 6 月初于新加坡举行的香格里拉对话中，美国代理国防部部长帕特里克·沙纳汉（Patrick Shanahan）把这一新战略作为加强联盟的理由，尤其是与日本和澳大利亚的联盟。与此同时，中国国防部部长和国务委员魏凤和是近十年第一位参加香格里拉对话的中国国防部部长，他强调了中国对和平的愿望和需要，并反驳了“中国威胁论”，他说这是基于对中国历史和文化的误解，甚至是别有用心。

莫里森政府自始至终都表现得非常亲美，与美国的联系和特恩布尔政府一样紧密。在 2019 年 6 月 26 日的演讲中，他表示，“我们与美国的联盟是澳大利亚安全的基石，它为我们提供了不可替代的硬实力和情报”。②

在新加坡举行的香格里拉对话会议上，大多数国家拒绝遵循美国的印太战略，一位驻马尼拉的作家评论说，“这次会议没有实现孤立中国，反而成为中国外交的一次胜利”。③ 但另一方面，澳大利亚新任国防部部长琳达·雷诺兹对美国的路线表现出了不必要的过分接受。正如一位记者所说，澳大

---

① Peter Jennings, “Risk and Reward for Australia as US Flexes its Muscles in Asia”, *The Australian*, June 22, 2019, https://www.theaustralian.com.au/inquirer/risk-and-reward-for-australia-as-us-flexes-its-muscles-in-asia/news-story/3c5aed22fa048778187cacc71f2f32ba.

② Scott Morrison, “Address to Asialink ‘Where We Live’”.

③ Richard Heydarian, “How the Shangri-La Dialogue Turned into a Diplomatic Coup for China”, *South China Morning Post*, June 9, 2019, https://www.scmp.com/news/china/military/article/3013119/how-shangri-la-dialogue-turned-diplomatic-coup-china.

利亚和日本一起积极支持美国新的战略行动议程，旨在支持印太地区的“民主、人权、自由贸易和建立在规则上的国际秩序”。①

这个议程显然是针对中国的。新任命的国防部部长如此不加批判地接受这一议程，这表明，至少对澳大利亚国防部来说，与美国的联盟一如既往的强大，而且可能越来越强大。然而，国防部和外交贸易部的观点略有不同。

在贸易战问题上，莫里森领导下的澳大利亚始终坚持以维护包括澳大利亚在内的各方利益为目标来解决问题。考虑到中国仍然是澳大利亚最大的贸易伙伴，如果澳大利亚与中国在关税问题上发生争执，或者就贸易问题在美国和中国之间做出选择，都不会给澳大利亚带来任何好处。

2018 年 12 月，前总理约翰·霍华德（John Howard）在中国主持高层对话时，指出最重要的议题之一就是开放贸易。霍华德表示，美中贸易摩擦的谈判结果“对全世界都很重要”，澳大利亚必须捍卫“更自由、更公平的贸易”。

莫里森在 2019 年 6 月 26 日的演讲中也提到了贸易摩擦：“全世界最重要的双边关系——美中关系——是紧张的。贸易紧张局势升级。附带损害正在蔓延。全球贸易体系面临真实的压力。”他显然为这些贸易问题的出现感到苦恼，并非常担心它们会影响澳大利亚。全球贸易体系面临真实的压力，这是一个相当有力的表述。他的首要任务似乎是解决问题：“重要的是，中美贸易摩擦的解决，需要双方认知并履行自己作为大国的责任，解决方式应与世贸组织保持一致，且不损害包括澳大利亚在内的其他各方利益。”②

南海

在莫里森的领导下，澳大利亚一直避免在南海问题上选边站。

美国继续频繁开展“航行自由行动”，即故意派遣军舰进入南海，展示

① Ben Packham, “Morrison Pledges Projects for Solomons to Counter Influence”, *The Australian*, June 3, 2019, https://www.theaustralian.com.au/nation/politics/morrison-pledges-projects-for-solomons-to-counter-influence/news-story/75523cb8d67e6741073d702b7f630097.

② Scott Morrison, “Address to Asialink ‘Where We Live’”.

武力，无视中国的领土主权。当然，中国认为这些行动是挑衅性的。澳大利亚呼吁双方在这种情况下保持克制。与此同时，澳大利亚没有开展自己的“航行自由行动”。

2018 年 9 月 30 日发生了一起重大事件。一艘中国驱逐舰与一艘执行“航行自由行动”的美国军舰发生对峙，中国外交部发言人谴责美国的行动是挑衅行为。对此，澳大利亚国防部部长克里斯托弗·派恩（Christopher Pyne）回应：“我们持续敦促所有相关国家不要采取任何会加剧该地区紧张局势的单方面行动。”①

在 2019 年 6 月初于新加坡举行的香格里拉对话中，派恩的继任者琳达·雷诺兹表示，她全力支持美国继续全面参与该地区事务。她谈到了“对国际法和规范的挑战，包括在南海的挑战”，暗示对建造人工岛的批评，与美国站在一边。②

南太平洋

澳大利亚长期以来将南太平洋岛国视为其影响范围。与此同时，中国在南太平洋岛国的政治和经济影响力持续增长。在斯科特·莫里森担任总理期间，南太平洋地区在中澳关系中发挥了比以往更重要的作用，但不幸的是，两国对此存在分歧。

2018 年 11 月 17 日和 18 日，亚太经合组织领导人非正式会议在巴布亚新几内亚首都莫尔兹比港举行，有 21 个成员的领导人出席，其中有中国国家主席习近平、美国副总统迈克·彭斯（Mike Pence）、日本首相安倍晋三和澳大利亚总理斯科特·莫里森。作为巴布亚新几内亚政府的客人，习主席在峰会前几天对巴新进行国事访问，并参观了中国援建的道路和学校。他与

① Primrose Riordan, “China Warned after US Warship is Challenged”, *The Australian*, October 3, 2018, https://www.theaustralian.com.au/nation/foreign-affairs/china-warned-after-us-warship-is-challenged/news-story/2d9f048e0216b3ac9ffb3901cb37c75c.

② Andrew Tillett, “New Defence Minister Seeks to Cultivate Indian Ocean Ties”, *Australian Financial Review*, June 1, 2019, https://www.afr.com/news/politics/national/new-defence-minister-seeks-to-cultivate-indian-ocean-ties-20190531-p51t9s.

建交的太平洋岛国的领导人举行了会谈，对东道主巴布亚新几内亚展现出了大国政治家的风范。

而迈克·彭斯待的时间较短。他在峰会上的讲话表现出对中国的敌意，贬低中国的援助，并声称美国的动机是纯粹和无私的。美国和澳大利亚宣布在马努斯岛建立一个海军基地，此举显然是针对中国的。

澳大利亚记者西蒙·提斯多尔（Simon Tisdall）评论如下：

> 特朗普和他的部下似乎有意划清界限；在莫尔兹比港，他们故意挑起与中国的争执。但他们真的知道，随着中国坚持不懈，耐心地一步一步向前推进，未来会发生什么吗？难怪习主席不太担心，因为到目前为止，他仍处在上风。①

2018 年亚太经合组织领导人非正式会议清楚地表明，澳大利亚和中国在南太平洋地区展开竞争是不必要且有害的。但最引人注目的是美国和迈克·彭斯所扮演的角色。他似乎认为美国可以通过损害其他国家之间的关系来获取利益，尤其是损害中国与其他国家的关系。提斯多尔认为这是一种失败的策略。确实，这也是一种危险的策略。②

澳大利亚总理斯科特·莫里森于 2019 年 1 月中旬访问了瓦努阿图和斐济，这是近 30 年来澳大利亚总理首次访问瓦努阿图。尽管莫里森没有提到与中国的竞争，但评论人士指出，这里已建好的设施，比如莫里森到达的机场，都来自中国的援助和技术支持，这说明中国的影响力在南太平洋岛国在持续增长。

在赢得 2019 年 5 月的大选后，莫里森于 6 月初访问所罗门群岛，这是大选后他的首次海外出访。他在那里宣布了援助计划，特别是针对女童的教

---

① Simon Tisdall, "Despite Apec Drama, China Is Winning the Fight for the Pacific, Step by Patient Step", *The Guardian*, November 20, 2018, https://www.theguardian.com/world/2018/nov/20/despite-apec-drama-china-is-winning-the-fight-for-the-pacific-step-by-patient-step.

② Simon Tisdall, "Despite Apec Drama, China Is Winning the Fight for the Pacific, Step by Patient Step", *The Guardian*, November 20, 2018, https://www.theguardian.com/world/2018/nov/20/despite-apec-drama-china-is-winning-the-fight-for-the-pacific-step-by-patient-step.

育，并表达了对南太平洋地区的关切。许多评论人士立刻从与中国竞争的角度来看待此次访问。例如，澳大利亚保守报纸《澳大利亚人报》（*The Australian*）记者本·派克汉姆（Ben Packham）表示，“斯科特·莫里森发出了一个大胆的战略信号，以对抗中国在太平洋地区影响力的扩大”。[①]

莫里森出访时，所罗门群岛仍然是承认台湾为“中华民国”的六个太平洋国家之一，但正在考虑与中华人民共和国相互承认并建立外交关系。关于莫里森的访问，路透社称这是“由于西方国家试图控制中国在太平洋地区的影响力，十多年来澳大利亚领导人的第一次访问”，并声称美国及区域盟友正试图阻止南太平洋国家将对“中华民国”的承认转移到中华人民共和国。[②]

但是据报道，莫里森本人说，这完全取决于所罗门群岛政府。他还对“通过美国和中国的二元视角”来看待澳大利亚与太平洋国家的关系表示遗憾。[③] 此前中国驻堪培拉大使馆的一位发言人发表了以下评论：

> 中国一直积极与太平洋岛国开展互利合作，受到太平洋各国政府和人民的热烈欢迎。我们愿与包括澳大利亚在内的各国共同努力，促进岛屿国家的发展，促进该地区的和平与稳定。[④]

莫里森和中国代表都不希望南太平洋局势紧张。美国自身承认中华人民共和国，却希望阻止任何国家承认中国，这是很不寻常的。正如路透社

---

① Packham, “Morrison Pledges Projects for Solomons to Counter Influence”.

② Reuters, “Australia PM Scott Morrison in Solomon Islands to Build Ties, with Eye on China”, *The Straits Times*, June 2, 2019, https://www.straitstimes.com/asia/australianz/australia-pm-scott-morrison-in-solomon-islands-to-build-ties-with-eye-on-china.

③ SBSNews, “‘Transcends all that’: Morrison’s Solomon Islands Visit Not Just about China-US Tensions”, https://www.sbs.com.au/news/transcends-all-that-morrison-s-solomon-islands-visit-not-just-about-china-us-tensions.

④ “Chinese Foreign Ministry Spokesperson’s Remarks on Australian Prime Minister Scott Morrison’s Visit to Solomon Islands 2019/06/04”, http://au.china-embassy.org/eng/sghdxwfb_1/t1669777.htm.

（Reuters）所言，美国正试图说服澳大利亚等“区域盟友”参与这种卑鄙的行动。这是荒谬无耻的。

另一个“四角”节目和媒体引发的“恐华”情绪

2017年6月，澳大利亚广播公司主要电视频道的“四角”节目（Four Corners）引发了对澳大利亚政治和社会系统中“中国影响力”问题的争议。① 特恩布尔政府于2018年6月通过了《国家安全法》，其中包括为代表“外国委托方”，尤其是为外国政府开展活动的个人或机构设立登记簿。这一争议也导致了澳大利亚“恐华”情绪不必要和危险地上升。

2019年4月4日，澳大利亚广播公司播出了另一档关于中国影响力的“四角”节目。节目中透露，费尔法克斯传媒（the Fairfax Media）的前驻中国记者约翰·加诺特（John Garnaut）已经成为特恩布尔的首席中国顾问，他就中国对澳大利亚政治的“干涉”以及中国房地产开发商黄向墨在这其中的角色进行所谓的调查。

黄向墨这位亿万富翁已经向两个主要政党以及医学研究机构和大学捐赠了超过100万澳元，其中包括悉尼科技大学澳大利亚-中国研究院，这个项目一开始由前新南威尔士州州长和吉拉德政府的外交部长鲍勃·卡尔（Bob Carr）领导。黄向墨因涉嫌“干预澳大利亚政治”，“为中国政府不正当影响提供掩护”而受到调查，而“四角”节目加剧了公众对他的敌意。结果，他提交的澳大利亚公民身份申请遭到拒绝，2019年初还被拒绝进入澳大利亚，尽管他已经获得永久居住权，而且他的家人也住在澳大利亚。

“四角”节目声称，许多中国人代表中国政府，通过询问澳大利亚朋友，“试图用贿赂的方式”得到约翰·加诺特的信息。显然，这个节目把中国塑造成一个非常不好的形象，它试图调查中国在澳大利亚的政治影

---

① 更多信息请参阅马克林《2017～2018年的中澳关系》，载孙有中、韩锋主编《澳大利亚发展报告（2017～2018）》，社会科学文献出版社，2018，第125～128、135～138页。

响，并成功地激起了“恐华”情绪，使有中国背景的澳大利亚人处于不利的地位。阻止黄向墨进入澳大利亚的理由站不住脚，甚至令人愤慨，黄向墨也已将此案提交法院审理。整个事件是对中国的蓄意挑衅和侮辱，是对两国关系的破坏。

黄向墨只是众多杰出中国人中的一位，而其中的大多数人没有那么富有。一位有中国背景的记者写道：“如今，身为澳大利亚华裔或华人并不容易——尤其是那些主张与澳大利亚最大贸易伙伴建立更紧密关系的人。”他继续说道：

> 如果这个问题得不到解决，得不到关注，澳大利亚华裔将很难在澳大利亚国内赢得权力和地位，特别是在涉及国家安全、公共服务和外交的任何领域。大多数澳大利亚华裔不想引起人们的注意，也不想造成紧张的局势，所以他们决定保持沉默并避免公开讨论这些问题，尽管他们知道这些问题的利害关系。①

在讨论中国在 5 月 18 日选举中的作用时，我们会回到这个问题。

同时，与 2018 年相比，2019 年澳大利亚人眼中的中国形象似乎在明显恶化。罗伊研究所每年都会调查澳大利亚人对国际事务的看法。2019 年 3 月的两周时间里，罗伊研究所对全国 2130 名澳大利亚成年人进行了调查。

其中有一项测试要求澳大利亚人表达他们对另一个国家的感受，0 表示很没有好感，100 表示很有好感，50 表示不冷不热。民意调查发现，2018 年澳人对中国的评分为 58，但在 2019 年大幅下降至 49。② 当被问及他们会在多大程度上相信中国会在全世界采取负责任的行动时，52% 的人在 2018

---

① Jieh-Yung Lo, “Chinese Australians Are Not a Fifth Column”, *FP*, May 31, 2019, https://foreignpolicy.com/2019/05/31/chinese-australians-are-not-a-fifth-column-china-ccp-australia-morrison-turnbull-espionage-foreign-interference/.

② “Feelings towards Other Nations”, Lowy Institute Poll 2019, https://lowyinstitutepoll.lowyinstitute.org/.

年持肯定态度，但2019年只有32%。是什么导致了形象的恶化？这其中有很多原因。罗伊研究所在自己的民调中说明了一点，认为其中一个原因可能是持续存在外国势力和中国“干涉”澳大利亚政治的讨论。[①] 而香港大学国际关系专家胡伟星（Richard W. X. Hu）将这种态度归因于“澳大利亚媒体对中国大量的负面报道”，在谈到中国影响力时，他认为澳大利亚媒体对讨论的报道非常片面，很少报道相反的观点。[②]

同时，2019年美国和其他一些国家在澳大利亚的形象也出现了下降，这可能是全球局势日益紧张的结果。此外，中国的形象在英语国家存在普遍恶化的现象。造成这种局面的原因是多方面的且存在一些争议，但在笔者看来，其中一个主要的原因是特朗普的政治意图，以及他为了妖魔化中国而展开的相当刻意的举动。

经济和教育关系

接下来我们将讨论中澳经济和教育关系中涉及的一些非常重要的问题。总的来说，这些都是两国关系的积极方面，因为中国仍然是澳大利亚最大的贸易伙伴和游客来源国。中澳教育和文化交流方面的关系仍然很好。然而，除非澳大利亚改变态度，否则也有不少负面因素可能会对未来产生不利影响。其中最重要的一个问题是华为问题，莫里森政府在一定程度上采取了一种有害的新方针，下文将对此展开讨论。

“一带一路”倡议

莫里森在2019年6月26日的演讲中表示：“澳大利亚欢迎‘一带一路’

① “China”, Lowy Institute Poll 2019, https://lowyinstitutepoll.lowyinstitute.org/themes/china/.

② John Power, “Australians’ Trust in China Plummets to Lowest Level in 14 Years, Survey Shows”, *South China Morning Post*, June 26, 2019, https://www.scmp.com/news/asia/australasia/article/3016186/australians-trust-china-plummets-lowest-level-14-years-survey.

倡议为地区基础设施投资和地区发展做出的贡献。”① 但实际上，莫里森政府在表示支持方面做得很少。在本文关注的时间段里，澳大利亚采取的主要举措实际上是在维多利亚州层面，澳大利亚工党成员丹尼尔·安德鲁斯（Daniel Andrews）领导的维多利亚州政府于2018年10月25日宣布与中国达成协议，参与“一带一路”倡议。问题是，安德鲁斯州长没有征求联邦政府的意见，直到11月初才向联邦政府出示了协议。不出所料，澳大利亚总理斯科特·莫里森批评了安德鲁斯私自采取这一行动。该协议对推动澳大利亚参与“一带一路”倡议没有起到太大作用。它只是承诺维多利亚州和中国将在未来的一系列项目中寻找合作机会，但没有规定任何一方的任何具体事项。

2019年4月，中国召开了第二届“一带一路”国际合作高峰论坛，有150个国家的代表出席，超过了2017年5月第一届论坛的130个。澳大利亚的情况是，贸易、旅游和投资部部长史提夫·西奥波（Steve Ciobo）曾在2017年出席，但2019年没有澳大利亚联邦政府部长出席论坛。澳大利亚最高级别的与会者是州长丹尼尔·安德鲁斯，他代表的是维多利亚州，而不是澳大利亚。澳大利亚最高级别的国家级代表人物是一名政府职员——孙芳安（Frances Adamson），而不是政府部长。孙芳安以前曾担任澳大利亚驻华大使，现在是外交贸易部秘书长。

4月25日，孙芳安在澳大利亚驻华大使馆发表演讲，她引用莫里森的话说，澳大利亚欢迎“‘一带一路’倡议在满足该地区基础设施需求上所做的贡献”。② 丹尼尔·安德鲁斯接受了人民网的采访。但澳大利亚在论坛上的低调参与值得注意。正如澳大利亚记者格伦达·科尔波拉（Glenda Korporaal）恰如其分地指出：“无论澳大利亚是否愿意参与，第二届‘一带一路’国际合作高峰论坛都标志着参与国将以某种方式与中国合作，支持

① Scott Morrison, “Address to Asialink ‘Where We Live’”.

② “Secretary Frances Adamson Remarks at Australia-China Reception”, April 25, 2019, https://china.embassy.gov.au/bjng/Speech190425.html.

倡议在世界各地开展的项目。”① 澳大利亚应表现出更大的兴趣，更积极地参加这一行动，这对人类的未来具有极其重要的意义，并且也符合澳大利亚的国家利益。

贸易

莫里森在2019年6月26日的演讲中说：“我们与中国的关系有很多优势。我们的贸易关系蓬勃发展，2018年双边贸易额达到惊人的2150亿澳元，这对两国都有利。”② 其实他还可以加一句，中国是迄今为止澳大利亚最大的贸易伙伴。

澳大利亚政府外交贸易部2019年2月至4月的数据显示，澳大利亚对外贸易持续增长。中国仍是澳大利亚最大的贸易伙伴，无论是在出口还是进口方面。例如，2019年3月和4月澳大利亚对华出口商品的价值分别为111.14亿澳元和120.45亿澳元，增幅为8.4%。与此同时，澳大利亚的商品出口总量基本保持不变，相比3月、4月其出口仅增长了0.1%。③

2019年6月底，澳大利亚贸易、旅游和投资部部长西蒙·伯明翰（Simon Birmingham）在墨尔本组织一次重要的贸易会议，会议的目标是达成一项协议，以抵御美国发起的针对中国和其他国家的贸易战出现的威胁，同时减少对其他国家的影响，特别是在结束贸易战的行动可能失败的情况下。16个国家派出了代表，包括10个东盟国家，以及中国、日本、韩国、澳大利亚、新西兰和印度。西蒙·伯明翰称其为“全世界在经济上最重要的贸易协定之一”。④ 这次

① Glenda Korporaal，“Belt and Road Faithful Gather for China's New Expansion”，*The Australian*，April 23，2019，https：//www.theaustralian.com.au/business/belt-and-road-faithful-gather-for-chinas-new-expansion/news-story/dd823453c34cc7023a539ec990b178b1.

② Scott Morrison，“Address to Asialink ‘Where We Live’”.

③ Australian Government，Department of Foreign Affairs and Trade，“Monthly Trade Data – April 2019”，https：//dfat.gov.au/about-us/publications/trade-investment/Documents/monthly-trade-data.pdf.

④ Eryk Bagshaw，“Australia Leads Secret Trade Negotiations that Will Sideline US”，*The Sydney Morning Herald*，June 26，2019，https：//www.smh.com.au/politics/federal/australia-leads-secret-trade-negotiations-that-will-sideline-us-20190626-p521hf.html.

会议的成果还有待观察，但这肯定是一个能影响世界贸易的因素，尤其是澳大利亚与中国的贸易。

虽然上述一切令人鼓舞，但对澳大利亚领导人、商人和其他人士来说，忽视一些重要的不利因素是不明智的。《澳大利亚人报》商业专栏作家罗伯特·戈特利布森（Robert Gottliebsen）在2019年2月表示，当他的商界朋友“与中国的高级政府官员交谈时，他们惊讶地发现中国有部分官员对澳大利亚非常不满”。他认为这种愤怒的根源“不是因为我们与美国的交往，也不是由于我们的实际政策。而是因为澳大利亚部长和政府官员习惯对他们遇到的中国官员说教。有时我们的人甚至在中国批评中国”①。

这已经影响到澳大利亚与中国的贸易。戈特利布森特别指出了澳大利亚的“学生、煤炭、公寓和农业是软肋”。他指出，“突然间，许多装载澳大利亚煤炭到中国的船只发现很难找到泊位”。他还表示，中国正在其他地方寻找资源。例如，从巴西进口铁矿石，从阿根廷进口牛肉，以及从欧洲进口蔬菜。②

戈特利布森在2019年6月底的G20峰会背景下又写了一篇文章。当时，习近平主席和莫里森总理都出席了会议，但没有会面。

戈特利布森的结论很直接，或许有些言过其实，却是对澳大利亚的真正告诫。“我们对中国关系的错误处理始于朱莉·毕晓普，但在新政府的领导下，迄今没有任何改善。”③

投资与华为

莫里森政府时期的投资情况并不好。正如澳大利亚研究理事会

① Robert Gottliebsen, “Australia Catches a Glimpse of China's Claws”, *The Australian*, February 8, 2019, https://www.theaustralian.com.au/business/australia-catches-a-glimpse-of-chinas-claws/news-story/b996e8c0f021eb91a31d791a7527face.

② Robert Gottliebsen, “Australia Catches a Glimpse of China's Claws”, *The Australian*, February 8, 2019, https://www.theaustralian.com.au/business/australia-catches-a-glimpse-of-chinas-claws/news-story/b996e8c0f021eb91a31d791a7527face.

③ Robert Gottliebsen, “Dangers for Australia in Rift with China”, *The Australian*, June 28, 2019, https://www.theaustralian.com.au/business/economics/dangers-for-australia-in-rift-with-china/news-story/85a135afb648915b526940173738d4bb.

（Australian Research Council）资助的两位学者杭智科（Hans Hendrischke）和李薇（Li Wei）所写，“近年来，有关中国投资的讨论一直被政治和安全的担忧情绪主导”。[①] 因此，即使投资很可能只是一个纯粹的商业行为，澳大利亚方面却担心，中国的投资将涉及中国政府“对澳大利亚资产的控制”。这种所谓的担忧是侮辱性的，甚至会让一些中国企业家望而却步。

2019 年 4 月 25 日，孙芳安在澳大利亚大使馆发表演讲，对中国的投资给予了积极评价。她表示：“澳大利亚继续欢迎中国投资——中国目前是澳大利亚第五大外国直接投资来源国。”她继续表示，2017 年至 2018 年，中国是新增投资获批数量最多的国家，并补充称，“这条资金渠道仍然很强大”。[②] 莫里森在 2019 年 6 月 26 日的演讲中也提出了类似的观点，他说：“我们非常欢迎中国的投资，几十年来一直如此。”[③]

杭智科和李薇并不反对孙芳安和莫里森的观点。但在同月的一份报告中，他们引用毕马威（KPMG）和悉尼大学商学院（University of Sydney Business School）的数据称，中国对澳大利亚的投资从 2017 年的 130 亿澳元降至 2018 年的 82 亿澳元，降幅为 36.9%。他们补充道：“即使如此，中国投资者总体上仍然认为澳大利亚比大多数其他国家更安全、更有吸引力。因此，2018 年不一定是一个转折点，但应该引起反思。”[④] 中国投资者们显然对形势感到担忧，希望澳方能够做出更多的努力。

莫里森对待中国通信技术巨头华为的方式就是一个非常负面的例子。8 月 18 日，在成为总理前不到一周，莫里森以内政代理部长的身份参与

---

① Hans Hendrischke and Li Wei, “Chinese Investment in Australia is Down 36%. It's Time for a More Balanced Debate about the National Interest”, The Conversation, April 8, 2019, https://theconversation.com/chinese-investment-in-australia-is-down-36-its-time-for-a-more-balanced-debate-about-the-national-interest-114984.

② “Secretary Frances Adamson Remarks at Australia-China Reception”.

③ Scott Morrison, “Address to Asialink ‘Where We Live’”.

④ Hans Hendrischke and Li Wei, “Chinese Investment in Australia is Down 36%. It's Time for a More Balanced Debate about the National Interest”, The Conversation, April 8, 2019, https://theconversation.com/chinese-investment-in-australia-is-down-36-its-time-for-a-more-balanced-debate-about-the-national-interest-114984.

公布了一项声明，其中暗示将全面禁止华为进入澳大利亚第五代移动通信网络。理由是华为会给澳大利亚带来安全风险，认为通过华为获取的任何信息都会传递给中国政府。这一决定是由澳大利亚安全情报组织（Australian Security Intelligence Organization）推动的。工党后来表示支持这项禁令。

华为和中国政府对此坚决反对，表示华为是一个商业机构，而不是政治机构，因此不构成所谓的安全威胁。华为的优势在于，在实现第五代移动通信网络方面，它比竞争对手美国或其他公司更先进，效率更高，第五代移动通信网络将比目前普遍使用的第四代更快、更可靠。

特朗普于2019年5月宣布实施华为禁令。[①] 显然，这是美国遏制政策的一部分，有记者将此举视为“美国为了在全球科技竞赛中占据主导地位而采取的遏制中国的行动”。[②] 然而，令人惊讶的是，在莫里森实施华为禁令大约8个月之后，特朗普才宣布禁令，似乎是澳大利亚带头做出了这一荒谬的决定，而不是美国。

在2019年6月香格里拉对话论坛上，多位亚洲领导人表达了对华为的支持。马来西亚总理马哈蒂尔·穆罕默德（Mahathir Mohammad）称其为“超越了美国技术的重大进步”。虽然莫里森没有撤回华为禁令，但他在会见新加坡总理李显龙（Lee Hsien Loong）时谈到，“我们不认为我们应该影响其他国家的决策”，[③] 这意味着他不打算强迫任何其他领导人就此事与他达成一致。

---

① 2019年6月底，习近平主席和唐纳德·特朗普总统在G20峰会上达成了贸易战停火协议，其中包括取消华为从美国购买高科技设备的一些限制。然而，此事未来的发展仍是不确定的。

② Louise Moon, et al.，“Donald Trump's Huawei Ban Is A More Severe Threat to Global Economy Than Trade War Tariffs, Economists Say”，*South China Morning Post*，May 24，2019，https：//www.scmp.com/business/companies/article/3011676/trumps-huawei-ban-more-severe-threat-global-economy-trade-war.

③ Andrew Burrell，“PM Scott Morrison Warns against Reading into Australia's Huawei Ban”，*The Australian*，June 7，2019，https：//www.theaustralian.com.au/nation/politics/pm-scott-morrison-warns-against-reading-into-australias-huawei-ban/news-story/779d2e580ffa2546cc77d61edd1340b3.

全面禁令是对华为的污蔑，而且是愚蠢的商业行为。哈佛大学肯尼迪学院的非居民高级研究员保罗·克利福德（Paul Clifford）认为："这是遏制、打击和破坏中国经济复苏的行为。"① 但这是不可能得逞的。美国虽然可以伤害华为，但华为已经发展到不可能被这种伎俩击垮的地步，而且这种行为是极其危险的。正如克利福德所说，针对华为的行动是"一场危险的技术战争的开始，并且可能会导致可怕的后果"。

旅游

以下是2018年澳大利亚官方公布的中国赴澳游客数据。②

中国赴澳游客：1425066人次，占赴澳游客总数的15.5%，比2017年增长7.5%；

首次到访游客占比：47%；回访游客占比：53%；

平均在澳大利亚度过的夜晚：44晚；

总消费：115亿澳元，比2017年增长12%；

2020年的目标/潜力：高达130亿澳元。

基于这些数据，澳大利亚贸易、旅游和投资部部长西蒙·伯明翰告诉澳大利亚广播公司，他对旅游业的未来持乐观态度。2019年初，他曾说过："最近中国游客的增长在独立游客中尤为突出，我们希望他们继续去我们的海岸游玩，享受多样的自然美景、美味的食物和葡萄酒，体验丰富的文化。"③ 研究机构欧睿国际（Euromonitor International）的行业分析师陈先阳（Hianyang Chan）表示："澳大利亚是一个理想的旅游目的地，因为它地域辽阔、自然质朴、

① Paul Clifford, "The U. S. Should not Demonize Huawei – It Should Invest to Compete", *Open Democracy*, June 27, 2019, https://www.opendemocracy.net/en/oureconomy/the-us-should-not-demonize-huawei-it-should-invest-to-compete/.

② Figures from Department of Home Affairs, International Visitors Survey (Tourism Research Australia), "Chinese Tourists to Australia", *ABC News*, January 26, 2019, https://www.abc.net.au/news/2019-01-26/chinese-tourists-to-australia/10750826.

③ Jason Fang, "Chinese Tourism Boom Could Slow down If Australia Becomes Complacent, Expert Warns", *ABC News*, January 26, 2019, https://www.abc.net.au/news/2019-01-26/warnings-not-to-be-complacent-with-chinese-tourism-market/10746516.

食物美味、社会安全、艺术和文化都很丰富。”① 这些游客数据的确传递了积极的信号，专家们对此也表示乐观：“从短期到中期来看，旅游业的发展都与中国有关。”在旅游目的地方面，悉尼、墨尔本和黄金海岸仍然是首选。②

然而，有一些迹象表明不能因此沾沾自喜。根据瑞士联合银行（UBS）的一份报告，2018 年 4 月至 10 月，在中国游客“打算在未来 12 个月内访问”的国家中，澳大利亚从第二位跌至第四位。③ 一位亲华人士引用了中国最大的线上旅行社携程旅游网前首席执行官兼联合创始人梁建章的话：“中国游客认为澳大利亚有些‘无聊’，它需要吸引名人到这个国家或提供电影大片的拍摄地，从而成为旅游热门目的地，就像泰国和日本一样。”④ 香港理工大学酒店及旅游管理学院布莱恩·金（Brian King）教授告诉澳大利亚广播公司，“中澳外交关系敏感”可能会对旅游业产生影响，但他对影响的程度表示怀疑；中国经济增速放缓和中美贸易摩擦可能也会产生影响，但这应该会影响中国整体旅游业，而不仅仅是澳大利亚。⑤

2018 年澳大利亚赴华人数为 59.3 万人次。⑥ 尽管中国在澳大利亚游客的选择中落后于其他几个国家，但这一数字是值得注意的，在过去 10 年内

---

① Reuters, “China Leapfrogs New Zealand as Australia's Top Tourist Source”, *Australia China Business Review*, April 18, 2018, http://www.acbr.com.au/index.php/china-leapfrogs-new-zealand-australias-top-tourist-source.

② Jason Fang, “Chinese Tourism Boom Could Slow down If Australia Becomes Complacent, Expert Warns”, *ABC News*, January 26, 2019, https://www.abc.net.au/news/2019-01-26/warnings-not-to-be-complacent-with-chinese-tourism-market/10746516.

③ Jason Fang, “Chinese Tourism Boom Could Slow down If Australia Becomes Complacent, Expert Warns”, *ABC News*, January 26, 2019, https://www.abc.net.au/news/2019-01-26/warnings-not-to-be-complacent-with-chinese-tourism-market/10746516.

④ David Thomas, *China Bites*, 2019, Volume 1, June 2019, http://www.davidthomas.asia/wp-content/uploads/2019/06/China-Bites-2019-eBook.pdf.

⑤ Jason Fang, “Chinese Tourism Boom Could Slow down If Australia Becomes Complacent, Expert Warns”, *ABC News*, January 26, 2019, https://www.abc.net.au/news/2019-01-26/warnings-not-to-be-complacent-with-chinese-tourism-market/10746516.

⑥ “Secretary Frances Adamson Remarks at Australia-China Reception”.

翻了一番。此外，尽管澳大利亚赴华人数比中国赴澳人数少得多，但前者在总人口中所占的比重要大得多。

教育与文化关系

中澳关系国家基金会的成立显示了澳大利亚政府对两国教育和文化关系的重视，政府将对这些领域投入大量资金。

孙芳安在2019年4月25日的演讲中表示，澳大利亚在2018年接纳了20.5万名中国学生，创历史新高。[①] 在这些学生中，约有12.5万人进入大学就读，其余的则在其他学段学习。总的来说，国际教育是澳大利亚第三大出口产品，2017年的价值达到303亿澳元，其中中国学生的支出占很大比重。[②]

有迹象表明，澳大利亚大学的中国留学生人数正在减少。可能的原因有很多。新南威尔士大学（University of New South Wales）副校长伊恩·雅各布斯（Ian Jacobs）教授表示，中国在大学教育的大量投资使得中国的大学更具国际竞争力，中国学生有更多理由选择在国内深造。[③] 但罗伯特·戈特利布森的分析也不无道理。他认为，由于政治原因，中国政府对赴澳留学的鼓励减少，这影响到受国家资助的学生；[④] 另外私人企业的信贷紧缩，这影响到受私人资助的学生。[⑤]

与此同时，中澳联合研究项目和大学之间的交流仍在继续。澳大利亚人继续以学生的身份到中国学习汉语或了解中国文化。艺术团体从中国飞到澳大利亚表演，反之亦然。同时，文化和教育领域正在推行新的项目。澳中关系国家基金会的注资可能会进一步推动这一趋势。

---

① "Secretary Frances Adamson Remarks at Australia-China Reception".

② Jordan Baker, " 'A Knowledge Race': Australian Universities Set to Suffer Drop in Students from China ", *Sydney Morning Herald*, March 1, 2019, https://www.smh.com.au/education/a-knowledge-race-australian-universities-set-to-suffer-drop-in-students-from-china-20190301-p5113e.html.

③ Jordan Baker, " 'A Knowledge Race': Australian Universities Set to Suffer Drop in Students from China", *Sydney Morning Herald*, March 1, 2019.

④ Robert Gottliebsen, "Australia Catches a Glimpse of China's Claws", *The Australian*, February 8, 2019.

⑤ Robert Gottliebsen, "Dangers for Australia in Rift with China", *The Australian*, June 28, 2019.

2019年5月大选时的中国

值得注意的是，在2019年5月18日联邦选举之前的竞选活动中，外交关系没有出现在讨论议题中。外交部长佩恩几乎是隐形的。中国政策对任何一方来说都不是主要的问题。然而，也出现了一些关于中国的强硬观点，或许它们被认为和选民有某种关联。

保罗·基廷接受澳大利亚广播公司采访

比尔·肖顿（Bill Shorten）于2019年5月5日在布里斯班发表了他的竞选启动演讲。听众中有许多工党的名人，包括1991年底至1996年3月担任总理的保罗·基廷（Paul Keating）。比尔·肖顿的演讲没有提到中国。然而，基廷随后接受了澳大利亚广播公司的采访，就情报机构和记者约翰·加诺特的角色发表了一些非常随意的评论。在采访中，基廷将负责调查中国的情报人员描述为“疯子”，即疯狂、不负责任、不称职的人，这明显指向他们在黄向墨事件及其他事件中扮演的角色。一名记者报道如下：

> 基廷对前总理马尔科姆·特恩布尔的国家安全顾问、驻外记者约翰·加诺特很感兴趣……
>
> 基廷提倡进行大扫除，用一把大扫帚迅速清除诸如加诺特之类的人，并赶走那些疑神疑鬼、窃窃私语的人。“那个加诺特从中国回来后，特恩布尔让他一跃进入安全部门，从那以后，他们都像疯了（Berko）一样。”①

Berko是发狂、失控的意思。显然，基廷对政府的中国政策极为不满，

① Dr Binoy Kampmark，“Cleaning out the Nutters：Paul Keating，China and Australia's Security Establishment”，The Australian Independent Media Network，May 13，2019，https：//theaimn. com/cleaning-out-the-nutters-paul-keating-china-and-australias-security-establishment/.

并毫不掩饰自己的观点。肖顿和其他现任工党高层立即与基廷的言论划清界限，显然因为如果他们当选，他们会希望与情报人员保持良好的关系。

基廷是前总理，他的观点并不像他在任时那么重要。但他仍然是一位受人尊敬的老政治家，也是一位非常有智慧的和博学的人。澳大利亚工党内外有许多人同意他的观点。

美国是“朋友”，中国只是“客户”？

5 月 13 日，也就是大选前几天，两党主要领导人在接受媒体采访时都提到了中国。莫里森称美国人为“朋友”，而中国人则是“客户”。正如一位记者写道：

> 总理在描述澳大利亚如何在中美两国贸易紧张的情况下与两国保持良好关系时，发表了以下评论。
>
> “你不必在这件事上选边站队，不用放弃已有的关系，”莫里森周一在悉尼对记者表示，“你支持你的朋友，也支持你的客户”。
>
> 当天晚些时候，记者要求肖顿评论莫里森把中国描述成“客户”的言论。报道称：
>
> “我认为，我们需要那些想成为总理的人变得更老练一些，而不是直接告诉这个地球上最大的国家之一，我们只是把你们当作‘客户’，”肖顿在戈斯福德（Gosford）对记者说，“我不把中国、日本、韩国或印尼仅仅当作客户。我认为它们是非常复杂、充满活力的社会。我认为中澳关系很复杂，而不能把中国简单当作客户……然后说一句‘我们能从你那里得到什么？’”①

莫里森的言论在中国社交媒体上引发了不小的愤怒。正如肖顿所暗示

① Angus Livingstone, “China ‘Customers’, US ‘Friends’: Morrison”, *The Canberra Times*, May 13, 2019, https://www.canberratimes.com.au/story/6121057/china-customers-us-friends-morrison/.

的，莫里森似乎在通过与美国比较来贬低中国，表明澳大利亚与中国的关系只是出于对利益的渴望，而不是真正的友谊。

大选中的华人社区

另一件事是关于来自华人社区的政治支持。目前，约有120万华人住在澳大利亚。尽管肖顿和黄英贤似乎比执政联盟的领导人对中国更敏感，但人们普遍认为，在华裔澳大利亚人中，支持自由党的人比支持工党的人多。其原因超出了本文的讨论范围。然而，有证据表明，许多华人反对工党的税收政策，认为这会剥夺他们一生努力工作积累的资产；另外，与保守观念相比，性别流动性和开放的性观念与工党的联系更紧密。

很清楚的是，澳大利亚华裔在这次选举中比以往任何时候都更重要，任何忽视他们的政党都将为此承担风险。一份报告指出："澳大利亚公众见证了自由党和工党在中国社交媒体平台微信上的竞选活动，当地华语媒体的政治广告，以及对澳大利亚华裔投票模式的调查、研究和分析。"①

在墨尔本奇泽姆选区（Chisholm），两位候选人都是澳大利亚华裔，这在澳大利亚是第一次，她们分别是来自香港的自由党候选人廖婵娥（Gladys Liu）和来自台湾的工党候选人杨千慧（Jennifer Yang）。在这次竞选活动中，两人用英语和标准汉语（普通话）进行辩论。尽管候选人和选民的情况不一样，但事实上，在这个选区的选民群体中，华人的比例也非常高。结果，廖婵娥以略微优势取胜，成为澳大利亚第一位当选联邦议会议员的华裔女性。

总结和结论

以下是本文的要点归纳。

- 莫里森政府初期采取了一些尝试性的措施，试图改善与中国的关系。

① Jieh-Yung Lo, "Chinese Australians Are Not A Fifth Column", *Foreign Policy*, May 31, 2019.

澳大利亚外交部长佩恩于2019年3月宣布成立澳中关系国家基金会，这是一项重要进展。

- 莫里森于2019年5月赢得大选后，于2019年6月26日首次发表关于外交关系的演讲，总体上对中国持积极态度，但似乎仍然偏向美国。
- 就氛围而言，工党的对华政策有所改善，但本质上与政府非常相似。
- 美国仍然是澳大利亚外交政策的基石，对中澳关系造成了负面影响。
- 南太平洋地区的竞争已成为莫里森政府的重要议题。
- 与前几年相比，2019年澳大利亚人眼中的中国形象转为负面，部分原因是澳大利亚广播公司和其他媒体的偏见报道。
- 尽管贸易和旅游业的规模都在继续扩大，但如果放任不管，未来可能会出现衰退。
- 禁止华为进入澳大利亚第五代移动通信网络的决定，对澳大利亚和中国之间的信任、接触和合作产生了负面影响，严重破坏了两国关系。
- 尽管外交政策在2019年5月的选举中并不重要，与中国的关系却在大选中被提及。两大政党都认为澳籍华人很重要，并试图赢得他们的选票。

从以上要点可以引出以下两个主要观点。

首先，莫里森应立即采取积极步骤，从根本上“重置”两国关系。他应该尽快安排访问中国，对中国给予高度重视。莫里森应避免采取可能被中国视为故意侮辱的行动，并应撤销禁止华为进入澳大利亚第五代移动通信网络的决定。他应该更充分地认识到中国的发展给澳大利亚带来的好处，尤其是在经济方面。

其次，澳大利亚需要调整其外交政策的方向，向中国靠拢，远离美国。将《澳新美安全条约》（ANZUS）作为澳大利亚外交关系的“基石”是不合时宜的，因为该条约是在1951年朝鲜战争期间签署的，而现在中国是澳大利亚的朋友。未来几年，美国在太平洋地区的力量可能会减弱，也许现在还不明显，但中国的力量很有可能会增长。澳大利亚的利益需要建立在与中国更紧密的关系上，在政治、战略、经济、教育和文化方面，中国对澳大利亚都很重要。

B.11
2018年中澳贸易分析与展望

秦　升*

摘　要： 2018年，在中澳关系受到澳大利亚国内政治和国际贸易保护主义冲击的大背景下，双边贸易水平依然稳步提升，再创历史新高。货物贸易方面，矿产品、贵金属及制品以及农产品继续成为澳大利亚对华出口的优势领域，中国对澳大利亚的出口主要集中于机电产品、纺织品和家具玩具等类别。服务贸易方面，澳大利亚对华教育和旅游出口继续保持增长，但增幅回落，中国对澳大利亚的服务出口较同期大幅增长。中国仍然保持了澳大利亚第一大货物贸易伙伴、第一大进口来源地、第一大出口目的地、最大海外留学生来源国以及最大旅游收入来源国的地位。但中澳双边经济合作正受到越来越多的非经济因素的干扰。由于澳大利亚国内政治的影响，华为和中兴被禁止进入澳大利亚第五代移动通信技术市场，极大地打击了双边政治互信和经贸合作。但中澳贸易的前景依然光明，澳大利亚应当谨慎制定对华政策，维护好中澳互利共赢的基本面，避免非经济因素对中澳经贸合作的干扰。

关键词： 中澳贸易　服务贸易　对华政策

中澳双边贸易在2018年继续保持增长势头，贸易额创历史新高。澳大

* 秦升，中国社会科学院亚太与全球战略研究院澳大利亚、新西兰与南太平洋研究中心助理研究员。

利亚对华出口较2017年增长18.2%，占澳大利亚对外出口的34.3%，首次超过出口总额的1/3；中国对澳出口较2017年增长16.1%，澳大利亚在中国的贸易伙伴中地位略有提升，出口目的地排名由2017年的第14位上升至2018年的第13位，占中国出口总额的1.9%，进口目的地排名由2017年的第7位上升至2018年的第6位，占中国进口总额的4.9%。2018年澳大利亚货物和服务总出口增长13.2%，总进口增长9.9%，两者均低于澳大利亚对中国的进出口增长率，中澳贸易对澳经济增长的推动作用进一步增强。受益于出口贸易的推动，澳大利亚全年经济增长率为3.2%，位列发达经济体之首，已经保持28年的连续经济增长。

中澳贸易的良好势头并不能掩盖中澳之间在政治经济领域的摩擦和问题，由于受澳大利亚国内政治的影响，中澳双边经贸合作在2018年遭遇了一些挫折。双边领域，华为和中兴被澳大利亚联邦政府禁止进入澳大利亚第五代移动通信技术（5G）市场，极大地打击了双边政治互信和经贸合作前景；多边领域，美国发起的贸易保护主义和关税战对全球范围内的贸易和投资带来负面效应，特别是中美之间的摩擦开始对中澳经贸合作产生不利影响。中澳贸易额连续多年强劲增长源于双方在经济发展和资源禀赋上的优势互补，如今，中澳之间互利共赢的基本面存在被打破的风险。只有避免非经济因素对经贸合作的干扰，中澳关系的“经济压舱石”才能更加稳定，中澳关系的前景才能更加光明。

一　2018年中澳贸易概览

2018年中澳贸易走势良好，在《中澳自贸协定》的有力推动下，双边贸易水平再创新高，商品贸易达到了破纪录的1932.8亿澳元，较2017年增长17.4%。其中，澳大利亚对中国出口1183.8亿澳元，增长18.2%，占澳大利亚出口总额的34.3%，澳大利亚自中国进口749亿澳元，增长16.1%，占澳大利亚进口总额的23.6%。对澳大利亚的出口占中国出口总额的1.9%，澳大利亚列中国出口目的地第13位，较2017年上升1位。从澳大利亚的进口占中国总进口的4.9%，澳大利亚列中国进口来源地第6位，较2017年上升1位。澳大利亚对华商品贸易顺差进一步扩大到434.8亿澳元，较2017年增长21.9%。[①] 2017~2018财年中澳双边服务贸易总额201.7亿澳元，较上一财年增长17.3%。其中，澳大利亚对华服务出口169.4亿澳元，增长17.2%，澳大利亚自中国服务进口32.3亿澳元，增长17.9%。澳大利亚对华服务贸易顺差为137.1亿澳元，较上一财年增长17.1%。[②] 中国继续保持澳大利亚第一大贸易伙伴、第一大出口目的地、第一大进口来源地、最大海外留学生来源国以及最大旅游收入来源国的地位，但双边贸易增速呈放缓态势。

商品贸易方面，能矿产品依然是2018年中澳贸易的核心驱动力，铁矿石及其制品、煤、天然气、黄金、羊毛及动物毛发制品列澳大利亚对华出口前五位，电信设备及零件、电脑、家具和床垫制品、玩具及体育制品、塑料制品居中国对澳大利亚出口前五位。其中，铁矿石及其制品对华出口513.6亿澳元，煤炭出口143.2亿澳元，天然气出口137亿澳元，黄金出口57.9亿澳元，羊毛及动物毛发制品出口29亿澳元。对华商品出口中，较2017年增长率超过50%的商品类别包括：天然气，增长100%；黄金，增长412%；其他矿石及制品，增长69.3%；棉花，增长120.5%；牛肉，增长56%；原油，增长69.6%；甲壳类动物，增长174.1%。[③] 除了能矿产品外，其他商品贸易的大幅增长均得益于《中澳自贸协定》在2018年对双边关税的进一步减让。中国对澳大利亚的商品出口中，电信设备及零件出口85.3亿澳元，电脑出口64.8亿澳元，家具和床垫制品出口32.9亿澳元，玩具及体育制品出口26亿澳元，塑料制品出口20.9亿澳元。对澳产品出口中增长

---

① Australia Department of Foreign Affairs and Trade, Composition of Trade Australia 2018, July 2019, p. 89.

② Australia Department of Foreign Affairs and Trade, Trade in Services Australia 2017 - 2018, May 2019, p. 73.

③ Australia Department of Foreign Affairs and Trade, Composition of Trade Australia 2018, July 2019, p. 89.

率超过50%的商品类别包括：精炼油，增长82.1%；电子集成电路，增长91.3%。[①] 总体来看，由于铁矿石在中澳贸易中的超高占比以及中国对铁矿石及其制品的需求下降，尽管多数商品类别的贸易水平有所提升，但是铁矿石贸易增长停滞制约了中澳商品贸易的总体增幅。

服务贸易方面，教育和旅游相关的贸易是2017～2018财年中澳贸易的主要组成部分，教育相关服务、个人旅游、金融服务、交通服务及商务旅行服务列澳大利亚对华出口前五位，个人旅游、交通服务、个人旅游商务、商务旅行服务及政府服务居中国对澳出口前五位。其中，教育相关服务对华出口110亿澳元，个人旅游出口38.4亿澳元，金融服务出口6.2亿澳元，交通服务出口6.1亿澳元。中国对澳大利亚的服务出口中，个人旅游为15.4亿澳元，交通服务为7亿澳元，个人旅游商务为3.2亿澳元，商务旅行服务为3.2亿澳元，政府服务为9300万澳元。澳大利亚对华服务出口中，除商务旅行、维护和维修服务及政府服务三个类别出现负增长外，其余类项均较上一财年有所增长，增长最快的是金融服务，对华出口增长34.5%。澳大利亚自华服务进口中，维护和维修服务、知识产权费用、文化休闲服务三个类别出现负增长，其余类项较上一财年有所增长，金融服务同样取得较高增幅，较上一财年增长135.5%。[②] 《中澳自贸协定》中的金融服务条款在2017～2018财年对双边金融贸易的推动十分显著，进出口都出现大幅攀升。

二　能矿贸易的分化与新增长点

能矿产品不仅在澳大利亚对外贸易中扮演重要角色，对澳大利亚的经济

① Australia Department of Foreign Affairs and Trade, Composition of Trade Australia 2018, July 2019, p. 89.

② Australia Department of Foreign Affairs and Trade, Trade in Services Australia 2017－2018, May 2019, p. 73. 澳大利亚官方的贸易统计数据分为年度和财年两种，根据官方发布数据的时间不同，商品贸易数据为2018年度数据，服务贸易数据为2017～2018财年数据，由于对商品贸易和服务贸易的分析分开进行，对结论的有效性不存在干扰，本文在后续的分析中也将区分财年数据和年度数据。

增长也至关重要。2018 年能矿产品出口在澳大利亚商品出口中的比重高达 57%，出口产值占 GDP 的 8.8%，雇用超过 25 万名劳动力，对澳大利亚经济增长的贡献率为 21%，出口到中国的能矿产品总额达到 820 亿澳元。① 能矿产品作为澳大利亚对华出口强项在 2018 年表现有所分化，一些新的增长领域值得关注。

对华黄金出口在经历了连续三年的萎缩之后，在 2018 年实现强势逆转，增长率高达 412%。中国加大对黄金的进口与国际经济形势密切相关。全球层面，市场对世界经济增长的担忧一直没有改变，随着贸易和投资增速的降低，世界银行多次下调全球经济增长预期。特朗普在 2018 年对其主要贸易伙伴发起的贸易战也催生了各国对经济前景的悲观情绪，黄金作为市场避险工具，受到多国央行的青睐。对中国而言，不仅仅是外部环境的不明朗，中美贸易摩擦对中国经济也产生直接的负面影响，促使中国采取更加保守的资产配置策略，特别是把黄金作为资产配置首选。从 2018 年末开始，中国人民银行开始大幅增加黄金储备，开启了改革开放以来的第五轮黄金增持周期，2018 年中国从澳大利亚进口了 673 吨黄金，金额达 57.9 亿澳元。② 澳大利亚是世界第二大黄金生产国，其黄金产量和储藏量均位居世界前列，具备较强的黄金供给能力，黄金需求增加导致金价不断上涨，推动澳大利亚对华黄金出口实现大幅攀升。

天然气是对华出口增幅居第二位的能矿产品，较 2017 年增长 100%，达到 137 亿澳元。澳大利亚 2018 年天然气出口增长 23%，达到 6950 万吨，成为世界第一大天然气出口国，出口收入增长 68%，约为 433 亿澳元。③ 中国在 2018 年成为世界上最大的天然气进口国，天然气进口同比增长 31.9%，至 9040 万吨，创下历史纪录。其中，液化天然气占中国天然气

① Resources and Energy Quarterly March 2019, Department of Industry, Innovation and Science, March 2019.

② Resources and Energy Quarterly March 2019, Department of Industry, Innovation and Science, March 2019.

③ 翁东辉：《澳大利亚成最大天然气出口国》，新华网，2019 年 1 月 15 日，http://www.xinhuanet.com/energy/2019-01/15/c_1123990085.htm。

总进口的59.5%，成为天然气进口的主要形式，中国从澳大利亚进口的天然气占全部进口的43.7%。中澳在天然气供需上的完美契合为双方天然气贸易的大幅增长提供了基础，自2015年以来，澳大利亚对华天然气出口量不断创出新高（详见表1）。中国正处于天然气消费的快速增长阶段，随着中国生态文明建设的推进，工业、居民和电力的天然气需求在未来15年会得到大幅激发，中国天然气需求占世界的比重将从目前的不足7.4%增加到2035年的12%以上，中国成为世界天然气市场的重要参与者是必然趋势。[①] 澳大利亚在天然气生产和出口领域的世界级优势将推动中澳天然气贸易再创辉煌。

表1　2008～2018年中国进口天然气的数量
（从澳大利亚进口与总进口对比，亿立方米）

年份	2008	2009	2010	2011	2012	2013	2014	2015	2016	2017	2018
从澳大利亚进口	36.1	47.5	52.1	50	48	48	52	72	157	237	321
总进口	44.4	76.3	128	166	200	245	271	262	343	526	735

资料来源：《BP世界能源统计年鉴》（2009～2019）。

铁矿石作为澳大利亚最具优势的出口产品，在2018年占据世界出口市场的53%，出口量高达8.36亿吨，中国占据了澳大利亚铁矿石出口的81%，列第一位。[②] 然而，由于中国经济向新常态转变，经济增速放缓，中国对大宗商品的需求普遍处于低位，铁矿石也不例外。此外，由于环保标准的提升以及对采矿业和重工业的治理，进一步压制了对铁矿石的需求。2018年中国对澳大利亚的铁矿石进口出现了0.6%的负增长，打破了2017年的增长态势。尽管如此，中国和澳大利亚仍然为各自最重要的铁矿石贸易伙

① 齐慧、曹曼庭：《〈2050年世界与中国能源展望〉报告认为——清洁能源成我国新增能源主体》，中华人民共和国中央人民政府网，2017年8月19日，http://www.gov.cn/xinwen/2017-08/19/content_5218826.htm。

② Resources and Energy Quarterly March 2019，Department of Industry，Innovation and Science，March 2019.

伴。2018 年自澳大利亚进口的铁矿石占到中国铁矿石到港量的 69.75%，平均月到港量为 6035 万吨，排名第二的巴西月到港量仅为 1704 万吨。① 澳大利亚作为中国最主要铁矿石来源国的地位并未改变。

锂矿石或将成为中澳能矿贸易的新增长点。当前，以电力驱动的新能源汽车发展成为发达国家和发展中国家应对污染和气候变化的共识。对中国而言，电动汽车的发展首先可以减少汽油石化能源的消耗，减少相应的污染问题。此外，新能源汽车产业仍处于发展的初级阶段，中国车企面临千载难逢的发展机遇，发展新能源汽车既是环保的要求也是中国发展战略性新兴产业的一部分。作为电动汽车的核心部件，锂电池是当前最为成熟、安全可靠的电池技术，新能源产业的发展将催生对以锂矿石为原材料的相关产品的巨大需求。中国目前锂的储量很大，但由于主要分布在青藏高原、柴达木盆地，锂资源开发受环境和技术制约较大，近两年中国的锂原矿对外依存度已经达到了 80%，保证大量锂原矿的平稳进口是中国发展电动汽车产业的核心基础。随着未来数年澳大利亚大型锂矿项目的竣工，2020 年前后澳大利亚将成为世界上最大的锂矿生产中心。彭博社的分析指出，到 2027 年，澳大利亚将占有全球锂矿产量的 37%，超过第二名阿根廷和第三名智利的总和。② 澳大利亚锂矿石的储藏量占到世界的 17%，是目前世界上最大的锂矿石出口国，澳大利亚将对世界范围内的锂电池生产产生重要影响。③ 除了中国电动汽车产量猛增所带来的锂电池需求，世界知名汽车企业都在向电动化转型，全球锂矿石产量增长至目前的四倍才能满足未来十年电动汽车对锂电池的需要。中澳在锂矿石领域的贸易极有可能成为能矿领域下一个增长点。

---

① 《2018 年中澳仍为各自最重要的铁矿石贸易伙伴》，中华人民共和国商务部网站，2019 年 1 月 7 日，http：//www. mofcom. gov. cn/article/i/jyjl/l/201901/20190102824090. shtml。

② 《澳大利亚加紧开发锂矿资源》2018 年 7 月 12 日，钜大锂电网站，http：//www. juda. cn/news/18505. html。

③ Resources and Energy Quarterly March 2019，Department of Industry，Innovation and Science，March 2019.

三 服务贸易受政治因素影响增幅放缓

2018年，澳大利亚对华服务出口179亿澳元，占澳大利亚服务出口的19.3%，较同期增长13.1%，其中教育相关的出口117亿澳元，旅游相关的出口34亿澳元。尽管服务出口再创新高，但相比过去五年平均19.8%的增速明显放缓。[①] 澳大利亚从华服务进口增长16.5%，达到34亿澳元，占澳大利亚服务进口的3.5%。[②] 近年来，澳大利亚国内某些政治家、媒体和机构在对待中国议题、华人以及中国留学生等方面的偏见开始影响中国人赴澳留学和旅游的热情，澳大利亚社会的“反华”倾向是造成澳对华服务出口增速降低的首要原因。

旅游方面，2018年3月至2019年3月，中国访澳游客仅增长了2%，创下历史新低，同时终止了近年来两位数的游客增长势头。[③] 澳大利亚统计局（ABS）数据显示，中国大陆赴澳短期访客人数自2018年6月达到12.22万人次的顶峰后，已经连续9个月走低。[④] 中国公民对澳大利亚作为旅游目的地的兴趣正在减弱，这与澳大利亚媒体对中国的恶意宣传有很大关系。包括隶属于Fairfax的《悉尼先驱晨报》、隶属于新闻集团的《澳大利亚人报》，以及政府所属的澳大利亚广播公司（ABC）在内的众多澳大利亚媒体通过爆料“政治献金”，挖掘可疑“证据”，策划负面新闻等手段进行反华宣传，不仅将华人群体和澳大利亚的国家利益严重对立，而且夸大中国对澳大利亚的影响力，使澳大利亚长期标榜的多元文化形象受到

① “China Fact Sheet 2018”, Australia Department of Foreign Affairs and Trade.

② “China Fact Sheet 2018”, Australia Department of Foreign Affairs and Trade.

③ David Smith, “International Tourism: Why Growth is Good but Yield is Gold”, Australian Trade and Investment Commission, https://www.austrade.gov.au/news/economic-analysis/international-tourism-why-growth-is-good-but-yield-is-gold.

④ Australian Bureau of Statistics, *Overseas Arrivals and Departures*, May 13, 2019, https://www.abs.gov.au/AUSSTATS/abs@.nsf/DetailsPage/3401.0Mar%202019?OpenDocument.

质疑。[①] 中国政府多次就澳大利亚国内对华的不当言论予以抨击，两国在政治外交上的波折对中澳之间的人文交流产生了极大的负面影响。

教育方面，2017～2018 财年，国际教育产业为澳大利亚经济贡献了 324 亿澳元，教育出口成为澳大利亚第三大出口产业，为澳大利亚社会贡献了 24 万个工作岗位，其中对中国的出口高达 110 亿澳元，超过教育总出口的 1/3。[②] 部分地区的经济发展对教育出口的依赖更强，以维多利亚州为例，国际教育产业已经超过旅游业和羊毛产业成为该州最大的出口产业，创造了 118 亿澳元的产值和 7.9 万个工作岗位，[③] 维多利亚州的中国留学生数量为 8.8 万人，位列该州第一。[④] 然而，澳大利亚教育部的统计显示，2018 年入学的中国留学生仅比往年增加了 10.9%，刚刚超过当年平均水平（10.1%），远远低于印度留学生的入学增长率（24.5%）。[⑤] 尽管中国留学生在绝对数量上位居榜首，但其增长乏力也是不争的事实。

一方面，以英语为基础的课程和教育体系作为澳大利亚的优势正在减弱，世界各地提供英语授课的大学越来越多，澳大利亚教育机构面临来自其他国家教育机构的激烈竞争。从就业的角度来看，澳大利亚也很难为留学生提供从教育到就业的系统方案。另一方面，澳大利亚部分媒体和机构的偏见使留学生受到了不公正的指责，其负面影响日益体现，澳大利亚标榜的所谓多元文化正在受到质疑。

截至 2018 年 5 月，澳大利亚的中国留学生数量已超过 17 万人，占国际

① 以 ABC 的“四角”专题栏目为例，该栏目策划了包括“干涉：中国在澳大利亚的秘密政治影响”、“金钱长城”、“力量与影响——中国软实力的硬边缘”等一系列反华的故事、调查和采访，所有内容都旨在论证中国以及在澳华人对澳大利亚主权的“侵犯”和对澳大利亚人民的“伤害”，对澳大利亚社会的反华势头推波助澜。

② Department of Education and Training, Export Income 2017 - 2018 InfographicV2, November 2018.

③ Department of Education and Training, Education Infographic Australia 2017 - 2018, December 2018.

④ 孙诗诗：《澳大利亚维州留学生数破纪录，中国学生占主导位置》，中新网，2019 年 8 月 1 日，https://www.chinanews.com/hr/2019/08-01/8914245.shtml。

⑤ Department of Education and Training, “End of Year Summary of International Student Data 2018”, February 2019.

留学生总数的31%，[①] 作为一个庞大的学生群体，对某些与切身利益相关的问题表达关切是极为正常的现象，但这些零星的意见却被夸大为对澳大利亚教育制度的威胁。[②] 此外，某些澳大利亚学术机构对中国留学生的迅速增长过于敏感，以至于到了编造事实的地步。澳大利亚战略政策研究所（APSI）2018 年 10 月发布报告《采花酿蜜：中国军方与外国大学的合作》，将中国留学生在澳大利亚的学习视为中国施加影响力的工具，从众多的学术交流互动中抽出军事院校的留学生进行解读，将日益频繁的科研合作歪曲为“窃取军事技术”。2018 年 11 月，澳大利亚人口研究所（APRI）发布报告《澳大利亚高等教育中的留学生产业：危险状态》，除了指出留学生给澳大利亚社会带来一系列问题外，报告还认为中国留学生降低了澳大利亚高等教育入学门槛，正在损害澳大利亚高等教育的声誉，甚至把中国留学生与地缘政治联系起来。[③] 上述媒体报道和研究报告除了本身就非常可疑的立场外，无视近年来澳大利亚海外留学生对澳大利亚的巨大贡献以及教育全球化的事实，这种对事实的扭曲和对大众的误导不仅损害了中国留学生的形象，也打击了中国学生赴澳学习的积极性。

四　中澳贸易存在的风险和前景展望

中澳在产业发展和资源禀赋上的互补是经贸关系长期繁荣的根本原因，

① Department of Education and Training，“International Student Data Monthly Summary”，May 2018.

② 关于中国留学生对澳大利亚大学的“大规模冲击”，悉尼科技大学（UTS）澳中关系研究所（ACRI）做了非常详细的调查，结果发现，这一“冲击”背后仅仅是 4 个毫无关联的个案，包括对考卷中取笑中国官员的抗议（莫纳什大学）、对污蔑中国留学生考试作弊的抗议（澳大利亚国立大学）、对地图上中印领土错误标注的抗议（悉尼大学）和对把台湾视为国家的抗议（纽斯卡尔大学）。这四个合情合理的抗议举动被澳大利亚媒体渲染成中国留学生对澳大利亚大学体制构成“严重威胁”。详见报告：https：//www. australiachinarelations. org/content/do-claims-stack-australia-talks-china。

③ 报告内容详见：https：//www. aspi. org. au/report/picking-flowers-making-honey，https：//tapri. org. au/wp-content/uploads/2016/04/final-report-overseas-student-industryV2. pdf。

双方在经济上的互利共赢和政治上的互相信任共同构成双边关系良好发展的基础。然而，过去的两年多时间里，澳大利亚对华外交发生了一些非理性变化，除了上文所提到的澳国内媒体和研究机构对中澳关系的干扰，越来越多的非经济因素开始对双边关系产生负面效应。在美澳军事同盟和情报同盟的双重影响下，澳大利亚将政治和经济相分离的平衡外交越来越难以持续，严重威胁了中澳未来的经贸合作前景。

首先，中澳之间的双赢局面正在被中国经济利益不断遭受损失代替。中澳双边贸易在建交初期只有8600万美元，[①] 2018年中澳商品贸易和服务贸易之和超过2000亿澳元，40多年来双边贸易年均增长超过20%。自2015年底中澳自贸协定生效以来，双边关税逐年降低，澳大利亚受益产业范围不断扩大，中澳贸易除了在大宗商品领域稳步增长之外，以酒、肉、奶为主的农业贸易以及以旅游和教育为主的服务贸易为中澳经济发展做出了巨大贡献。然而，这种双赢的局面在澳大利亚对华政策的变化下遭遇挫折，就在澳大利亚对华出口高歌猛进之时，中国企业在澳大利亚的经济活动受到了越来越多不公平的对待。2018年，香港长江基建对澳大利亚天然气管道公司（APA）的收购，华为和中兴对澳大利亚5G建设项目的投标等重大商业投资与合作项目均遭到所谓的“安全”审查和“政治”辩论，由于澳大利亚联邦政府的抵制而失败。澳大利亚所呈现的偏激态度使中国投资者的热情和信心受到极大的打击。在经历了近十年的稳步增长之后，从2017年开始，中国对澳大利亚的投资连续下降，2018年的降幅高达36%。[②] 澳大利亚对中国企业的不公平对待打破了中澳经贸合作的双赢态势。

澳大利亚作为“五眼联盟”成员，在美国的压力下将信息通信技术的贸易投资与安全议题深度绑定，对中兴、华为等中国高科技跨国公司进行政治迫害，打破了澳大利亚长期以来政经分离的对华外交原则。2018年7月

① 《中澳商务合作进入“自贸繁荣”新时代》，中国驻澳大利亚大使馆网站，2017年10月30日，http：//au. china-embassy. org/chn/zagx/zajmhz/jmgk/。

② Demystifying Chinese Investment in Australia 2018，Demystifyingchina，June 1，2018，http：//www. demystifyingchina. com. au/.

11日，《2018年关键基础设施安全法案》正式实施；2018年8月23日，《5G安全指导书》正式发布，澳大利亚随即宣布禁止华为和中兴参与澳大利亚5G技术和产品的提供。美澳之间军事同盟和情报同盟的双重关系是影响澳政府决策的重要因素，由于美国在众多场合不断呼吁其盟友拒绝使用华为的设备和技术，英国、澳大利亚和新西兰等国与华为的合作都受到影响。对于美国而言，“五眼联盟”中的任何成员使用来自中国的网络设备对其情报系统将构成所谓的重大“威胁”。

根据IHS Markit的数据，预计到2035年，5G的全球经济产出将达到12.3万亿美元。[①] 5G对于华为甚至中国都意味着不可估量的价值，中国必然要维护自己的企业利益和国家利益。2019年4月，中国政府正式向WTO方面提出诉讼，控告澳大利亚政府在5G电信技术方面采取的明显对中国电信制造商具有歧视性的政策，澳大利亚所谓的“安全”考量受到中国强烈反击。澳大利亚对中国企业的歧视和迫害不仅影响了中国企业的海外正常经营，也损害了澳大利亚自身的发展利益。澳大利亚于2009年开建的国家宽带网络项目（NBN）在经历了十年建设、投入510亿澳元之后，至今网络速度没有达到预期，2012年禁止华为参与NBN被认为是项目失败的一个重要原因。[②] 如今，对华为在5G建设上的打压正在重蹈当年的覆辙，澳大利亚的无线网络发展有可能再次受到负面影响。

其次，澳大利亚国内经济的不景气与对华高度经济依赖形成鲜明对比，澳大利亚一方面希望继续分享中国经济增长的红利，另一方面，由于担心对华依赖带来的巨大经济风险，“中国经济威胁论”此起彼伏。2019年3月6日，澳大利亚统计局公布了2018年第四季度的经济数据，GDP增长率仅为0.2%，将全年GDP增长率拉低到2.3%，远远低于澳大利亚联邦储备银行

① Karen Cambell et al., The 5G Economy: How 5G Technology will Contribute to the Global Economy, IHS Markit, January, 2017, https://cdn.ihs.com/www/pdf/IHS-Technology-5G-Economic-Impact-Study.pdf.

② Jennifer Duke, "'The NBN project has failed': Huawei executive scathing of $51b spend", *Sydney Morning Herald*, June 25, 2019, https://www.smh.com.au/business/companies/the-nbn-project-has-failed-huawei-executive-scathing-of-51b-spend-20190621-p5203w.html.

此前2.8%的乐观预期。澳大利亚人均GDP增长率为-0.2%，此前第三季度为-0.1%，这是自2006年以来澳大利亚人均GDP首次出现连续两个季度负增长。[①] 摩根士丹利认为，澳大利亚房价正以35年来的最快速度下跌，鉴于市场疲弱，2019年也不太可能出现好转，预计该国平均房价还将下降10%左右。[②] 澳大利亚国内经济增长长期依靠的房地产和居民消费两个引擎都面临下行趋势，甚至有经济硬着陆的风险。

与国内经济的不景气相反，中澳贸易“风景这边独好”，澳大利亚对中国的出口屡创新高，对华贸易顺差对澳大利亚经济增长的贡献越来越大。然而，随着中国经济进入新常态所带来的经济减速，澳大利亚过度依赖对华贸易的风险也日益显现。中国对大宗商品的需求在可预见的未来将不断萎缩，这不仅会影响澳大利亚重度依赖的铁矿石、煤炭等初级产品贸易，由于原材料在国际市场上的供求关系变化，还会进一步影响初级产品的价格，这些变化直接关系到澳大利亚的国家利益。[③] 对此，澳大利亚国内的“中国经济威胁论”正在形成气候，对双边关系的负面影响越来越大。

最后，特朗普政府对关税武器的运用以及对多边贸易规则的蔑视使澳美在全球经济治理领域无法形成共识，[④] 在中美贸易摩擦日益激烈的大背景下，澳大利亚处于“选边站”的边缘，经济利益正受到前所未有的威胁。澳大利亚多年来的外交实践表明，只有在中美之间奉行两面讨好、互不得罪

---

① Australian National Accounts: National Income, Expenditure and Product, Australian Bureau of Statistics, March 6, 2019, https://www.abs.gov.au/AUSSTATS/abs@.nsf/ProductsbyReleaseDate/889FC4EDC8E44E61CA25840F001876B6? OpenDocument.

② Tyler Durden, "Australia Warned To Prepare For 'Severe Housing Collapse' And 'Banking Crisis'", ZeroHedge, December 10, 2019, https://www.zerohedge.com/news/2018-12-10/australia-warned-prepare-severe-housing-collapse-and-banking-crisis.

③ Greg Jericho, "China has been A Great Driver of Our Economy – But We Can't Rely on It", *The Guardian*, May 23, 2018, https://www.theguardian.com/business/grogonomics/2018/may/24/china-has-been-a-great-driver-of-our-economy-but-we-cant-rely-on-it.

④ Rory Medcalf, "Toward a Shared Alliance Strategy in a Contested Indo-Pacific: A View from Australia", May 21, 2019, https://www.nbr.org/publication/toward-a-shared-alliance-strategy-in-a-contested-indo-pacific-a-view-from-australia/.

的策略才能同时保障自身的经济利益和安全利益。特朗普当选美国总统后，屡次破坏多边贸易体制，不仅率先退出了已经完成谈判的跨太平洋全面合作伙伴关系协定（TPP），而且对包括自己盟友在内的贸易伙伴单方面加征关税。特朗普还一而再再而三地利用关税武器强迫中国、日本和欧盟接受自己的单边贸易政策。特朗普的贸易保护主义严重威胁了以 WTO 为核心的全球多边贸易准则，损害了世界上主要贸易大国的利益。

澳大利亚是一个严重依赖对外贸易的国家，2018 年澳大利亚对外贸易占 GDP 的比重高达 43%。[①] 由于全球价值链对各国经济的深刻影响，贸易战往往牵一发而动全身。美国的逆全球化贸易政策至少在三个方面对澳大利亚产生不利影响。首先，美国对中国钢铁等工业产品的出口加征关税将减少中国的工业品出口，进而降低中国对澳大利亚的铁矿石等原材料的进口需求；[②] 其次，中美贸易战强化了中国经济的下行预期，而中澳贸易占到澳大利亚对外贸易的 30% 以上，中国经济波动必然影响澳大利亚经济增长的前景；最后，特朗普在全球范围内挑起的贸易争端给世界经济的前景蒙上阴影，澳大利亚作为一个贸易大国，在贸易保护主义盛行和多边贸易体系受到破坏的大背景下前景堪忧，至 2019 年 1 月，澳元兑美元汇率已经降至十年来的最低点。

澳大利亚总理莫里森在 G20 大阪峰会期间表达了他的担忧，“中美贸易争端已经对别的国家造成‘附带伤害’，全球贸易体系面临实质性的压力，中美关系进一步恶化的影响将不止于这两个国家”。[③] 2019 年 8 月，在特朗普威胁对中国 3000 亿美元商品加征关税之后，澳大利亚贸易、旅游和投资部部长西蒙指出，这种单方面加征关税的行为是不受欢迎的，不仅违背了

---

① 根据世界银行数据库计算得出。

② Michael Heath，“Australia's Economy Has a Lot to Lose From U. S. -China Trade War”，*Bloomberg*，March 23，2018，https：//www. bloomberg. com/news/articles/2018 – 03 – 23/-very-awkward-spot-in-u-s-china-firing-line-for-aussie-economy.

③ Sarah Martin，“Scott Morrison warns of ‘collateral damage’ in region from US-China rift”，*The Guardian*，June 25，2019，https：//www. theguardian. com/australia-news/2019/jun/26/scott-morrison-warns-of-collateral-damage-in-region-from-us-china-rift.

WTO 准则，而且会影响国际贸易和全球经济增长。[①] 澳大利亚面临的是一个从未有过的外交困境，一方是能为自己带来巨大经济利益的贸易伙伴，另一方是可能间接损害自身经济利益的军事盟友。如何兼顾政治利益、军事利益与经济利益成为澳大利亚政府面临的巨大挑战。

在当前的经济形势下，澳大利亚对中国的经济依赖只会增强，不会减弱，澳大利亚难以追随美国的保护主义而牺牲自己的经济利益、扭曲自己的贸易政策。相反，中澳之间在双边贸易以及全球经济治理领域有着更多的共同利益。两年来中澳关系的波折表明，将政治议题强加到中澳正常的经济合作和贸易往来之中只会带来消极后果。莫里森在 2018 年首次就任总理的公开演讲中提到，澳大利亚的持续成功来自贸易和投资，澳大利亚需要资本输入、开放的市场以及透明的准则，贸易创造了澳大利亚 1/5 的就业，雇用了超过 2200 万人。[②] 中国作为澳大利亚最大的贸易伙伴，中澳关系的重要性不言而喻。对澳大利亚而言，唯有摆正心态，抛弃意识形态偏见和冷战思维，摒弃党派斗争和民粹主义的负面影响，校准澳大利亚对华外交的“新航向”，中澳关系才能走得更远，走得更好。

---

① Katharine Murphy, “Simon Birmingham Says Threat of New US Tariffs on China may Breach WTO Rules”, *The Guardian*, August 4, 2019, https://www.theguardian.com/australia-news/2019/aug/04/simon-birmingham-says-threat-of-new-us-tariffs-on-china-may-breach-wto-rules.

② Scott Morrison, “The Beliefs That Guide Us”, https://www.pm.gov.au/media/keynote-address-asia-briefing-live-beliefs-guide-us, November 11, 2018.

B.12
2018~2019年澳大利亚对华农产品出口现状及展望

陈 颖*

摘 要： 2018~2019年，中澳自由贸易协定的实施已进入第五个年头，随着新一轮降税的实现，中澳两国间的双边贸易持续快速发展，尤其是澳对华农产品的出口大幅度增加。牛羊肉、奶制品、葡萄酒、海鲜、水果等是过去一年来澳对华出口的明星产品，出口量和出口额显著增长。此外，日益富裕的中国消费者对优质轻奢产品也颇感兴趣，澳大利亚生产的奶酪、咖啡、低或无酒精饮料等逐渐打入中国市场。农产品贸易的快速发展给澳大利亚农场主和出口企业带来了相当可观的经济收益，也极大地满足了中国消费者日益增长的消费需求。但是，澳大利亚农产品出口所面临的一系列挑战也是不容忽视的。百年不遇的干旱极大地限制了澳大利亚农业生产的发展，旱情何时缓解仍是未知。此外，澳对华农产品出口也面临着中国经济增长速度逐步放缓、国际农产品巨头争夺中国市场等一系列的挑战。澳大利亚应尽快行动起来，趋利避害，积极采取有效措施提升本国产品的国际竞争力，保持并尽可能地增加澳农产品在中国的市场占有额。展望未来，两国经贸互惠合作前景广阔，农产品贸易将继续保持良好发展态势。

关键词： 中澳自由贸易协定　第五轮关税下调　农产品出口

---

* 陈颖，法学博士（美国印第安纳大学），澳大利亚新英格兰大学法学院讲师，国际事务委员会主席，主要研究领域为国际贸易法、食品安全法、农业法等。

一 前言

中澳自由贸易协定的实施进入第五个年头，两国实现了商品关税的第五轮下调。澳大利亚对所有进口的中国商品给予免税待遇。[①] 中国也取消了大部分澳大利亚商品的进口关税。[②] 中澳两国之间的双边贸易快速增长，取得了前所未有的突破性进展。值得特别指出的是，此轮降税的商品主要集中在农贸产品及食品领域，直接关系百姓的日常生活。自2019年1月1日起，澳对华出口的大多数农产品享受零关税优惠，包括猪肉、婴儿配方奶、新鲜水果（柑橘类等除外）、坚果、海鲜、谷物、蜂蜜、葡萄酒及其他酒类饮料等。[③] 此外，备受中国消费者喜爱的澳大利亚牛羊肉也实现了进一步降税。牛肉关税由7%～15%降至6%～12%，[④] 羊肉关税由12%～23%降至6.7%。[⑤] 这些关税优惠政策的实施给澳大利亚农场主带来了巨大的利好，同时，为寻求大规模进军中国市场的澳农产品出口企业提供千载难逢的商机；另一方面，也为中国消费者带来切实利益，使其能够以更优惠的价格、更方便、多渠道地购买来自澳大利亚的优质农产品。

---

① Simon Birmingham, "Australia China Business Council Networking Day-Speech", June 26, 2019, https://trademinister.gov.au/speeches/Pages/2019/sb_sp_190626.aspx.

② 《自贸协定推动中澳进出口量质齐升》，中国自由贸易区服务网，2019年2月22日，http://fta.mofcom.gov.cn/article/chinaaustralia/chinaaustraliagfguandian/201902/39862_1.html。

③ Australian Department of Foreign Affairs and Trade, "China-Australia Free Trade Agreement, Factsheet: Agriculture and Processed Food", August 2018, https://dfat.gov.au/trade/agreements/in-force/chafta/fact-sheets/Documents/chafta-fact-sheet-agriculture-and-processed-food.pdf.

④ 《中澳自贸协定开始第五轮产品降税，澳洲对华出口零关税产品达5418种》，中国自由贸易区服务网，2019年1月8日，http://fta.mofcom.gov.cn/article/chinaaustralia/chinaaustraliagfguandian/201901/39677_1.html。

⑤ "Sheepmeat", Meat and Livestock Australia, https://www.mla.com.au/prices-markets/overseas-markets/market-access/sheepmeat/.

二　自贸协定下澳对华农产品出口现状

2018 ~2019 年，澳对华农产品出口持续快速增长。肉类及大部分奶制品等在第五轮降税中并未实现零关税，但中国巨大的市场需求进一步扩大了对两类农产品的进口。此外，已经实现零关税的海鲜、葡萄酒、水果（柑橘类等除外）等对华出口势头继续保持良好。

（一）肉类

中国市场对肉类的需求持续快速增长。海关最新数据显示，2019 年中国肉类进口再创历史新高。在 2019 年的头五个月里，包括猪肉、牛羊肉、鸡肉以及杂碎在内的累计总进口量高达2222742 吨，比上年同期增长 23. 2% 。其中牛肉增长 51. 1% ，猪肉增长 19. 8% ，羊肉增长 24. 3% ，鸡肉增长 39. 8% 。[①] 5 月当月的猪肉与羊肉进口暴增，猪肉同比增长 62. 6% ；羊肉同比增长 52. 7% 。[②] 造成 2019 年肉类进口激增的部分原因在于非洲猪瘟在中国的蔓延。[③] 但整体来看，根本原因在于百姓收入水平日益提高，消费结构不断升级，对优质肉类的需求持续增长。中国市场对肉类的需求亟待满足。

澳大利亚对华肉类出口主要集中在牛羊肉方面。虽然面临着来自南美、新西兰等主要牛羊肉出口地越来越强劲的挑战，但中澳自贸协定的第五轮降税为澳对华出口带来了巨大的契机。澳大利亚肉类及畜牧业协会（Meat and Livestock Australia）统计数据显示，2019 年上半年澳对华牛肉出口实现了

---

① 《2019 年 5 月进口主要商品量值表（人民币值）》，中华人民共和国海关总署，2019 年 6 月 23 日，http：//www. customs. gov. cn/customs/302249/302274/302277/302276/2513999/index. html。

② 《2019 年 5 月进口主要商品量值表（人民币值）》，中华人民共和国海关总署，2019 年 6 月 23 日，http：//www. customs. gov. cn/customs/302249/302274/302277/302276/2513999/index. html。

③ “China：Livestock and Products Semi-annual”，United States Department of Agriculture Foreign Agricultural Service，March 15，2019，https：//www. fas. usda. gov/data/china-livestock-and-products-semi-annual-4.

61%的增长，羊肉出口实现了44%的增长。① 按整体出口量计算，中国首次超越美国和日本成为澳大利亚2019年最大的牛羊肉出口市场。②

（二）奶制品

中国本土生产的奶制品已经无法满足日益增长的消费需求，加上近年来出现的一系列食品安全问题，奶制品进口的数量及金额逐年攀升。数据显示，中国奶制品进口量在过去的四年里猛增74%。③ 其中，仅在2019年1月至5月，中国奶制品进口累计数量为1343041吨，比2018年同期增长12.7%。总金额高达3405506万元人民币，同比增长20.1%。④ 中国已经成为世界上最大的奶制品进口国，而奶源依赖进口的现状也不会在短期内发生明显改变。对于国际奶制品出口国来说，中国有巨大的市场空间和前景。

中国对于澳大利亚奶制品行业有着重大意义。澳大利亚乳业局（Dairy Australia）2018年年终报告显示，中国（统计数据包括内地、香港和澳门，未包括台湾省）是澳大利亚最大的奶制品出口市场，⑤ 占出口总额的35%、出口量的27%。⑥ 过去的一年里，澳大利亚对华奶制品出口上升了8%，出口值高达8.188亿澳元。⑦ 澳对华奶制品的出口主要集中在牛奶（20%）、奶粉（包含全脂和脱脂）（28%）、婴儿配方奶（10%）、乳清蛋白（18%）等。⑧ 其中，值得特别指出的是，澳大利亚

---

① "Meg Month of China Meat Imports", Meat and Livestock Australia, June 6, 2019, https://www.mla.com.au/prices-markets/market-news/mega-month-of-china-meat-imports/.

② 《中国首超美日成澳大利亚头号牛羊肉出口市场》，澳华财经在线，2019年6月20日，http://www.acbnews.com.au/industrynews/20190620－35084.html。

③ "Market Brief China", Dairy Australia, October, 2018.

④ 《2019年5月进口主要商品量值表（人民币值）》，中华人民共和国海关总署，2019年6月23日，http://www.customs.gov.cn/customs/302249/302274/302277/302276/2513999/index.html。

⑤ "Market Brief China", Dairy Australia, October, 2018.

⑥ "International Market Overview", https://www.dairyaustralia.com.au/industry/exports-and-trade/international-market-overview.

⑦ 方腾：《澳洲再有五千多种商品可零关税出口中国》，2019年1月9日，https://www.abc.net.au/chinese/2019－01－09/tariff-cuts/10702838。

⑧ "Market Brief China", Dairy Australia, October 2018.

生产的大部分奶粉销往国外，而中国是澳奶粉行业最大的单一市场。此外，大多数中国人（除蒙古族、哈萨克族等游牧民族）的传统饮食文化中并不包含奶酪。但近年来，中国消费者对奶酪的认可度也逐步提升，市场对进口奶酪的需求日益扩大。2019 年第一季度，中国共进口奶酪 2.76 万吨，同比增加 3.5%。其中，从新西兰进口 15600 吨，占 56.5%；从澳大利亚进口 5000 吨，占 18.3%；从欧盟进口 4100 吨，占 14.9%；从美国进口 2200 吨，占 7.8%。[①]

相比较澳大利亚，中国与新西兰最先签订自由贸易协定。新西兰奶制品已经在中国占有相当大的市场份额，尤其是在奶粉方面，新西兰已经成为中国最大的进口国。面对强有力的竞争对手，澳大利亚通过各种方式加强中澳乳制品行业之间的联系和了解，并积极进行市场推广。例如，2019 年 6 月 6 日，澳大利亚乳业局在北京、成都、上海三座城市举办以乳制品安全为主题的研讨会，促进两国奶制品企业在相关方面的交流。此外，澳大利亚贸易投资委员会（Australian Trade and Investment Commission）也积极组织澳大利亚奶制品企业参加 2019 年 7 月在天津举办的第十届中国奶业展览会。[②] 这是澳大利亚贸易投资委员会继 2015 年福州、2016 年青岛、2017 年南京和 2018 年成都中国奶业展览会之后，再次组织国家展团，并在展览会上设立澳大利亚国家馆以帮助本国奶制品企业进行产品宣传推广。[③]

（三）葡萄酒

中澳自贸协定实施以来，澳大利亚葡萄酒关税逐步下调。过去的几年里，澳对华出口的瓶装葡萄酒关税由 14% 逐步降为 2.8%，散装葡萄酒的关

① 刘长全、李胜利：《奶业经济观察 2019 年 4 月分析报告》，2019 年第 4 期（总第 117 期）。

② 《2019 中国奶业展览会，澳大利亚企业将再次组团亮相》，Australian Trade and Investment Commission，June，2019，https://www.austrade.gov.au/local-sites/china/news-and-events/events/dairy-expo-2019.

③ 《2019 中国奶业展览会，澳大利亚企业将再次组团亮相》，Australian Trade and Investment Commission，June，2019，https://www.austrade.gov.au/local-sites/china/news-and-events/events/dairy-expo-2019.

税由20%逐步降至4%。[①] 自2019年1月1日起，瓶装、散装葡萄酒的关税全部降为零。澳对华葡萄酒出口的增长速度令人瞩目。[②] 据澳大利亚贸易投资委员会介绍，2016~2017年，澳对华葡萄酒出口总价值为5.43亿澳元，相比上一年度增长了38%。这段时间里，中国每四杯进口葡萄酒中就有一杯来自澳大利亚。[③] 2017~2018年，澳对华出口的瓶装葡萄酒价值高达8.77亿澳元，相比上一年度增长率超过60%。[④] 截至2018年底，澳对华葡萄酒出口额增长18%，达11.4亿澳元；出口量增长7%，达1.72亿升。[⑤] 中国已经成为澳大利亚最大且最具价值的葡萄酒出口市场。值得特别指出的是，2018~2019年，澳对华葡萄酒的出口已经远远超过其他三个主要出口市场（加拿大、英国和美国）出口价值的总和。[⑥] 此外，在中国市场的占有份额上，澳大利亚也是稳坐第二把交椅，紧追排名第一的法国。[⑦] 根据中国葡萄酒与烈酒进出口协会（China Association for Imports and Exports of Wine and Spirits，CAWS）公布的最新数据，2019年1~2月，澳大利亚已经在进口量和进口额方面双双超越法国，成为中国最大的葡萄酒进口商。[⑧] 综合来看，澳大利亚葡萄酒在中国市场的量和额两方面的增势突出。随着零关税优惠的实施，贸易渠道的拓宽，澳大利亚葡萄酒在中国市场上将会继续绽放异样光彩。

---

① 《2019中澳食品行业观察与展望》，Australian Trade and Investment Commission，March 2019，https：//www.austrade.gov.au/local-sites/china/news-and-events/news/food-and-bev-outlook-2019.

② "Wine：March Quarter 2019"，March 2019，http：//www.agriculture.gov.au/abares/research-topics/agricultural-commodities/mar-2019/wine.

③ "Wine to China：Trends and opportunities"，https：//www.austrade.gov.au/australian/export/export-markets/countries-and-economies/china/industries/wine.

④ 《2019中澳食品行业观察与展望》，March 2019，https：//www.austrade.gov.au/local-sites/china/news-and-events/news/food-and-bev-outlook-2019.

⑤ "Australian wine exports continue to grow in value"，May 1，2019，https：//www.wineaustralia.com/news/media-releases/export-report-march-2019.

⑥ "Wine：March Quarter 2019"，March 2019，http：//www.agriculture.gov.au/abares/research-topics/agricultural-commodities/mar-2019/wine.

⑦ 《2018年中国葡萄酒进口额稳中微增，澳洲出口保持强势增长》，中华人民共和国商务部，2019年3月4日，http：//www.mofcom.gov.cn/article/i/jyjl/l/201903/20190302839804.shtml。

⑧ Natalie Wang：《独家对话David Lucas：中国经济疲软，澳大利亚如何开拓葡萄酒市场?》，2019年4月12日，http：//www.winechina.com/html/2019/04/201904297507.html。

（四）水产品

近年来中国水产品消费量快速增长，已成为全球最大的水产品消费国，但是本国渔业的产量在逐年下滑，已经无法满足广大消费者的需求。近海环境恶化、捕捞过度是不争的事实。远洋捕捞业逐渐成为捕捞业新的增长点，但投资大、风险大等特点使其进一步发展面临重重阻力。此外，密集式水产养殖也面临一系列的困难和难题，例如水源供应的限制、劳动力的减少等。水产养殖的水质污染及潜在的食品安全隐患近年来也引起广大消费者的担忧。上述制约因素使中国市场越来越依赖于水产品进口。

相反，澳大利亚四面环海，水产资源极其丰富，是世界上为数不多的能够可持续性、大规模供应高质量野生海鲜产品的国家。在水产养殖方面，澳大利亚有着丰富的水资源、良好的基础设施、先进的技术支持，以及健全的法制体系来保障大规模水产品养殖的质量与安全。澳大利亚水产养殖业存在大量的生产及出口机遇。

中澳自贸协定自2015年底实施以来，越来越多的澳大利亚水产品进入中国市场。澳对华水产品直接出口额由2016年的8500万澳元跃升至2017年的3.58亿澳元。2019年1月1日，中澳迎来了水产品零关税的新时代。深受中国消费者喜爱的澳大利亚水产品，如岩石龙虾、鲍鱼、生蚝、三文鱼、螃蟹、扇贝、青口等均以零关税进入中国市场。

目前来看，相比较牛羊肉、奶制品等热门出口农产品，澳大利亚水产品暂时没有完全打开中国市场。澳水产品出口主要面临两大挑战。其一，澳对华出口的水产品遭受中国香港和越南假冒产品的冲击，这些假冒产品对澳大利亚水产品的声誉造成了不良影响。① 其二，中国现行对水产品检验检疫的

① Michael Fabinyi, "The Chinese seafood market: opportunities and challenges for Australian exporters", May 2018, https://www.australiachinarelations.org/sites/default/files/20180628%20Australia - China%20Relations%20Institute%20report%20 - %20The%20Chinese%20seafood%20market%20 - %20opportunities%20and%20challenges%20for%20Australian%20exporters%20 - %20Michael%20Fabinyi.pdf.

程序有待进一步提高。通关方面的不确定因素，例如检疫时间限制和标签规定经常变化等，在一定程度上阻碍了澳水产品进入中国市场。综上所述，澳对华水产品贸易的机会仍有待深挖。

（五）其他农产品

澳大利亚水果出口中国具有得天独厚的优势。其一，由于澳大利亚在地理位置上靠近中国，经过优选采摘的澳大利亚水果可以在最短的时间内到达中国市场。相比较许多国家的进口水果，澳大利亚水果的新鲜度是显而易见的。其二，由于澳大利亚各地气候差异很大，可出口的水果种类繁多，包括温带、热带的各类水果，为中国消费者提供了更多种类上的选择。其中，备受中国百姓喜爱的澳大利亚提子、芒果、樱桃、夏季核果（桃子、布林和西梅等）和塔斯马尼亚苹果在 2019 年 1 月 1 日已经实现零关税，其出口额呈现稳步上升的趋势。其三，澳大利亚与中国相反的南半球季节使得两国农产品实现有效互补。以樱桃为例，澳大利亚六个州去年的总产量高达 1.6 万吨。其中维多利亚州、新南威尔士州、塔斯马尼亚州和南澳大利亚州是重要的樱桃种植区，主要以出口为主。[①] 各州因为种植时间差异，加上受气候变化、品种等因素的影响，樱桃产季由 10 月中下旬一直延伸至次年 2 月底。[②] 来自澳大利亚的进口樱桃最大限度地弥补了中国市场的季节性空白。此外，澳大利亚柑橘的关税也从自贸协定实施前的 11% 逐步削减到 2019 年的 4.9%，[③] 关税的削减大大刺激了柑橘的出口。澳大利亚贸易投资委员会数据显示，2018 年澳对华柑橘出口总量与前一年相比较上涨了 51.3%。依据中澳自贸协定，自 2023 年 1 月 1 日起，澳柑橘将

---

① Jing Zang，“2018 Year in Review：China's Cherry Market”，May 30，2019，https：//www.producereport.com/article/2018 – year – review – chinas – cherry – market.

② Cherry Growers Australia，https：//www.cherrygrowers.org.au/assets/CGA_ Brochure_ 2014 – 15_ SimplifiedChinese.pdf.

③ 澳大利亚贸易投资委员会，《2019 年中澳食品行业观察与展望》，2019 年 3 月，https：//www.austrade.gov.au/local – sites/china/news – and – events/news/food – and – bev – outlook – 2019。

最终实现零关税，相信届时出口量会出现井喷式增长。①

近年来，中国消费者对优质轻奢产品也颇感兴趣，澳大利亚出口的咖啡、低或无酒精饮料等成为2019年的热门产品。此外，中国是澳大利亚坚果的主要出口市场。随着2019年初坚果零关税的实现，澳大利亚坚果出口也前景可期。

三　澳对华农产品出口前景展望

（一）前景良好

中国经济的快速发展和百姓消费水平的不断提高将继续提振澳大利亚农业。放眼未来，前景良好。其一，中国市场对优质肉类尤其是优质牛羊肉的需求将持续增长，预计肉类产品在农产品进口中的比重将进一步增加。其二，中国消费者对奶制品在量的需求上明显增加，在种类的需求上也呈现多样化的趋势。除了传统热门的鲜奶、奶粉（包括婴儿配方奶）等，中国消费者对各类奶酪的认可度也逐步提升。预计未来中国市场对鲜奶及奶粉的需求继续保持高速增长，而奶酪市场也存在前所未有的巨大商机，将会有良好的表现。其三，澳大利亚葡萄酒品质稳定，口感醇厚，非常适合中国消费者的口味。未来几年里，将会有越来越多物美价廉的澳大利亚葡萄酒走进寻常百姓家，惠及更多的中国消费者。其四，在水产品、水果和坚果等方面，随着中澳自贸协定谈判的不断深入，相信有越来越多的产品将被加入可进口商品名单中，并在关税上享受更多的优惠待遇。其五，近年来中国消费者对优质轻奢产品颇感兴趣，尤其是咖啡文化逐渐盛行，将进一步推动咖啡相关产品落地中国。相比较越南、巴西、哥伦比亚、洪都拉斯等主要咖啡出口国，澳大利亚的咖啡出口额在农产品出口额中占相当小的比重。但澳大利亚先进

① Department of Foreign Affairs and Trade (Australia), China-Australia Free Trade Agreement (ChAFTA), Schedule of the People's Republic of China, https://dfat.gov.au/trade/agreements/in-force/chafta/official-documents/Documents/chafta-explanatory-schedule-of-chinese-tariff-commitments-non-official.pdf.

的烘焙技术无疑会使其咖啡豆在中国迅速打开市场。实际上，据澳大利亚贸易投资委员会介绍，澳大利亚很多咖啡豆品牌已经准备大规模进入中国市场。届时，“澳式的咖啡文化将在茶的国度落地开花”①。

（二）挑战不容忽视

2018～2019年，中澳进行第五轮关税调整，更加优惠的关税举措极大地推动了澳对华农产品的出口。但是，澳大利亚所面临一系列的挑战也是不容忽视的。

1. 干旱

过去的一年里，澳大利亚农业生产面临的最大挑战是百年不遇的干旱。迄今为止，许多地区的旱情并没有缓解，如果旱情持续，将会对澳大利亚农业生产及出口造成致命的打击。新南威尔士州受干旱影响最严重，几乎90%的土地遭受严重的干旱。2019年7月，新南威尔士州地方政府主席（Local Government NSW president）Linda Scott女士公布，该州的八个主要农业生产地，即塔姆沃思（Tamworth）、阿米戴尔（Armidale）、达博（Dubbo）、纳罗迈恩（Narromine）、奥兰芝（Orange）、宁根（Nyngan）、科巴（Cobar）、滕特菲尔德（Tenterfield），在未来的6～12个月内将面临水资源彻底枯竭的危机（“Day Zero” Crisis）。② 此外，维多利亚州、昆士兰州、西澳大利亚州的中部也有大面积的干旱地区。持续的干旱严重威胁澳大利亚的农业安全。

水资源短缺极大地限制了种植业的发展。许多农民被迫推迟播种时间或者强行在干燥的土地上进行播种，加上生长期内持续干旱少水，许多地区出现了农作物大规模减产的情况。其中，小麦歉收尤其严重。为缓解粮食供给压力，2019年5月，澳大利亚农业部批准了从加拿大进口小麦的许可。③ 这

① 《2019年中澳食品行业观察与展望》，2019年3月，https：//www.austrade.gov.au/local-sites/china/news-and-events/news/food-and-bev-outlook-2019。

② Shannon Molloy，“The Australian towns facing a looming ‘day zero’ crisis”，July 16，2019，https：//www.news.com.au/national/the-australian-towns-facing-a-looming-day-zero-crisis/news-story/afd564ca4c78fa7a50db7f02b77d72cd.

③ “Conditions for importing bulk wheat from Canada”，http：//www.agriculture.gov.au/import/goods/plant-products/importing-bulk-grain/canadian-bulk-wheat-import-conditions.

是自2007年以来农业部首次批准外国谷物进入澳大利亚市场。[①] 在畜牧业方面，极端的干旱天气使许多地区的农民面临水资源、干草和牲畜饲料不足的困境。饲养成本的飙升导致大批牛羊被送往屠宰场。[②] 如果旱情在未来一段时间未有缓解，农业生产总成本将继续上升，农场产出量将进一步减少，对农民来说无疑是一场灾难。与此同时，食品价格飙升也将不可避免，澳大利亚普通人的生活压力将进一步增大，一系列社会问题也将不断涌现。

在出口市场上，从现阶段来看，2019年的干旱并未对澳大利亚农业出口造成特别明显的影响。这主要是因为，其一，澳大利亚主要的出口农作物，例如水果（包括葡萄）、坚果等主要分布在受干旱影响较小的地区；其二，干旱导致牛羊屠宰率陡升，相当一部分牛羊肉进入出口市场。但是，鉴于全国牛羊群已经出现了一定程度的减少，而其恢复需要一个较长的时期，即使旱情有所缓解，在未来三年内，受干旱影响的农场都无法恢复到原来的规模。如果旱情持续，牛羊肉及奶制品出口将受到更加严重的打击。

如果澳大利亚的旱情能尽早结束，在政府强有力的政策与资金双重支持下，畜牧业将会逐步恢复，为日后大规模出口做好准备。但预计未来两三年内澳大利亚牛羊肉和奶制品的出口将不会出现井喷式增长。

2. 其他挑战

概括来讲，澳大利亚面临的挑战还包括以下几个方面。首先，中国经济的蓬勃发展吸引了全球的目光，基本上所有的出口国都瞄准了中国市场。农产品市场竞争环境日益激烈已是不争的事实。澳大利亚的传统出口优势主要集中在牛羊肉、奶制品、葡萄酒等方面，在这些农产品的出口上，澳大利亚必须面对新西兰、美国、欧洲等强劲对手。因此，实现并保持竞争优势是澳对华农产品贸易持续成功的关键因素。其次，过去的一年里，澳元兑美元汇

① Kath Sullivan, “Australia approves foreign grain imports for the first time in over a decade”, May 15, 2019, https://www.abc.net.au/news/rural/2019-05-15/australia-approves-grain-imports/11113320.

② “Elevated start to 2019 Australian red meat exports”, April 17, 2019, https://www.mla.com.au/news-and-events/industry-news/elevated-start-to-2019-australian-red-meat-exports/.

率再度下跌，由 2018 年同期的 76 美分降到现在的 70 美分左右，使澳大利亚出口更具有国际竞争力。但长远来看，对澳大利亚经济的影响也是一把双刃剑。澳政府应尽快行动起来，趋利避害，保持经济平稳运行和出口的增长势头，并赢得未来。再次，中国经济仍然快速增长，但相比较前几年，增长速度明显放缓。展望未来，中国对进口的需求仍会不断扩大，尤其在未来的两三年里，但预计 5 年、10 年之后，中国市场的进口增长率将会逐步保持平稳。面对缓慢增长的市场趋势，澳大利亚出口商一方面应客观应对，以平和的心态对待对华出口；另一方面应积极采取有效措施，保持并尽可能地增加澳农产品在中国市场的占有额。

（三）促进澳对华农产品出口的有效措施

为了更好地推动农产品的出口，扩大中国市场份额，澳大利亚可以考虑围绕以下两个方面进行努力。其一，增加国际直飞货运航线，更高效地建立农产品生产地与出口消费地的联系。其二，在稳定一线城市市场份额的基础上，重点开发二、三线甚至四线城市的消费市场。

1. 国际直飞货运航线

迄今为止，澳大利亚只开通了为数不多的从农场直达中国的货运航线。例如，澳大利亚农业重地、有着“牛肉之都”称号的昆士兰州图文巴市（Toowoomba）于 2015 年底试航直达香港的货运航线，① 将牛肉、坚果、芒果、有机鸡肉、生菜等农产品由原产地图文巴直运到香港。② 2016 年底，国泰航空正式开通每周一次由图文巴直飞香港的货运航线。③ 自此，越来越多

① Craig Zonca et al. , “First cargo flight leaves Toowoomba's Wellcamp Airport laden with Queensland produce”, November 24, 2015, https://www.abc.net.au/news/rural/2015-11-23/first-cargo-flight-leaves-toowoombas-wellcamp-airport/6963512.

② Craig Zonca et al. , “First cargo flight leaves Toowoomba's Wellcamp Airport laden with Queensland produce”, November 24, 2015, https://www.abc.net.au/news/rural/2015-11-23/first-cargo-flight-leaves-toowoombas-wellcamp-airport/6963512.

③ Gabrielle Easter, “Cathay launches direct cargo flights from Toowoomba”, October 13, 2016, http://www.fruitnet.com/asiafruit/article/170191/cathay-launches-direct-cargo-flights-from-toowoomba.

的图文巴农产品直接供应中国市场。此外，塔斯马尼亚州计划开通霍巴特（Hobart）直飞宁波的“牛奶”航线。[①] 新南威尔士州也有类似的想法。现任新南威尔士州农业部部长 Adam Marshall 指出，国际直飞货运对当地农产品生产商来说只有利没有弊。而对于广大消费者来说，24 小时内实现从农场到餐桌的直供模式也是非常令人兴奋的。[②] Adam Marshall 认为，新南威尔士州的农业重地阿米戴尔应当抓住这个千载难逢的机会，尽快实现阿米戴尔到亚洲的货运直航。据悉，阿米戴尔市政府正在准备相关的计划书报上级政府做进一步的讨论。[③]

国际直飞货运航线对澳大利亚农产品出口意义重大，前景广阔。其一，直运缩短了不宜长期保存的农产品的运输时间。澳大利亚生鲜、奶制品、水果等能够以更新鲜的状态呈现在消费者的餐桌上。这对于特别看重食品新鲜度的中国消费者来说意义重大。其二，直运缩短了流通链条，减少了从农场到餐桌之间的中间环节，来自澳大利亚的优质农产品能够以更实惠的价格进入寻常百姓家。其三，深入源头的原产地直供模式在最大程度上保证了产品的质量。消费者对于可溯源的食品买得放心，吃得也放心。

但是，需要注意的是，澳大利亚各级政府应当对直航航线的商业价值、社会价值、对当地百姓的影响和对当地环境的影响等多方面进行全面的评估与考量，确保新航线的开通不仅有利于促进出口，实现商业价值最大化，更符合当地人民的根本利益。

2. 稳定一线城市市场份额，重点开发低线城市消费市场

从现阶段来看，农产品进出口商主打中国一线大城市，激烈角逐抢占市场份额，对其他市场并未给予足够的重视。然而，未来的形势是，随着中国

① “The Ultimate Milk Run-Qantas Freight Partners with VAN Dairy in Direct Flights to China”, November 25, 2016, https://www.qantasnewsroom.com.au/media-releases/qantas-freight-partners-with-van-dairy-in-direct-flights-to-china/.

② Steve Green, “Plane to Plate could be very good news for Armidale, says Marshall”, May 9, 2019, https://www.armidaleexpress.com.au/story/6115994/plane-to-plate-is-a-case-of-opportunity-knocks/.

③ Steve Green, “Plane to Plate could be very good news for Armidale, says Marshall”, May 9, 2019, https://www.armidaleexpress.com.au/story/6115994/plane-to-plate-is-a-case-of-opportunity-knocks/.

经济增长速度逐渐放缓，一线城市市场逐渐饱和，二、三线甚至四线城市和乡镇市场大有潜力，消费正在快速升级。对澳大利亚农产品出口商来说，低线城市是市场份额增长的关键，而能否成功进入低线城市对未来的发展至关重要。

从个人财富角度来看，低线城市中产阶级及富裕人群比例大幅度提升，而这些城市的房价与一线城市相比较低，人们有更多的资金购买自己喜欢的东西。推崇“民以食为天”的中国消费者对吃格外上心，尽可能在自己经济允许的范围内选择营养健康的食品。因此，低线城市居民对高品质农产品的需求日益旺盛。此外，从人口数量来看，一线城市人口增长目前已经进入稳定期，而低线城市人口增长迅速，这将是拉动低线城市消费增长的主要动力。①

在未来的几年里，澳大利亚农产品出口要努力保持一线城市的市场份额，但更重要的是将出口发展空间向低线城市扩张，获得更大的市场份额。在澳对华农产品出口方面，政府牵头的品牌推广意义重大。其中主要包含两方面的内容，其一，政府营销；其二，品牌推广。相比于民间组织的品牌营销，政府营销更容易整合社会资源，搭建国际化、规范化、透明化的服务平台，从而推动贸易的快速发展。有政府背书的营销活动也有助于提高中国消费者对产品的采购信心。此外，中国消费者非常重视品牌，在许多消费者眼里，品牌就是质量的代名词，但市场上琳琅满目的进口品牌往往让中国消费者眼花缭乱。如果能把澳农产品品牌深刻植入消费者的心中，具体的销售工作将会很快步入高效运行的有序轨道。因此，澳大利亚政府加大在中国低线城市的推广力度将有效拉动销售，增大市场占有率，从而让越来越多的澳农产品到达中国消费者的餐桌上。

实际上，澳大利亚政府对葡萄酒的营销策略值得推广到其他农产品出口行业。2017 年，政府拨款 5000 万澳元专项资金用于支持葡萄酒的出口及葡

① 秦海波：《掘金三四线城市消费升级机遇》，2019 年 6 月 19 日，http：//www. xinhuanet. com/2019 -06/19/c_ 1124641404. htm。

萄酒相关旅游项目的开发。[①] 澳大利亚葡萄及葡萄酒局（Australian Grape and Wine Authority，简称澳酒局）负责资金的管理与使用。[②] 其中，一部分资金分配用于中国市场的开发。在过去的一年里，澳酒局积极在中国开展宣传推广活动，组织大规模的路演，先后带领百家酒庄来到中国，深入二、三线城市，一方面跟中国的进口商与买家直接沟通，另一方面也借此机会与广大消费者进行更深层次的交流，打下了良好的品牌基础。在全球葡萄酒巨头争相抢夺中国市场的背景下，澳大利亚能够脱颖而出，不断增加市场份额，与澳酒局深入低线市场进行品牌推广的努力是分不开的。澳政府发布的《出口和地区酿酒业发展支持计划》（Export and Regional Wine Support Package）显示，2021～2022财年，预计澳大利亚在中国地区的葡萄酒出口总额上涨15%～17%。[③]

中国的消费升级已经从一线城市向更广泛的二、三线城市蔓延。在未来的几年里，重点开发低线城市农产品消费市场是澳大利亚增加中国市场占有率的关键。澳大利亚政府及出口商可在稳定一线城市市场份额的基础上，逐步将目光转移到低线城市，积极提升澳农产品在中国的整体市场占有率。同时，市场推广也是一个持续积累的过程。

四　结语

2018～2019年，中澳两国再次实现新一轮的降税，双边贸易持续快速发展，尤其是澳对华农产品的出口在低关税甚至零关税的刺激下大幅度增加。牛羊肉、奶制品、葡萄酒、水产品、水果等明星产品的出口量和出口额显著增长。此外，日益富裕的中国消费者对优质轻奢产品也颇感兴趣，澳大

① "Export and Regional Wine Support Package", July 14, 2017, https://www.wineaustralia.com/whats-happening/export-and-regional-wine-support-package.

② Australian Grade and Wine Authority, https://www.australia.gov.au/directories/australia/agwp.

③《澳大利亚农产品出口5年增长近百亿 农业展现强劲爆发力》, November 2017, https://www.austrade.gov.au/local-sites/china/news-and-events/news/australian-agri-export-grow-2017。

利亚的咖啡、低或无酒精饮料等也成为出口的热门产品。对华农产品贸易的快速发展给澳大利亚农场主和出口企业带来了相当可观的经济收益，也极大地满足了中国消费者日益增长的消费需求，可谓真正实现了双赢。放眼未来，中国经济的快速增长和消费者消费水平的不断提高将继续提振澳大利亚农业。但是，澳大利亚农产品出口所面临的一系列挑战也是不容忽视的。百年不遇的干旱极大地限制了澳大利亚农业生产的发展，旱情何时缓解仍是未知数。从现阶段来看，干旱并未对 2019 年的出口造成特别明显的影响，但如果旱情持续，对澳农民及农产品出口业的打击将是致命的。此外，澳对华农产品出口也面临着中国经济增长速度逐步放缓、国际农产品巨头争夺中国市场等一系列的挑战。澳大利亚应尽快行动起来，趋利避害，积极采取有效措施提升出口产品的国际竞争力，保持并尽可能地增加澳农产品在中国市场的份额。综上所述，中澳自贸协定的实施为两国进一步拓展农产品贸易创造了更为有利的环境。虽然有一些困难需要克服，展望未来，中澳农产品贸易前景广阔，将继续保持良好的发展态势。

B.13
2018 ~2019年中资企业在澳投资调查

李 薇 〔澳〕汉斯·杭智科*

摘 要： 本文展示了2019年中资企业在澳投资的最新调查结果。该调查每年由悉尼大学和毕马威会计师事务所合作进行，旨在调查中资企业对澳大利亚投资环境的看法。2019年的调查结果显示，2018年在澳中国投资者的情绪和经验出现了两极分化的情况。虽然很多中国企业认为，与2017年相比，2018年澳大利亚关于中国投资的政治辩论有所好转，但在全球地缘政治不确定的迷雾中，越来越多的中国受访者感到自己在澳大利亚不受欢迎，尤其是国有企业。此外，与之前调查结果中的运营挑战相比，我们的分析发现，有明显迹象表明，2018年中国投资者对澳大利亚媒体报道、企业投资收益下降和融资渠道的看法出现了恶化。虽然运营面临挑战，但总体而言，过去三年在澳投资的中资企业财务状况良好。然而，2019年的前景似乎具有复杂性和不确定性，与2018年相比，他们对未来增长的乐观程度有所下降。

关键词： 澳大利亚 中资企业 投资环境

* 李薇，澳大利亚悉尼大学商学院讲师，主要研究领域为中澳经贸关系等；汉斯·杭智科，澳大利亚悉尼大学商学院中国工商管理学教授，主要研究领域为中国在澳投资等。译者：武婧宜、米雪，北京外国语大学英语学院澳大利亚研究中心硕士研究生。审校：胡丹，北京外国语大学英语学院讲师；邱辰，北京外国语大学英语学院澳大利亚研究中心硕士研究生。

一 引言

2018年对在澳中资企业来说是不稳定的一年。2018年中国全球对外直接投资达到1298亿美元，增长了4.2%。① 然而，2019年毕马威会计师事务所和悉尼大学商学院的研究表明，2018年中国在澳大利亚的投资下降了36.9%，从2017年的130亿澳元（100亿美元）下降到82亿澳元（62亿美元）②，交易数量也降到100宗以下，低至74宗（见图1）。中国在美国的投资也处于下降趋势，2017年中国在美投资290亿美元，2018年为48亿美元，下降了83.4%。③ 在加拿大，这一数字从2017年的62亿美元降至34亿美元，下降了45.2%。④ 这一趋势是全球性的。中国在澳大利亚的投资已不再孤立于北美和欧洲对中国投资的审查，⑤ 将中国技术排除在电信基础设施之外就是一个明显的例子。

从宏观层面上看，中国对外直接投资在各领域的分布仍然较为多样，但2018年在大多数行业的投资出现了下降趋势。采矿业、食品与农业综合企业和服务业的投资下降了90%以上，基础设施投资下降了48%，商业房地产投资下降了31%。唯一没有下降的领域是医疗保健和能源、可再生能源。医疗

---

① MOFCOM, 2019, MOFCOM Department of Outward Investment and Economic Cooperation Comments on China's Outward Investment and Cooperation in 2018, http://english.mofcom.gov.cn/article/newsrelease/policyreleasing/201901/20190102829745.shtml.

② KPMG and the University of Sydney, Demystifying Chinese Investment in Australia 2019, April 2019, http://demystifyingchina.com.au/reports/demystifying-chinese-investment-in-australia-april-2019.pdf.

③ Thilo Hanemann et al., "Net Negative: Chinese Investment in the US in 2018", Rhodium Group, January 13, 2019, https://rhg.com/research/chinese-investment-in-the-us-2018-recap.

④ China Institute at University of Alberta, "Year End Review 2018: Chinese Investment in Canada", 2019, https://cloudfront.ualberta.ca/-/media/china/media-gallery/research/tracker/2-year-end-review-2018.pdf (CAD to USD conversion by https://www.irs.gov/individuals/international-taxpayers/yearly-average-currency-exchange-rates).

⑤ Baker McKenzie, "Chinese FDI into North America and Europe in 2018 Falls 73% to Six-Year Low of $30 Billion", January 14, 2019, https://www.bakermckenzie.com/en/newsroom/2019/01/chinese-fdi.

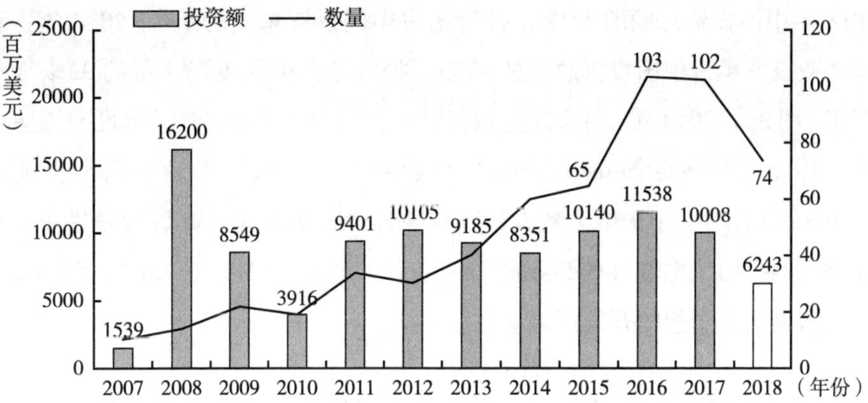

图1　2007～2018年中国对澳直接投资（按价值计算）

资料来源：毕马威/悉尼大学数据库。

保健方面的投资增加了一倍多，达到34亿澳元，成为最大的投资领域，吸引了42%的中国资金，而居第二位的是商业房地产投资（37%）（见表1）。

表1　2017～2018年中国在澳投资（按行业划分）

行业＼年份	2017 总额（百万澳元）	2017 占比（%）	2018 总额（百万澳元）	2018 占比（%）	同比增长率（%）
医疗保健	1630	12	3436	42	111
商业房地产	4400	33	3027	37	-31
能源（石油和天然气）	184	1	726	9	295
采矿业	4598	35	464	5	-90
可再生能源	124	1	395	5	217
基础设施	485	4	100	1	-48
食品与农业综合企业	1101	8	85	1	-92
服务业	270	2	11	0	-96
交通	400	3	—	—	—
制造业	155	1	—	—	—
总计	13347	100	8244	100	

资料来源：毕马威/悉尼大学数据库。

初次投资者的投资跌幅最为显著，尤其是中国国有企业。与2017年相比，2018年中国国有企业的投资数量和投资额都有所下降，投资额仅占

2018 年中国投资总额的 13%，投资量占中国投资总量的 8%。2018 年，私营企业投资额占中国投资总额的 87%，投资量占中国投资总量的 92%（见图 2、图 3）。2018 年，中国最主要的国有投资项目有：中国建投和添盟资本（Tamar Alliance Partners Fund）收购澳大利亚医疗保健公司纳世凯尔（Nature's Care）、中国电力建设集团有限公司收购澳大利亚塔斯马尼亚州金风公司的牛山风电场（Goldwind Australia's Cattle Hill Wind Farm）、保利地产收购新南威尔士州的开发区域。

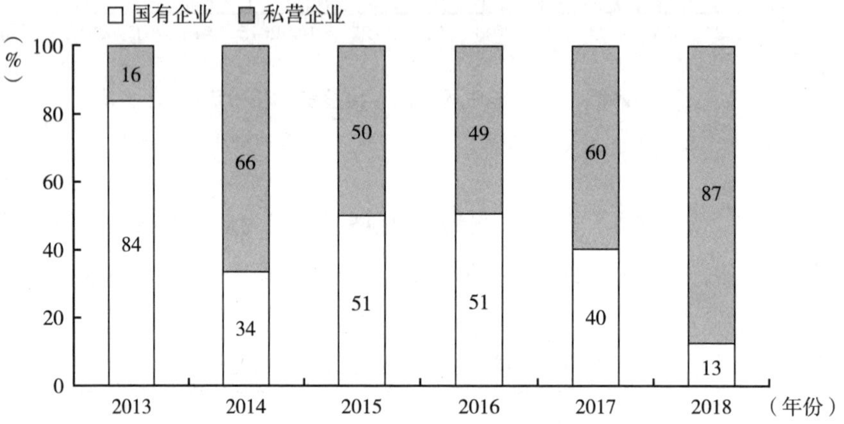

图 2　2013～2018 年中资企业在澳大利亚投资情况（按投资额）

资料来源：悉尼大学和毕马威数据库。

中国对澳投资的缩减值得进一步的调查。过去 10 年，澳大利亚已被证明是一个对中国企业有吸引力的市场。对于许多正实现全球化的中国企业而言，澳大利亚是它们首选的海外投资地①以及新产品、新技能的试验市场。此外，中国对澳投资的下降也造成了一种与基本经济因素相悖的趋势，特别是在澳大利亚经济与中国经济互补性强、竞争少的情况下。自 2014 年以来，澳大利亚经历了一次明显的转型，从由中国引发并持续了 10 年之久的矿业投资热潮转变为后矿业经济，其主要驱动力仍然是中国以消费者为导向的经

① The University of Sydney and KPMG，Demystifying Chinese Investment in Australia，April，2016，http：//demystifyingchina. com. au/reports/demystifying-chinese-investment-in-australia-april-2016. pdf.

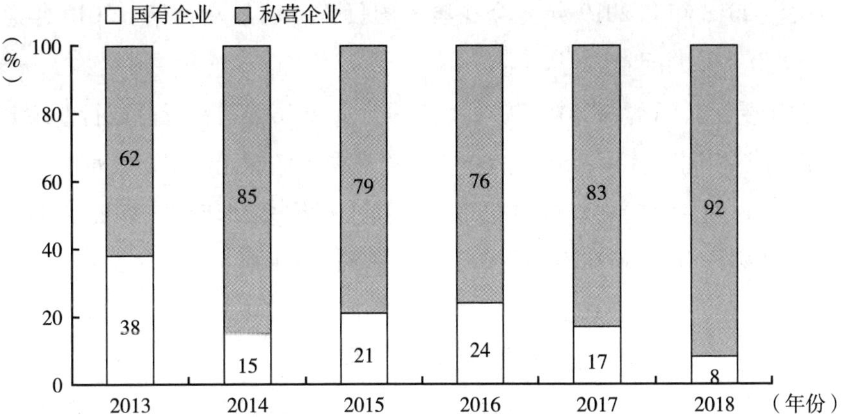

图3　2013～2018年中资企业在澳大利亚投资情况（按投资数量）

资料来源：悉尼大学和毕马威数据库。

济转型政策。在此背景下，2019年2月，悉尼大学商学院在毕马威会计师事务所的支持下，与来自澳大利亚59家中资企业的高管进行了两年一度的中资企业在澳投资调查。该调查展现了中国投资者对澳大利亚投资环境的态度和认知，更重要的是，揭示了2018年他们在澳大利亚的投资和拓展经验。这些公司经营范围广泛，包括房地产、矿业、农业综合企业、可再生能源、医疗和基础设施。本文将介绍这一调查的主要发现。

二　研究方法与样本

中资企业在澳投资调查是对在澳的中国投资者的投资经历和观点进行的全面调查，揭示了中国投资者对澳大利亚投资环境的看法，以及他们在澳投资所面临的关键挑战。本研究使用的数据来自企业投资者自主填写的问卷调查，问卷问题是根据现有文献和之前对中方管理层的探索性访谈而设计的。不同于使用二手数据，自行设计问卷能够使研究设计更适用于我们所提出的独特的企业层面的研究问题。本文数据是在澳大利亚毕马威会计师事务所的帮助下收集的。

本次调查是在2019年2月完成的，使用问卷和访谈方法收集的信息，重点关注2018年和2019年至今在澳中国投资者的最新情绪。2019年总共收回59份完整的问卷。

关于受访公司的统计特征，如表2所示，受访公司在行业或行业隶属关系方面各不相同。其中，55%的企业投资额在5亿澳元以下。大部分受访企业（61%）的总部设在新南威尔士州，其次是维多利亚州（14%）和昆士兰州（14%）。在企业所有制方面，国有企业占43%。

表2 受访公司特征概括

类型	变量	受访企业数量	百分比(%)
投资规模	0~2500万澳元	6	10
	2500万澳元~1亿澳元	8	14
	1亿澳元~5亿澳元	18	31
	5亿~10亿澳元	10	17
	10亿澳元以上	17	29
领域	农业综合企业	3	5
	基础设施	4	7
	采矿业	8	14
	石油和天然气	4	7
	可再生能源	4	7
	金融	5	8
	房地产	21	36
	医疗保健	3	5
	其他	7	12
州	澳大利亚首都领地	1	2
	新南威尔士州	36	61
	维多利亚州	8	14
	昆士兰州	8	14
	南澳大利亚州	2	3
	西澳大利亚州	4	7
	塔斯马尼亚州	0	0
	北领地	0	0
母公司所有权	央企	17	29
	省级国企	8	14
	私企	26	44
	上市公司	8	14

三　中国投资者对澳大利亚投资环境的看法

（一）在全球经济不确定背景下一个更安全的投资之地

2018 年，中国投资者发现澳大利亚的投资环境比前几年更安全些。如图 4 所示，67% 的受访公司认为澳大利亚的经济环境比许多其他国家更安全，这一比例高于 2017 年的 52% 和 2014 年的 63% 。在吸引资本的全球竞争格局中，澳大利亚处于相对有利的地位。尽管澳大利亚并不是成本最低的生产地，但它在 2017 年打破了此前由荷兰保持的经济持续增长 26 年的世界纪录。长期稳定的经济增长使澳大利亚成为在全球经济不确定背景下一个更安全的投资之地。

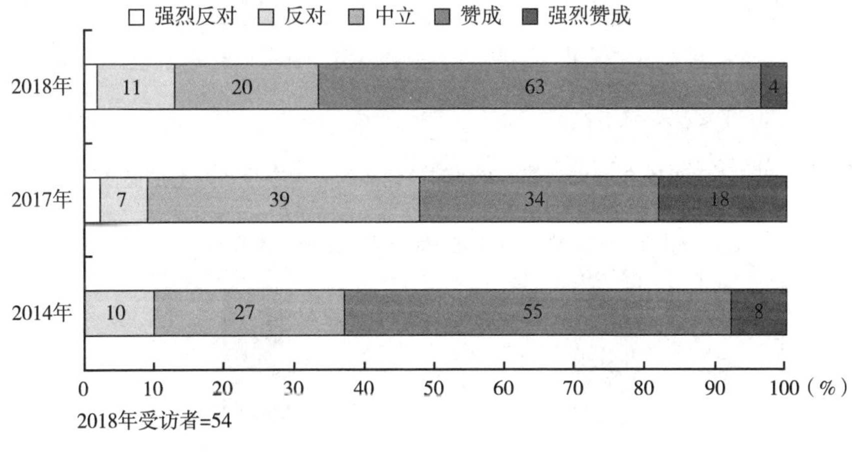

图 4　“对于中国的直接投资者来说，澳大利亚的经济环境比许多其他国家都要安全”

（二）澳大利亚政治环境改善

2019 年的调查结果显示，超过一半（59%）的受访中国企业对政治不确定性以及其对投资审批过程的潜在影响表示担忧。然而，他们注意到，尤其自2018年下半年以来，澳大利亚对中国投资方面的政治环境有所改善。如图5所示，59%的受访者表示，2018年的政治辩论使中国企业在澳大利亚投资时更加谨慎，而2017年这一比例为70%。与2017年相比，2018年中国投资者对联邦政府的信任也有所改善。55%的受访者认为，澳大利亚联邦政府对中国投资的支持程度有所下降（见图6），2017年则有67%的受访者持这一观点。

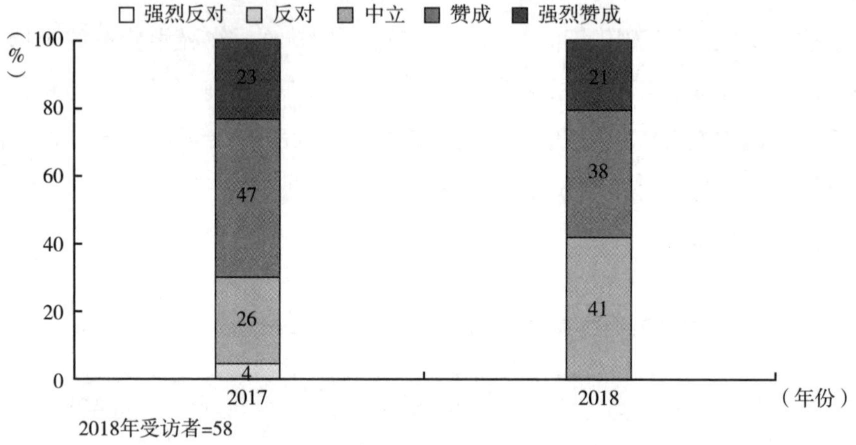

图5 “2018年澳大利亚的政治辩论让我的公司在投资时更加谨慎”

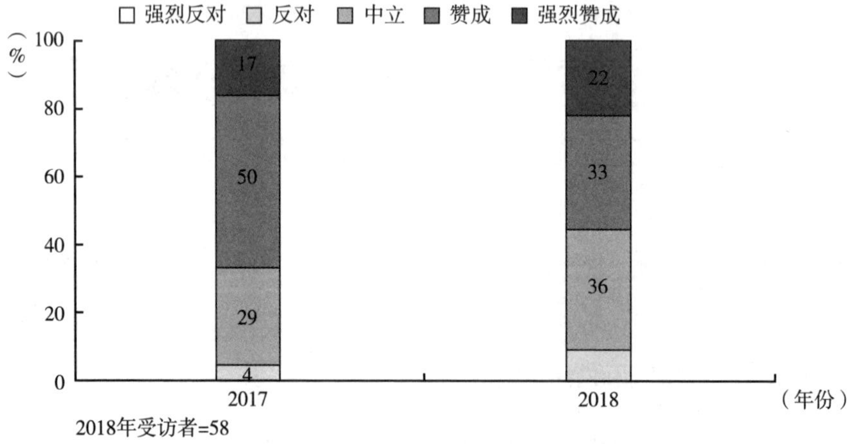

图6 “澳大利亚联邦政府对中国投资的支持不若从前”

国有企业、私营企业和上市公司在对联邦政府政治辩论的看法以及信任程度上的差别不大，这意味着外交上的紧张关系既影响到国有企业，也影响到私营企业。国企高管表示，外交的紧张局势使总部更难获得后续投资的批准。从事跨境业务的私营企业认为，外交紧张局势增加了投资的不确定性，加大了长期规划的难度。

（三）在澳投资中资企业的情绪两极分化

尽管中国投资者对澳大利亚政治辩论的看法有所改善，但2019年的调查显示，2018年中国企业在澳投资的情绪出现两极分化。2018年，有更多的中国投资者感觉在澳大利亚投资受到欢迎（38%），而2017年这一比例为35%（见图7）。与此同时，感觉不受欢迎的受访者的比例也在上升，由2017年的15%增至2018年的19%。尽管如此，总体而言，2018年中国企业投资的情绪仍不如2014年乐观。2014年，超过一半的受访者表示在澳大利亚投资受到欢迎。

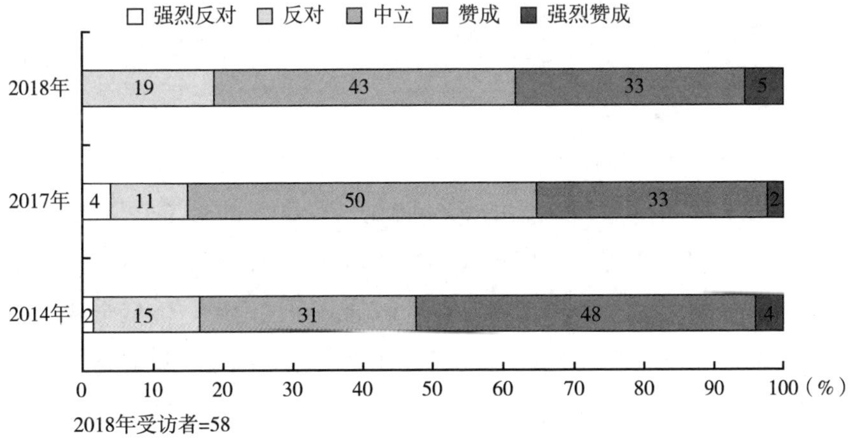

图7 “中国投资者认为在澳投资受欢迎”

2019年的调查结果显示，澳大利亚各行业的领袖被认为是最支持中国投资者的，其次是地方政府和州政府，地方社区和澳大利亚媒体似乎不那么支持（见图8）。

自2014年以来，中国投资者认为澳大利亚媒体对中国投资的支持率大幅下降。2018年，中国投资者对澳大利亚媒体的信任达到了最低水平。一些受访公司表示，澳大利亚政府本来可以更好地处理中美贸易摩擦，增加对中国的出口份额。中国现在对澳大利亚持谨慎态度，这导致公司总部对在澳大利亚投资的信心减少。

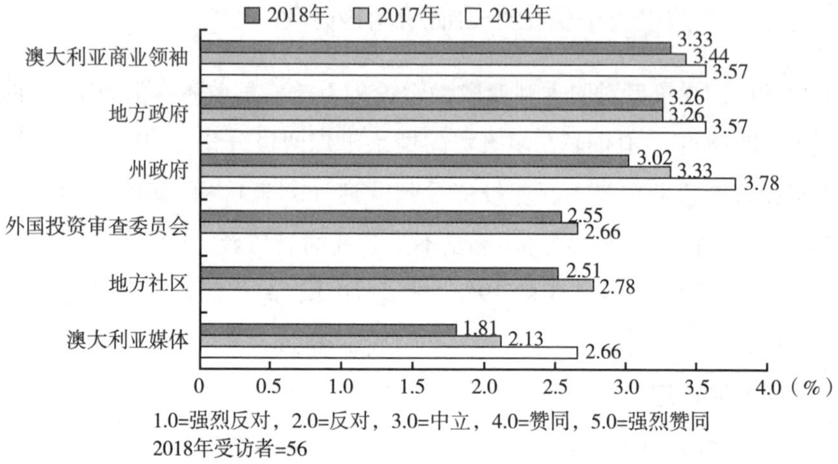

图8　“各利益相关方对中国投资的支持”

最后，我们的调查证实，中国的监管变化也对在澳大利亚的投资产生了影响。如图9所示，与2017年的65%相比，有80%的受访公司告诉我们，2018年将资金转至境外的难度更大。根据调查结果，私营公司（尤其是房地产行业的公司）最受资本出口限制的影响。在国内，与降低金融风险的目标相一致，中国政府自2017年初开始采取一系列措施，以确保中国企业的海外投资：（i）不是投机性的；（ii）在充分考虑所有潜在风险后进行；（iii）与公司的策略和国家的社会经济发展目标一致。作为这些措施的一部分，当局发布了一份清单，列出了将鼓励、限制和禁止的海外投资类别。在过去几年中，对海外投资收紧资本管制和监管投资审批限制似乎是在澳新投资和后续投资放缓的原因。

总体而言，根据调查结果，2018年中国企业在澳大利亚的投资环境喜

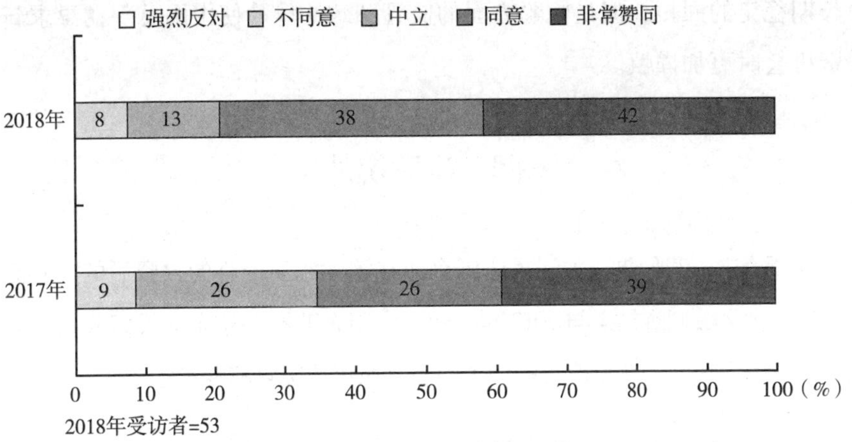

图 9 “自 2018 年以来，公司将资金转到境外的难度增加”

忧参半。一方面，与其他国家相比，澳大利亚仍然是中资企业首选的投资目的地，并且自 2017 年以来，澳大利亚的对华政治气候略有改善。另一方面，在澳大利亚的中国高管发现，他们更难从中国获得投资批准以及进行境外投资，同时越来越多的受访者感到在澳大利亚投资不受欢迎，这主要是由于澳大利亚媒体的负面报道，以及不断变化的监管、政治和经济环境。澳大利亚政府在经济和地缘战略目标上的跨界，造成了一种不确定性，而媒体有时会加剧这种不确定性。

中国对外直接投资增长在全球范围内有所不同。尽管中国仍然是全球主要的外国投资国家，中国在澳大利亚的直接投资却和在美国和加拿大一样，呈现持续下降趋势。中国在澳大利亚的投资在 2018 年下降了 38%，从 2017 年的 100 亿美元（130 亿澳元）降至 62 亿美元（82 亿澳元）。这项年度结果（以美元计）使中国的对外直接投资回到自 2008 年矿业和天然气驱动的投资高峰年以来的第二低水平。对澳大利亚来说值得高兴的一点是自 2017 年以来的下降幅度没有美国经历得严重。但是，我们的调查结果表明，中国公司对澳大利亚市场作为欢迎其投资的目的地的信心已呈现两极分化趋势。大型上市公司和国有企业在澳大利亚尤其感到不受欢迎。例如，根据我们对中国投资者的采访，澳大利亚基础设施市场被视为竞争激烈的市场，有望带来长期稳定的回报，但是收购方面的监管和政治风险使中国总部在寻求新的投资机会时更加谨慎。

四 运营挑战

在调查中，我们重点关注了中国企业在澳大利亚面临的投资后的运营问题和挑战。大多数调查结果与2017年一致，中国企业在关于企业投资收益下降和融资渠道的看法上，有所改善的例子和明显恶化的迹象都不多见。

（一）进一步融入澳大利亚经济

随着中国投资已从采矿和能源领域转移，中国投资者已更加融入澳大利亚经济。超过半数（53%）的受访者表示，他们的供应链策略主要针对澳大利亚国内市场，其次是中国市场（30%）和国际市场（16%）（见图10）。这与在房地产、医疗保健、食品和饮料以及加工等领域投资的私营企业息息相关。

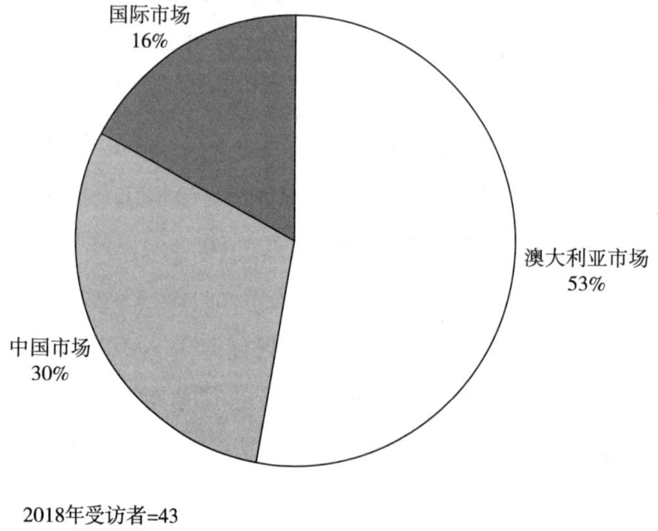

图10 “您的供应链策略是集中在澳大利亚、中国还是国际市场?”

天齐锂业（Tianqi Lithium）与美国合资伙伴在澳大利亚建立的锂加工厂就是本地和全球整合的典范。天齐锂业投资 7 亿澳元在西澳大利亚州建设一座氢氧化锂加工厂，它正在澳大利亚创造一个新的锂工业。通过在澳大利亚进行加工，天齐的投资为澳大利亚经济创造了更高的附加值，并推动了澳大利亚区域一体化的深入，创造更多就业机会和更多本地化的经济活动。

（二）缺乏资金和低利润是主要挑战

2018 年，中国公司指出缺乏资金、企业投资收益低、获得澳大利亚和中国政府批准困难等是他们在澳大利亚市场中面临的主要挑战。特别是，对于在澳大利亚投资的中国公司来说，缺乏资金已成为最大的挑战，与 2017 年相比上升了 3 位。对于房地产行业的中国私营企业而言，融资问题最为严重。其次分别是企业投资收益低以及获得澳大利亚和中国政府的批准。在澳大利亚市场上，竞争似乎也在加剧，导致中国公司退出项目的挑战也越来越多（见图 11）。

中国投资者继续将澳大利亚视为比英国、美国和加拿大运营成本更高昂

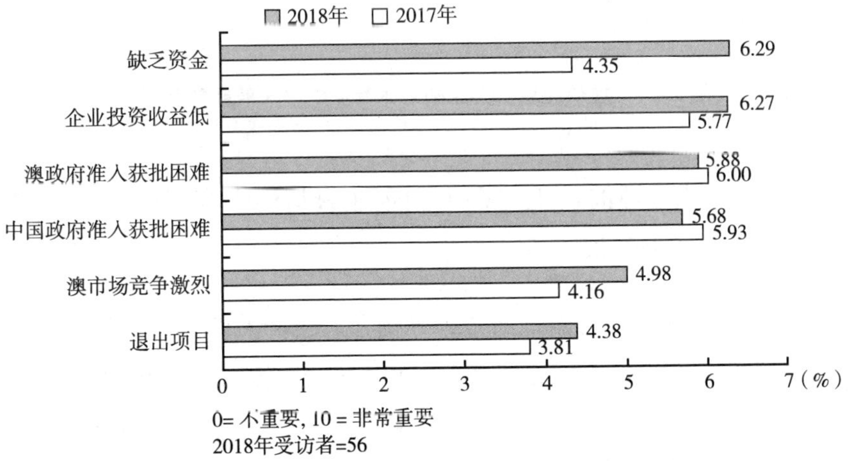

图 11　“自从在澳大利亚投资以来，您遇到了什么问题?”

的国家。如图 12 所示，中国投资者表示，澳大利亚与其他可比国家之间的总体商业成本差距在过去几年中有所增大。就商业成本水平来说，美国最低，澳大利亚的商业成本水平最高。在澳大利亚开展业务的较高成本在很大程度上是由地理位置、市场和商业决策决定的。因此，中国投资者面临的许多成本压力是市场驱动的，需要通过商业解决。即便如此，有些成本仍受到政府法规的严重影响，例如工作场所关系、交通运输、公用事业费用和许可。在行业层面，相比于英国、加拿大和美国，澳大利亚的劳动力成本占收入的比重更高。

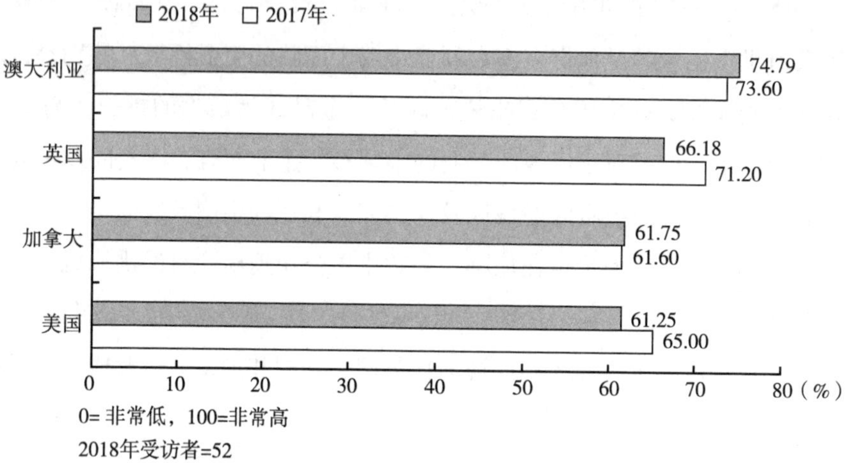

图 12 “您认为以下国家的总体商业成本水平是多少？”

（三）寻找合适的员工并在中国企业家与澳大利亚管理层和董事会之间建立信任仍然很困难

就中国投资者面临的困难而言，寻找合适的员工仍然是中国公司的难题，但这种情况正在改善（见图 13）。在中方企业家与澳大利亚管理层和董事会成员之间建立可信赖的有效工作关系仍然是一项持续的挑战，这很可能是由于中澳治理模式和市场状况的不同。

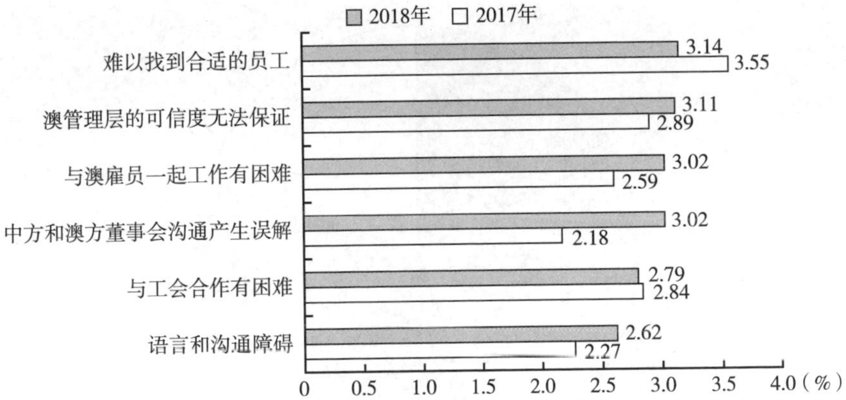

1=强烈反对，2=不同意，3=中立，4=同意，5=非常赞同
2018年受访者=54

图13　“自从您在澳大利亚投资以来，您是否面临以下困难?”

五　表现与展望

尽管运营面临挑战，但过去三年对于在澳中国投资者而言总体来说是一个良好的时期。然而，前景似乎非常复杂和不确定，与2017年相比，他们对未来的乐观程度有所下降。

将近一半（45%）的受访者表示平均净资产收益率（ROA）在过去三年中高于6%，而20%的受访者表示其平均净资产收益率为负（见图14）。可再生能源、金融和基础设施投资取得了显著成绩。在可再生能源领域，尽管存在监管的不确定性，高利润率却是由澳大利亚能源价格上涨以及现有中国投资者日趋成熟所带动的。

房地产、农业综合企业和资源领域的企业投资收益多种多样。这些结果反映了澳大利亚经济的强劲表现，以及中国公司应对澳大利亚运营挑战的能力增强。

51%的受访者认为他们的营业额将在2019年增长，而32%的受访者认为其营业额将下降（见图15）。46%的受访者认为他们的企业投资收益将在

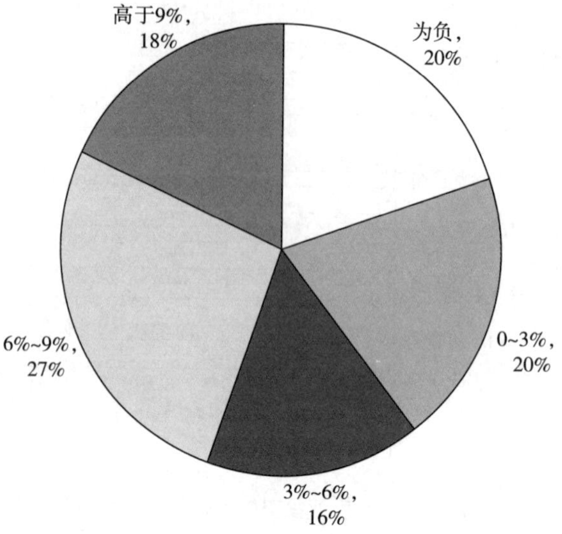

图 14 “过去三年中，你的平均净资产收益率是多少（ROA）？”

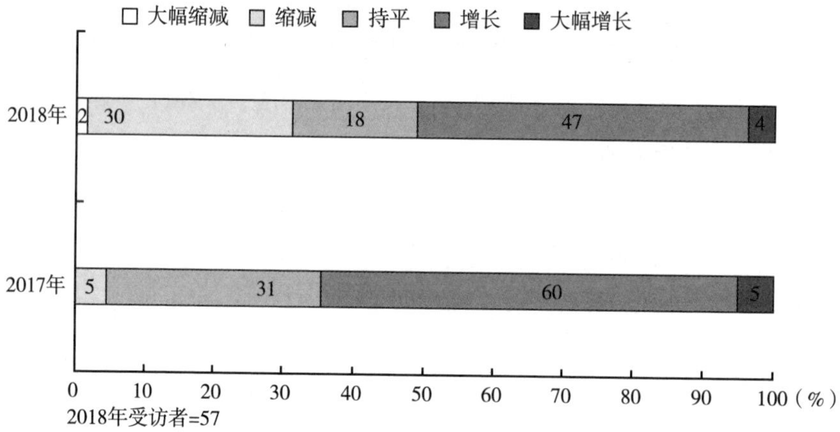

图 15 “我认为明年营业额将……”

2019 年增长，而 25% 的受访者认为其企业投资收益将下降（见图 16）。大约一半接受调查的中国投资者认为他们的收入和收益将在 2019 年有所改善，这反映出中国在澳大利亚的投资者持谨慎乐观的态度。

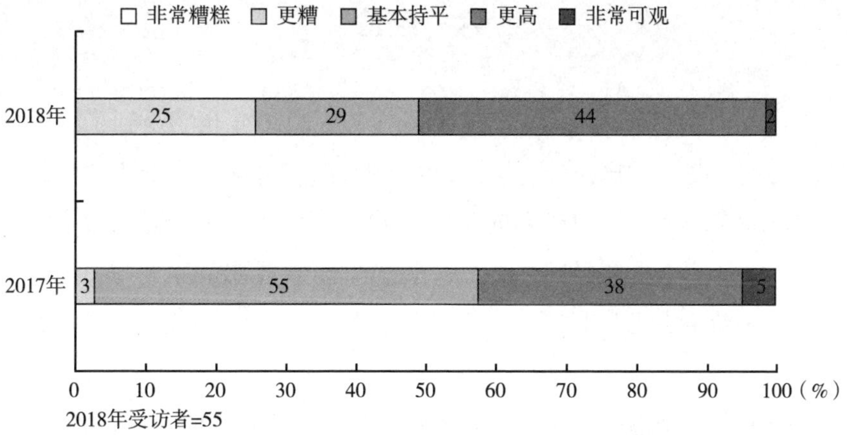

图16　“我认为明年的企业投资收益将会……”

2018年有50%的受访者对2019年公司在澳大利亚的商业前景持乐观态度，而2017年为49%（见图17）。

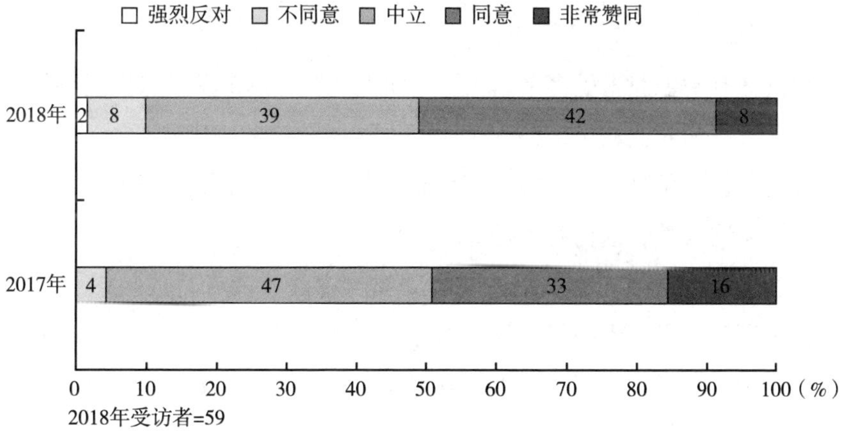

图17　“我对明年我们在澳大利亚的商业前景感到非常乐观”

六 结论

与在欧洲和北美的趋势相同，澳大利亚在2018年也感受到了中国资本管制的压力。尽管中国投资者认为，澳大利亚的市场和其前景在许多方面相比其他国家都更乐观，但越来越多的人也注意到，海外投资获得政府批准的阻力也在加大。在此背景下，澳大利亚的产业必须寻找机会，尽可能地与中国投资者的价值考虑相对接，从而保持澳大利亚作为中国投资主要目的地的地位。

医疗保健行业就是一个很好的例子，它与中国在澳大利亚投资的总体趋势不同，实现了同比显著增长。医疗保健行业的成功给所有行业带来了重要的启示，也是整个澳大利亚经济未来投资的好兆头。医疗保健行业利用澳大利亚品牌的吸引力和先进制造业的声誉，与中国消费者市场上的需求相契合，并通过电子商务渠道将它们结合在一起。这使医疗保健行业在2018年超越了矿产和房地产行业，并展示了在更严格的资本管制时期吸引中国投资的前进之路。

对其他有潜力获得更多中国投资的澳大利亚行业来说，它们还有很长的路要走。食品和农业就是这样一个例子。这一领域的澳大利亚企业以绿色、安全和优质的形象享誉中国客户，然而投资者目前并未找到一个有意义的模式来寻求协同效益，这仍有待探寻和考验。

改善沟通将是未来几年促进澳大利亚与中国投资者达成更多交易的关键。澳大利亚政界人士、行业领袖和媒体应继续努力，促使外界明确澳大利亚欢迎中国投资者，并帮助澳大利亚企业了解中国。大多数国家已经认为在澳大利亚比在其他许多国家投资更安全。要建立这种声誉，关键是要认识到不受欢迎的政治言论或市场监管所带来的风险，以及可能会对资本进入澳大利亚市场造成实际影响。

B.14
2018 ~2019年中国 - 澳大利亚旅游状况评析*

牛丽　邱辰**

摘　要： 2018 ~ 2019 年中澳关系从敏感到紧张再到缓和，中澳经济合作发展态势依旧良好，同时在旅游合作方面同比略有上升。本文基于 2018 ~ 2019 年旅游业相关数据，就一年中赴澳中国游客的人数、消费情况及其主要特征做出分析，也梳理了来华澳大利亚游客的人数情况。2018 ~ 2019 年澳大利亚的国际游客中，中国游客在数量和消费方面均排名第一，中国无疑是澳大利亚旅游业的最大海外市场之一。但同时，中国游客的增速相比前几年则有了放缓的趋势。虽然这一点是近来赴澳中国游客的新变化，但结合具体游客人数以及依旧可观的游客消费来看，短期内澳大利亚作为中国游客旅游目的地的前景仍是乐观可期的。与之相比，中国作为澳大利亚游客的海外旅游目的地，其重要性并不显著。未来如何更进一步推进双边旅游业共同发展，促进两国在这一领域的经济、文化交流，仍需更多考虑。

关键词： 中澳关系　旅游合作　经济合作

---

* 截至成稿日，澳大利亚旅游局（Tourism Australia）官方数据更新至 2019 年 3 月，因此，有关 2018 ~ 2019 年中澳旅游合作发展情况，本文相关内容将基于对澳大利亚旅游局数据的收集和整理，着重针对 2018 年 4 月至 2019 年 3 月的数据进行总结和分析。

** 牛丽，北京外国语大学太平洋研究中心执行主任，海颐智库执行主任；邱辰，北京外国语大学英语学院澳大利亚研究中心硕士研究生。

一　2018～2019年中澳经济合作与发展概述

2018年，中澳关系遭遇困难。中方推迟了部长级和副部长级互访和多项教育交换项目。澳大利亚时任总理特恩布尔（Malcolm Turnbull）誓言要打击针对澳大利亚事务的外国干涉，矛头直指中国。8月，澳联邦政府禁止中国科技巨头华为参与建设澳大利亚的5G移动基建设施，理由是其将会“威胁国家安全”。澳大利亚总理更替原本有可能使中澳关系在短期内有所改善。但有评论认为，即使有所缓和，中澳关系维持稳定和原则性以及澳大利亚与中国发展长期关系，仍存在挑战。[①]

在此政治环境下，中国仍为澳大利亚最大贸易伙伴，同时继续保持澳大利亚第一大出口市场和第一大进口来源地地位。据商务部国别贸易报告数据，2018年1～12月，澳大利亚货物进出口总额为4840.1亿美元，比上年同期增长7.0%。其中，出口2566.4亿美元，增长11.0%；进口2273.7亿美元，增长2.7%；贸易顺差292.7亿美元，增长199.8%。1～12月，中澳双边货物进出口额为1431.3亿美元，增长14.1%。其中，澳大利亚对中国出口876.1亿美元，增长14.7%，占澳大利亚出口总额的34.1%，提高1个百分点；澳大利亚自中国进口555.2亿美元，增长13.1%，占澳大利亚进口总额的24.4%，提高2.2个百分点；1～12月，澳大利亚与中国的贸易顺差320.9亿美元，增长17.5%。[②]

澳大利亚除了在贸易上过度依赖中国市场外，在旅游产业中过度依赖中国的现象更明显。澳大利亚外交贸易部的数据显示，2018年，中国游客在澳大利亚度假期间消费了113亿澳元，按百分比计算，这超过了整个市场价值的1/4，相当于美国、英国、新西兰和日本游客的总和。自中国国

① Susan Harris Rimmer, “Australia Should Brace for a Volatile Year in Foreign Policy in 2019”, 3 January 2019. http://theconversation.com/australia-should-brace-for-a-volatile-year-in-foreign-policy-in-2019-109006.

② 《2018年12月澳大利亚贸易简讯》，中华人民共和国商务部，https://countryreport.mofcom.gov.cn/new/view110209.asp?news_id=62900。

家主席习近平访问塔斯马尼亚州以来，中国游客的激增使塔斯马尼亚成为全澳大利亚旅游增长最强劲的州，并带动澳大利亚旅游热。[①]

二 2018～2019年中国游客赴澳大利亚旅游情况

自2017年12月开启“中澳旅游年”以来，中国和澳大利亚在旅游领域的互惠与合作空前紧密。10年“常旅客”签证的实施，“智能门”自动通关系统的运用，“开放天空”协议的签署，一方面为两国游客提供便利从而进一步促进双方旅游业的发展，另一方面推动中澳两国贸易发展。正如澳大利亚旅游局董事、总经理约翰·奥沙利文所说，2017“中澳旅游年”为中国和澳大利亚提供了互相推广的机会，也为两国提供了更好的发展平台。[②] 在这样的发展机会和背景下，虽然和前几年相比有一些变化，但2018～2019年中国游客前往澳大利亚的情况总体呈乐观趋势。

（一）2018～2019年入境澳大利亚的中国游客人数情况

自2014年4月以来，中国前往澳大利亚的游客人数呈持续上升趋势，由2014年4月至2015年3月的90万人次上升至2018年4月至2019年3月的143万人次，增长了约58.89%。同时，中国游客近年来的年同比增长率显著超出同期所有入境澳大利亚游客的年同比增长率，其占比也呈现出稳定增长趋势。但2018年4月至2019年3月，该大幅上涨态势有了明显的平缓倾向。从具体人数上看，2018年4月至2019年3月中国游客入境澳大利亚的人数为1437400人，相较于前一年增长了3万多人，同时中国也于2018年超越了新西兰，成为澳大利亚最大的游客来源地。[③] 但其年

① 《澳大利亚经济有多依赖中国?》，搜狐财经，http：//m. sohu. com/a/289993016_ 99899108。

② 郑然：《2017“中澳旅游年”给两国人民带来更多旅游文化体验》，人民网，http：//australia. people. com. cn/n1/2017/0531/c408038－29309500. html。

③ 《中国超越新西兰成为澳大利亚最大游客来源地》，中华人民共和国商务部，http：//www. mofcom. gov. cn/article/i/jyjl/l/201902/20190202836045. shtml。

同比增长率却从前一年的13.5%滑落至2.4%，略低于所有游客人数的年同比增长率。从占比来看，2018～2019年赴澳中国游客占所有游客的比重也与前一年的情况近似持平（见表1）。由此可以看出，虽然在近一年内入境澳大利亚的中国游客人数依旧可观，甚至取得了比较明显的突破，但其增长速度相比前几年则更加缓慢。对于这一现象，有报道认为，中国游客正在调整其旅游目的地的选择，由远程的如澳大利亚逐渐转为更近的且成本较低的泰国、日本等国家。同时，澳大利亚的一些旅游运营商也表示媒体对中澳关系发展的报道或许也是影响中国游客决策的一大原因。①即使如此，虽然认同澳大利亚旅游业增速会放缓，澳大利亚旅游局也并不认为在短期内中国游客人数会大幅下降。② 总体来说，澳方对此仍持较为乐观的态度。

表1　2014年4月至2019年3月入境澳大利亚的中国游客人数及占比

时间	中国游客人数（人次）	中国游客人数年同比增长（%）	所有游客人数（含中国游客）（人次）	所有游客人数年同比增长（%）	中国游客占比（%）
2014.4～2015.3	900700	18.4	7074700	7.4	12.73
2015.4～2016.3	1101400	22.3	7671500	8.4	14.36
2016.4～2017.3	1236700	12.3	8380700	9.2	14.76
2017.4～2018.3	1403600	13.5	9020900	7.6	15.56
2018.4～2019.3	1437400	2.4	9250900	2.5	15.54

资料来源：基础数据来源于澳大利亚旅游局，中国游客占比由基础数据计算得出，http://www.tourism.australia.com/en/markets-and-stats/tourism-statistics/international-market-perfor mance.html。

① 《中国赴澳短期游客人数继续下滑》，中华人民共和国商务部，http://www.mofcom.gov.cn/article/i/jyjl/l/201906/20190602872411.shtml。

② 《澳统计局：中国短期游客连续下降10个月，旅游业高峰回落》，中澳营销，https://eliticomarketing.com.au/cn/%E6%BE%B3%E7%BB%9F%E8%AE%A1%E5%B1%80%EF%BC%9A%E4%B8%AD%E5%9B%BD%E7%9F%AD%E6%9C%9F%E6%B8%B8%E5%AE%A2%E8%BF%9E%E7%BB%AD%E4%B8%8B%E9%99%8D10%E4%B8%AA%E6%9C%88%EF%BC%8C%E6%97%85%E6%B8%B8%E4%B8%9A%E9%AB%98/。

（二）2018~2019年入境澳大利亚的中国游客消费情况

中国游客是已连续六年蝉联在澳消费第一的海外群体。① 2014 年 4 月至 2019 年 3 月，中国游客在澳消费金额持续大幅上涨，2016 年 3 月之前上涨幅度更为明显，其年同比增长率约为所有游客消费年同比增长率的 2 倍多。2016 年 4 月以后该趋势有所放缓，但增长率仍基本维持在所有游客消费同比增长率的 2 倍左右。同时，在这五年间，中国游客在澳消费占所有游客消费的比重持平稳上升的态势（见表 2）。这反映出近年来，包括 2018~2019 年，中国游客在澳消费总体处于稳定乐观的趋势。虽然 2018 年 4 月至 2019 年 3 月中国游客访澳的人数有减缓的势头，但消费情况似乎并没有受到太大的影响，依旧维持之前的增长速度。

表 2　2014 年 4 月至 2019 年 3 月入境澳大利亚的中国游客总体消费及其占比

时间	中国游客消费（千澳元）	中国游客消费年同比增长（%）	所有游客消费（千澳元）	所有游客消费年同比增长（%）	中国游客消费占比（%）
2014. 4 ~ 2015. 3	6446531	23. 9	32148223	8. 9	20. 05
2015. 4 ~ 2016. 3	8917284	38. 3	37418151	16. 4	23. 83
2016. 4 ~ 2017. 3	9657018	8. 3	39181579	4. 7	24. 65
2017. 4 ~ 2018. 3	10910730	13. 0	42106954	7. 5	25. 91
2018. 4 ~ 2019. 3	11968800	9. 7	44338006	5. 3	27. 00

资料来源：基础数据来源于澳大利亚旅游局，中国游客占比由基础数据计算得出，http://www.tourism.australia.com/en/markets-and-stats/tourism-statistics/international-market-performance.html。

表 3 中列出了 2018 年 4 月至 2019 年 3 月中国游客在澳的具体消费情况以及与所有在澳游客消费情况的对比。中国赴澳游客人数占总体游客的 15.54%，但其总花费已约达整体消费的 27%，大大超出其人数比例，且

① 《中国成澳大利亚第一大旅游客源国，在澳消费额连续六年排第一》，腾讯网，https://new.qq.com/omn/20180319/20180319A1QK46.html。

已接近澳大利亚所有国际市场旅游消费的1/3。具体到平均每次行程开支、平均每晚消费和在澳平均居住时间，中国游客的数据也明显高于所有游客的平均水平。中国游客平均每次行程开支约为所有游客的1.73倍，平均每晚消费约为1.28倍，平均居住时间约为1.34倍，显示出在2018～2019年间中国游客在澳大利亚不俗的消费表现以及其消费潜力。这也体现了中国市场对澳大利亚旅游业在过去一年内的贡献以及中国市场对其未来发展的重要性。

表3　2018年4月～2019年3月中国游客在澳具体消费

2018.4～2019.3	中国	所有国家(含中国)	中国游客占比
游客总人数(人次)	1437400	9250900	15.54%
游客总花费(千澳元)	11968800	44338006	27.00%
平均每次行程开支(澳元)	9005	5195	173.34%
平均每晚消费(澳元)	210	164	128.05%
在澳平均居住时间(晚)	43	32	134.38%

资料来源：基础数据来源于澳大利亚旅游局，中国游客占比由基础数据计算得出，http://www.tourism.australia.com/en/markets-and-stats/tourism-statistics/international-market-perfor mance.html。

澳大利亚旅游局的数据显示，细化到具体的旅行目的上，中国游客花费占比最高的两项分别是教育和度假。以度假为目的的中国游客总花销约为32亿澳元，占所有游客花销168亿澳元的约19.05%；以教育为目的的中国游客花销约为67亿澳元，所有游客花销为127亿澳元，其占比高达52.76%，超过一半。① 这体现出澳大利亚作为度假和教育目的地在中国游客中的受欢迎程度。其余的按从高到低排列分别是其他、探亲访友、工作以及商务（见表4）。

① "Market Performance Statistics", http://www.tourism.australia.com/en/markets-and-stats/tourism-statistics/international-market-performance.html.

表4　2018年4月～2019年3月中国游客在澳具体消费（以旅游目的划分）

旅游目的	中国游客消费（亿澳元）	所有（含中国）游客消费（亿澳元）	中国游客消费占比（%）
商务	4	43	9.30
教育	67	127	52.76
工作	3	21	14.29
度假	32	168	19.05
探亲访友	12	75	16.00
其他	2	11	18.18

资料来源：基础数据来源于澳大利亚旅游局，中国游客消费占比由基础数据计算得出，http：//www.tourism.australia.com/en/markets-and-stats/tourism-statistics/international-market-performance.html.

2018～2019年，中国赴澳游客人数超越新西兰游客人数，中国成为澳大利亚最大的海外游客来源地，考虑到近几年来中国游客一直也是在澳花销最大的海外群体，中国市场已是名副其实的澳大利亚最重要的旅游市场之一。

（三）2018～2019年中国赴澳游客特征

1. 旅游高峰

从2018年4月至2019年3月每月的入境数据来看，虽然每个月中国游客的入境人数占总游客人数比重都至少在10%以上，但在2018年7月、2019年1月和2月，其访澳人数达到了高峰，尤其是在2019年2月，更是超过了20万人，占当月所有游客访澳人数的约1/5。相对的，中国游客访澳的相对淡季则在2018年5月、6月和9月（见表5）。

表5　2018年4月～2019年3月中国游客每月赴澳人数

时间	中国游客入境人数（人次）	所有（包括中国）游客入境人数（人次）	中国游客入境人数占比（%）
2018.4	109300	679700	16.08
2018.5	89500	609500	14.68
2018.6	77400	646800	11.97
2018.7	153500	774300	19.82

续表

时间	中国游客入境人数（人次）	所有（包括中国）游客入境人数（人次）	中国游客入境人数占比（%）
2018.8	117100	741700	15.79
2018.9	97600	690000	14.14
2018.10	101300	753900	13.44
2018.11	102900	802200	12.83
2018.12	115300	1058200	10.90
2019.1	142800	731100	19.53
2019.2	206300	927200	22.25
2019.3	124400	836300	14.88

资料来源：基础数据来源于澳大利亚旅游局，中国游客入境人数占比由基础数据计算得出，http：//www.tourism.australia.com/en/markets-and-stats/tourism-statistics/international-market-perfor mance.html。

中国游客的访澳旺季和赴澳游客的总体情况略有不同。如表5所示，在2018年4月至2019年3月，所有入境澳大利亚的游客人数在5～6月相对较少，而分别在2018年12月和2019年2月达到高值，其中2018年12月突破了100万人次。中国游客更倾向于在7月、1月和2月赴澳旅游，而总体游客的访澳高峰在12月更为突出（见图1），造成这一点的原因或许和不同国家的假期有关。总体而言，12月的旅游旺季与很多国家的圣诞节假期或有关联，而7月、1月和2月则分别对应中国的暑假与寒假。充裕的假期时间为长途旅行提供了条件。

2. 初访与回访

2018年4月至2019年3月，中国游客入境澳大利亚的人数为1437400人次，约有45%为初次到澳大利亚，55%为回访游客（见图2）。回访游客所占比例超过一半，大致有以下几类：（1）10年“常旅客”签证中的商务客人，因中澳业务往来的回访客人；（2）赴澳大利亚参加会议、使用旅游签证的回访客人；（3）在澳留学生的家长、探亲的回访客人；（4）再次赴澳大利亚去其他城市和景点旅游的回访客人等。

虽然在最近一年内前往澳大利亚的中国游客中回访人数略高于初访人数，但澳大利亚旅游局的数据显示，持不同访问目的的中国游客，其初访和回访

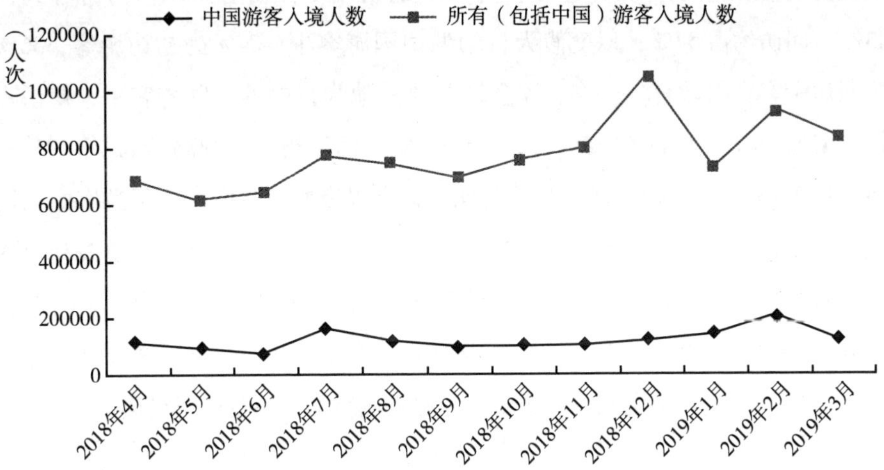

图1　2018年4月～2019年3月入境澳大利亚游客月度人数比较曲线

资料来源：根据表5制作，数据来源于澳大利亚旅游局，http：//www. tourism. australia. com/en/markets-and-stats/tourism-statistics/international-market-performance. html。

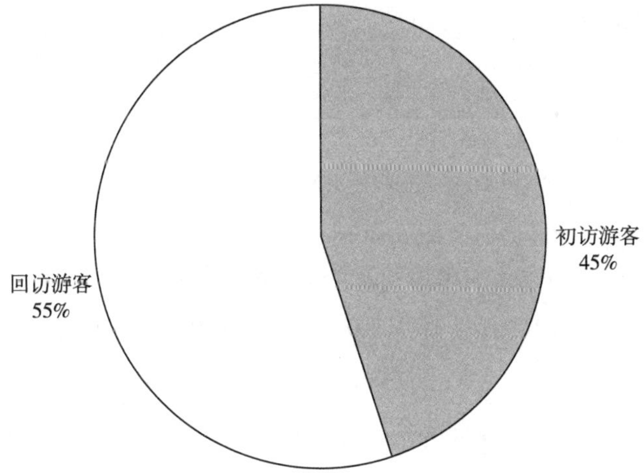

图2　2018年4月～2019年3月中国赴澳大利亚游客初访、回访比例

资料来源：澳大利亚旅游局，http：//www. tourism. australia. com/en/markets-and-stats/tourism-statistics/international-market-performance. html。

的比重有较大差别。以商务旅行为目的的访澳中国游客中，初访游客约占43%，回访约占57%；以度假为目的的中国游客中，64%为初访游客，36%为回访游客；以教育、工作、探亲访友和其他为目的的中国游客中，初访占比均偏低，分别为18%、5%、24%和26%，而回访占比则高达82%、95%、76%和74%（见表6）。通过数据对比，只有以度假为目的的中国游客中初访人数大大超过了回访人数。这也从侧面说明，在过去的一年中，澳大利亚作为度假旅游目的地对从未去过这个国家的中国游客有着足够的吸引力。同时，商务旅行的中国游客中初访率远高于除度假以外的其他几类，这或许意味着2018年来两国企业的交流更加频繁，为商务旅行的发展创造了机遇。

表6 2018年4月~2019年3月持不同访问目的的中国游客的初访、回访比重

访问目的	初访比重(%)	回访比重(%)
商务	43	57
教育	18	82
工作	5	95
度假	64	36
探亲访友	24	76
其他	26	74

资料来源：澳大利亚旅游局，http://www.tourism.australia.com/en/markets-and-stats/tourism-statistics/international-market-performance.html。

3. 赴澳中国游客来源省市及其访问最多的澳大利亚地区

如图3所示，2018年4月至2019年3月入境澳大利亚的中国游客来源省市前六位分别是广东（207588人次）、北京（204557人次）、上海（182631人次）、江苏（99436人次）、浙江（69764人次）和山东（58794人次），其占比分别为15.62%、15.39%、13.74%、7.48%、5.25%和4.42%。[①] 从具体人数和占比均可看出，近一年中前往澳大利亚的中国游客

① "Market Performance Statistics", http://www.tourism.australia.com/en/markets-and-stats/tourism-statistics/international-market-performance.html.

主要来自广东、北京和上海三个省市。虽然江苏、浙江和山东排名紧跟其后，但从人数上来说已与前三名有较大差距。

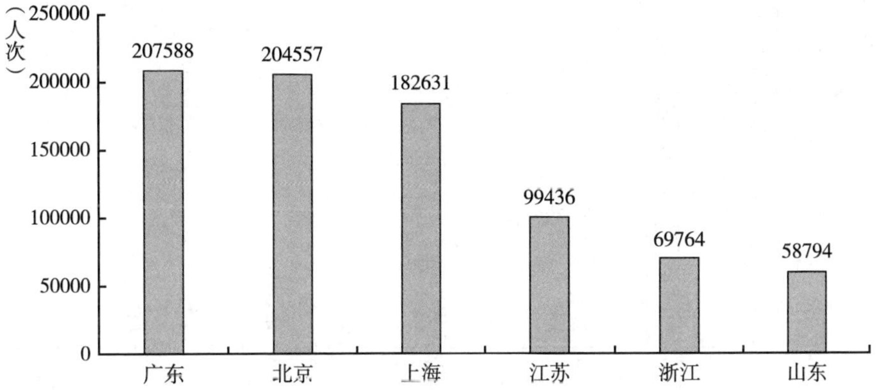

图3 2018 年 4 月 ~2019 年 3 月赴澳中国游客来源省市前六位

资料来源：澳大利亚旅游局，http：//www. tourism. australia. com/en/markets-and-stats/tourism-statistics/international-market-performance. html。

根据澳大利亚旅游局的数据，2018 年 4 月至 2019 年 3 月，中国游客前往最多的十个澳大利亚地区分别是：悉尼、墨尔本、布里斯班、黄金海岸、热带北昆士兰州、阿德莱德、珀斯、堪培拉、霍巴特和南部以及大洋路（见图 4）。在这十个地区中，悉尼和墨尔本居于前两位，远超其他地区；第二梯队是布里斯班、黄金海岸和热带北昆士兰州；之后的五个地区虽然名列前十位，但从访问人数来看已相对较少。与中国游客的访澳情况相比，所有赴澳大利亚游客（包括中国游客）访问人数前十的地区依次为：悉尼、墨尔本、布里斯班、黄金海岸、珀斯、热带北昆士兰州、阿德莱德、新南威尔士北岸、阳光海岸、霍巴特和南部。[①] 两者在前四名的排位上是一致的。虽然在后几位的排名上，中国游客和总体情况略有不同，但除了独出现在中国游客榜单上的堪培拉、大洋路和独出现在总体游客榜单上的新南威尔士北

① "Market Performance Statistics", http：//www. tourism. australia. com/en/markets-and-stats/tourism-statistics/international-market-performance. html.

岸、阳光海岸以外，相差并不大。因此，总体来说，在访问人数前十的澳大利亚地区这一项上，中国游客的情况与所有游客情况相比并无显著差异。

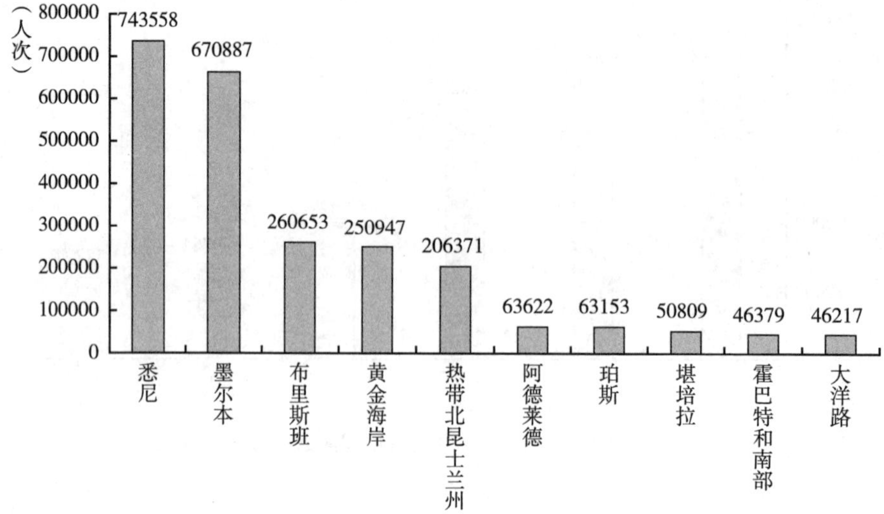

图 4　2018 年 4 月～2019 年 3 月中国赴澳大利亚游客访问人数前十的地区

资料来源：澳大利亚旅游局，http：//www. tourism. australia. com/en/markets-and-stats/tourism-statistics/international-market-performance. html。

赴澳中国游客的主要来源省市和其主要前往的澳大利亚地区或与中澳目前所开通的直飞航线有所关联。为了给潜在赴澳中国游客提供便利的交通条件，目前澳大利亚旅游局和中国国际航空公司、中国东方航空公司、中国南方航空公司等都维持了长久的合作关系，以增加澳大利亚作为中国游客商务旅行和度假目的地的机会。截至 2019 年 3 月，平均每周有 167 个航班从中国直飞澳大利亚，入境座位达到 2286979 个，全年同比增长 7.0%。[①] 但与此同时，不同城市所开设的直飞航线在数量与到达城市上有较为明显的差异。如表 7 所示，虽然截至 2019 年 3 月，中国已有 18 个城市开通了前往澳大利亚的直飞航线，但是大多数二、三线城市仅开通了飞往悉尼和墨尔本的

① “Aviation Statistics”，http：//www. tourism. australia. com/en/markets-and-stats/tourism-statistics/aviation-statistics. html.

航班。直飞航线目的地为三个或以上的出发城市局限在北京、上海和广州。这或许能部分解释中国游客省市来源以北上广居多的现象。同时，所有开通直飞航班的中国城市都能直飞悉尼，大部分城市能直飞墨尔本，也在一定程度上导致了悉尼与墨尔本的中国游客人数远超其他地区。

表7　中澳直飞航线（截至2019年3月）

出发城市	到达城市
南京、武汉、福州、昆明、天津、郑州	悉尼
成都、厦门、杭州、西安、重庆、长沙、青岛、海口	悉尼、墨尔本
北京	悉尼、墨尔本、布里斯班
上海	悉尼、墨尔本、布里斯班、凯恩斯
广州	悉尼、墨尔本、布里斯班、珀斯、阿德莱德、凯恩斯
深圳	悉尼、墨尔本、布里斯班、凯恩斯、达尔文

资料来源：澳大利亚旅游局，http：//www. tourism. australia. com/en/markets-and-stats/tourism-statistics/aviation-statistics. html。

除北京、上海、广东等经济发达的省市之外，更多的中澳直飞航线正在向二、三线城市拓展。例如，天津航空于2018年1月增设了天津—悉尼的直飞航班，海南航空也于2018年12月增设了海口—墨尔本的航班。[①] 2010年，中国境内所有中澳航线始发站均为北上广，但截至2019年，北上广所占的份额已经下降至约80%。[②] 一方面，直飞航线的覆盖城市增多能更便于来自中国不同省市的游客前往澳大利亚。另一方面，赴澳航线数量增加加剧了中澳航空市场的竞争，虽然运载容量上升，但航班客座率逐年下降，这导致近来出现航空公司不得不做出停飞部分航线的决定。[③] 这种处于矛盾中的航空发展也是中澳航空公司目前所面临的困境。

① "Aviation Statistics"，http：//www. tourism. australia. com/en/markets-and-stats/tourism-statistics/aviation-statistics. html.

② 周可：《CADAS：国航或停飞浦东赴澳两航线》，民航资源网，http：//www. cadas. com. cn/news/20190105115349000001. html。

③ 周可：《CADAS：国航或停飞浦东赴澳两航线》。

三 2018年澳大利亚游客赴中国旅游情况

2018 年，中国按照“宜融则融、能融尽融；以文促旅、以旅彰文”的旅游发展思路，以文化推广旅游发展，取得了不错的成果。其中，中国的入境旅游市场稳步进入缓慢回升通道，入境旅游的外国人达到 3054 万人次，与上一年同期相比增长了 4.7%，入境过夜旅游的外国人为 2364 万人次，同比增长 5.2%。[①] 但游客主要来自亚洲国家，来自澳大利亚的游客占比并不显著。

2018 年，入境中国的外国游客（含相邻国家边民旅华人数）约为 4795 万人次，如图 5 所示，其中高达 76.3% 的游客来自亚洲国家，其次为来自

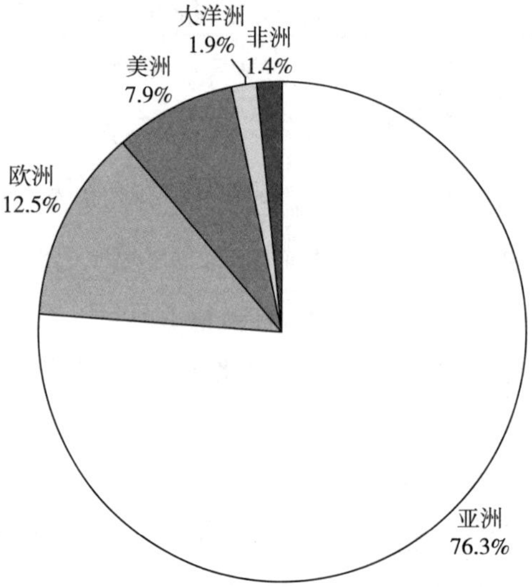

图 5 2018 年入境中国的外国游客占比（含相邻国家边民旅华人次）

资料来源：中华人民共和国文化和旅游部，《2018 年旅游市场基本情况》，http://zwgk.mct.gov.cn/auto255/201902/t20190212_837271.html?keywords=。

① 《2018 年旅游市场基本情况》，中华人民共和国文化和旅游部，http://zwgk.mct.gov.cn/auto255/201902/t20190212_837271.html?keywords=。

欧洲国家的游客，但仅占12.5%，已大大低于来自亚洲的游客。来自澳大利亚所在的大洋洲的游客只占2018年所有外国游客的1.9%，无论是从人数还是占比来看都不显著。

2017年，入境中国的外国游客共4294万人次（含相邻国家边民旅华人数），亚洲占74.6%，美洲占8.2%，欧洲占13.7%，大洋洲占2.1%，非洲占1.5%。[①]与2017年的数据相比，2018年来自各洲的人数占比趋于稳定，没有明显变化。按入境旅游人数排序，2017年、2018年澳大利亚均居我国主要客源市场名单的第14位，不算前列。[②]近年来，中国市场已成为澳大利亚旅游业发展中不可缺少的一环，中国游客不论从数量还是从花费上都极大地促进了澳大利亚旅游经济的发展。与此相比，澳大利亚市场对中国的旅游业发展却没有如此大的影响，呈现出了两者不平衡的发展态势。澳大利亚联邦统计局的报告显示，2018年，新西兰仍是澳大利亚游客出境旅游的首选国家，第二名为印度尼西亚。[③] 2017年7月至2018年6月，澳大利亚游客前往新西兰和印度尼西亚的人数约为125.8万人次和104.6万人次，前往中国的游客人数约为50.4万人次，不足前两者的一半。[④]

---

① 《2017年全年旅游市场及综合贡献数据报告》，中华人民共和国文化和旅游部，http://zwgk.mct.gov.cn/auto255/201802/t20180206_832375.html?keywords=。

② 2018年，我国主要客源市场前17位国家分别是缅甸、越南、韩国、日本、美国、俄罗斯、蒙古国、马来西亚、菲律宾、新加坡、印度、加拿大、泰国、澳大利亚、印度尼西亚、德国、英国（其中缅甸、越南、俄罗斯、蒙古国、印度含边民旅华人数）。2017年，按入境旅游人数排序，我国主要客源市场前17位国家分别为缅甸、越南、韩国、日本、俄罗斯、美国、蒙古国、马来西亚、菲律宾、新加坡、印度、加拿大、泰国、澳大利亚、印度尼西亚、德国、英国（其中缅甸、越南、俄罗斯、蒙古国、印度含边民旅华人数）。

③ 《中国超越新西兰成为澳大利亚最大游客来源地》，中华人民共和国商务部，http://www.mofcom.gov.cn/article/i/jyjl/l/201902/20190202836045.shtml。

④ "National Visitor Survey Results"，2018，https://www.tra.gov.au/domestic/domestic-tourism-results.

四 小结与展望

2018～2019年，中国和澳大利亚虽然在政治关系上经历了敏感、紧张和缓和三个阶段，在两国建设长期关系上仍存在挑战，但这并没有明显动摇两国贸易的发展。在此政治环境下，中国仍为澳大利亚最大的贸易伙伴，无论是作为澳大利亚出口市场还是进口来源地，中国都表现强劲。同时在旅游领域，两国也基本延续了前几年的可喜趋势，继续稳定发展。

2018～2019年澳大利亚的国际游客中，中国游客在数量和消费方面均排名第一。中国无疑是澳大利亚旅游业的最大海外市场之一。但与此同时，中国游客的增速相比前几年则有了放缓的趋势，这或许既与中国游客基于经济因素的选择有关，也与近来中澳关系的发展有一定关联。虽然这一点是近来赴澳中国游客的新变化，但结合具体游客人数以及依旧可观的游客消费来看，短期内澳大利亚作为中国游客旅游目的地的前景仍是乐观可期的。

同时，两国市场对对方国家旅游业发展的重要性仍是不对等、不平衡的。虽然中国市场对澳大利亚旅游业发展的重要性毋庸置疑，但中国旅游业海外市场的重心在亚洲的其他国家，澳大利亚作为海外市场来说，其重要性并不显著。2019～2020年，此种不对等将很可能延续。因此，为了增进两国关系和交流，吸引更多澳大利亚游客来中国旅游以及如何做到这一点，缩小当下的差距是需要考虑的问题。

附　录

Appendix

B.15
澳大利亚大事记（2018年7月~2019年6月）

黄永芳*

2018年

7 月　澳大利亚外交部长朱莉·毕晓普先后访问东帝汶、马来西亚、新加坡和印度尼西亚，并出席东亚峰会、东盟地区论坛、澳大利亚—东盟部长级会晤等高级别会议。

7 月 8～15 日　2018 年澳大利亚原住民历史与文化周举办了系列活动。本年度的主题是“Because of her, we can!”，旨在庆祝女性原住民和托雷斯海峡岛民在各个领域的重要贡献。

* 黄永芳，北京外国语大学英语学院澳大利亚研究中心硕士研究生。

7 月 9～18 日 2018 联合国高级别可持续发展政治论坛在纽约联合国总部召开。澳大利亚在论坛上分享了关于实现可持续发展目标的第一份报告。

7 月 16 日 澳大利亚电影国际合作署和澳大利亚联邦影视局携澳大利亚影视行业与各州影视机构代表访华，以上海国际电影节为契机，展开第八届中澳影视行业交流周活动。

7 月 23～24 日 澳大利亚外交部长朱莉·毕晓普和国防部部长佩恩出席澳美外长“2+2”磋商。

7 月 24 日 参与泰国清莱洞穴救援行动的 9 位澳大利亚人在总督府接受了总督科斯格罗夫颁发的勋章。

7 月 24～26 日 澳大利亚参加美国召开的首届所谓“推进宗教自由”的部长级会议。

7 月 28 日 澳大利亚两大传媒公司九娱乐与费尔法克斯宣布合并，计划打造澳大利亚最大的媒体平台。

7 月 31 日 澳大利亚国防军司令坎贝尔上将参加了中国驻澳大利亚大使馆在堪培拉举行的庆祝中国人民解放军建军 91 周年的建军节招待会，并作为主宾在招待会上致辞。

8 月 2 日 继华裔陶哲轩后，印裔数学家 Akshay Venkatesh 成为第二位获菲尔兹奖（Fields Medal）的澳大利亚人。该奖项被誉为“数学界的诺贝尔奖”。

8 月 4 日 澳大利亚外交部长朱莉·毕晓普在出席东亚合作系列外长会期间会见了中国外交部部长王毅。

8 月 7 日

毕晓普外长与朝鲜外相李勇浩会面，期望找到朝鲜战争澳军遗体并讨论朝鲜半岛无核化问题。

澳大利亚东部标准时间晚 11 点左右，澳大利亚的人口达到了 2500 万。

澳大利亚旅游局分别与中国国泰航空、中国在线企业马蜂窝旅游网签署合作协议，共同拓展赴澳旅游市场。

8 月 23 日 澳大利亚禁止中国通信技术巨头华为参与澳大利亚 5G 网络

基础设施建设。

8月24日 新当选的澳大利亚自由党党首斯科特·莫里森在堪培拉宣誓就职，正式成为澳大利亚第30任总理。

8月26日

朱莉·毕晓普宣布辞去外交部长职务。

澳大利亚新任总理斯科特·莫里森公布内阁名单。

8月28日 新任澳大利亚外交部长玛丽斯·佩恩，新任澳大利亚贸易、旅游和投资部部长西蒙·伯明翰和新任澳大利亚国际发展与太平洋事务助理部长安妮·鲁斯顿在总督府宣誓就职。

8月28日~9月6日 “科瓦里”年度军事演习在澳大利亚凯恩斯举行。该演习旨在促进澳、中、美三国军队发扬团队精神、增强信任，深化合作。

8月29日 澳大利亚前总理托尼·阿博特（Tony Abbott）接任原住民事务特使。

8月30日 莫里森就任澳大利亚总理后首次出访，与印尼总统佐科·维多多（Joko Widodo）举行会谈，共商自由贸易事宜。

8月31日 澳大利亚前总理马尔科姆·特恩布尔（Malcolm Turnbull）向联邦众议院递交辞呈。

8月31日~9月15日 澳大利亚皇家海军举行“卡卡杜-2018”多国海军联合军事演习，旨在通过促进相互理解以及能力建设增强地区海洋安全。共有27个国家3000多人次参与。

9月10日

在澳大利亚贸易投资委员会，澳大利亚工业、创新和科技部以及澳大利亚数字商业协会的支持下，“2018年澳大利亚区块链行业访华交流代表团”访问上海澳大利亚创客登陆基地，并参加了第四届万向区块链全球峰会。

澳大利亚塔斯马尼亚州州长威尔·霍吉曼在北京会见了中国农业农村部副部长屈冬玉，双方就加强可持续农业合作与发展交换了意见。

9月11日 莫里森总理正式放弃“国家能源保障计划”（NEG）。

9 月 18 日 澳大利亚诗人莱斯·马雷获得第十三届诗歌与人·国际诗歌奖。

9 月 23～27 日 2018 中澳企业家峰会在澳大利亚悉尼及墨尔本举行。

9 月 26 日 澳大利亚外交部长佩恩与中国外交部部长王毅在美国纽约举行会谈。

10 月 4 日 莫里森总理在悉尼举行的华人社区活动上发表讲话。他强调了中澳两国之间根深蒂固的经济、机构和社会联系，并表示澳大利亚决心加强中澳两国间相互尊重的全面战略合作伙伴关系。

10 月 5 日 亚裔陈振良（Chin Tan）被任命为澳大利亚反种族歧视专员。

10 月 8～10 日 由澳大利亚技术与继续教育学院院长委员会主办、澳大利亚国际教育部门支持参与的世界职教院校联盟（WFCP）2018 世界大会在墨尔本举行。

10 月 8～13 日 “2018 中澳妇幼健康论坛”在澳大利亚布里斯班和悉尼举行，旨在推动中澳医疗健康公益项目的深度合作。驻布里斯班总领事徐杰出席论坛并致辞。

10 月 16 日 澳大利亚前外长、现悉尼科技大学（UTS）澳中关系研究院（ACRI）院长、北京外国语大学荣誉教授鲍勃·卡尔（Bob Carr）访问北京外国语大学澳研中心，与中国澳大利亚研究会会长、北京外国语大学副校长孙有中教授和英语学院副院长谢韬教授就中澳关系、中美贸易摩擦及双方未来的科研合作进行了会谈。

10 月 25 日 澳亚艺术节（OzAsia Festival）在阿德莱德节日中心开幕。

10 月 28 日“中澳未来论坛”在悉尼举行。澳大利亚前总理陆克文作为论坛的首席嘉宾，和近 700 位中澳政界、商界、侨界和学界人士讨论中澳关系的未来。

10 月 30 日 澳大利亚国防秘书格雷格·莫里亚蒂和国防军司令安格斯·坎贝尔赴北京参加第 21 次中澳防务战略磋商。

10 月 31 日 澳大利亚批准了《跨太平洋伙伴关系协定》（TPP 11），支持自由贸易。

11月1～4日 在华澳大利亚研究基金会第六届国际学术研讨会在四川师范大学举行，200余名中澳相关领域的官员、学者围绕“全球互通：空间、地域和命运共同体”的主题展开研讨。

11月2～5日 “2018中澳青年对话”在墨尔本举行，维多利亚州州督德绍与中国驻墨尔本总领事赵建共同出席开幕式并致辞。德绍州督表示，中澳两国人民的交往和友谊源远流长，希望两国青年通过此次对话不断加深相互理解，为中澳友好做出积极贡献。

11月4日 澳大利亚贸易、旅游和投资部部长西蒙·伯明翰宣布，澳大利亚顶级澳式足球联赛澳大利亚澳式足球联盟将在2019年至2021年连续三年在上海举办丰田杯澳式足球联盟常规积分赛。

11月6日 以澳大利亚贸易、旅游和投资部部长身份首次访问中国的西蒙·伯明翰为中国国际进口博览会上的澳大利亚国家馆揭幕，有200多个澳大利亚品牌参展。澳大利亚政府官员和澳大利亚联邦、州与领地政府的高级代表及中澳企业代表一道参加了开幕式。

11月8日 澳大利亚外交部长玛丽斯·佩恩在北京与中国国务委员兼外交部部长王毅一同出席了第五轮中澳外交与战略对话。对话彰显了中澳两国在政治、经济、文化、打击跨境犯罪和教育等领域的广泛合作。

11月9日 由澳大利亚工业、创新和科技部与中国科技部主办的2018年“中国—澳大利亚青年科学家交流计划”闭幕式在江苏举行。该项目为16位澳大利亚青年科学家提供了与中国青年科学家深入交流的机会，进一步加强了中澳在科技创新领域的交流与合作。

11月14日 在2018年APEC会议期间，澳大利亚总理斯科特·莫里森与中国国务院总理李克强进行了第六轮中澳总理年度会晤。

11月20日 澳财长乔什·弗莱登伯格（Josh Frydenberg）以重大国家安全担忧为由，阻止香港长江基建收购澳大利亚最大的天然气管道运营商APA集团。

11月20～24日 由澳大利亚埃迪斯科文大学和四川大学联合主办、中澳旅游研究协作中心协办的第二届中澳旅游论坛在四川成都举办，为中澳两国旅游业搭建起了跨越学、政、企三界的交流与合作平台。

11月21日 莫里森总理宣布拒绝签署联合国全球移民公约。

11月25日~12月10日 澳大利亚外交贸易部发起反对性别暴力运动，旨在提高人们的认知，并激励公众采取行动结束针对妇女和女童的暴力行为。该运动受到联合国、各国政府和民间社会组织以及世界各地私人部门的支持。

11月28日

澳大利亚联邦国会通过提案，2019年1月1日以后的新移民必须等4年才能申请福利。澳大利亚工党与执政联盟政府于12月3日达成共识。

澳大利亚联邦国会通过修改移民法案，有家庭暴力施暴历史的签证申请人，将更难通过移民局的审核。

11月28~29日 第六届中澳关系暨跨文化研究论坛在西澳大学成功举行。本次论坛的主题是“中国的崛起与澳大利亚”，中澳两国数十名专家学者围绕中澳关系、经贸往来、跨文化交流等分议题进行了交流。该论坛由中国澳大利亚研究会会长、北京外国语大学副校长孙有中教授与西澳大学麦卡锡教授联合发起，已成为两国间历史最长、学科覆盖最广的定期双边学术交流机制。

12月5日 澳大利亚驻华大使馆举行庆祝澳中理事会成立40周年活动。澳大利亚驻华大使安思捷女士、现任澳中理事会主席史伟立先生出席活动并致辞。

12月7日 第5轮中澳高层对话在北京钓鱼台国宾馆举行，由澳大利亚前总理约翰·霍华德和中国外交部前部长李肇星共同主持。该对话汇集了来自政府、商界、学术界、媒体和艺术界的人士，共同探讨政治和战略问题、经济政策、国际和区域参与以及教育、社会和文化发展等议题。

12月10日 澳大利亚向美国购买的首批2架F-35A战斗机抵达威廉镇皇家空军基地，每架飞机的价格超过了1.25亿澳元。

12月11日 内阁正式批准澳大利亚驻以色列使馆从特拉维夫迁往耶路

撤冷。

12 月 12 日　澳大利亚政府宣布，新成立的澳大利亚国家航天机构——澳大利亚航天局的总部将设在南澳大利亚州首府阿德莱德市。

12 月 13 日　澳大利亚联邦警察总监柯安德先生访京，与中国公安部、司法部以及国家监察委员会进行了会谈。其间，澳大利亚联邦警察将火焰行动续签至 2020 年，并与中国执法机构续签了《打击经济犯罪联合行动方案》，同时与中国国家监察委员会就反腐败执法合作签订了新的谅解备忘录。

12 月 19 日　澳大利亚联邦银行在全澳范围内为超过 94000 家使用其 POS 机的商户开通了支付宝服务，为澳大利亚每年 140 多万中国游客提供更加便捷的支付方式。

2019年

1 月 1 日　中澳自由贸易协定第五轮降税，93% 的澳大利亚商品及服务的供应商和投资者实现零关税进入中国，中国已实现全面零关税出口澳大利亚。

1 月 10 日　由澳大利亚贸易委员会组织的中澳教育论坛在厦门举办。

1 月 11 日　《澳大利亚发展报告（2017 ~ 2018）》正式发布，“中澳关系走向”高端论坛在北京外国语大学举办，同时发布的还有中国澳大利亚研究会会刊《澳大利亚研究》（第 2 辑）。

1 月 14 ~ 27 日　网球四大满贯赛事之一的澳大利亚网球公开赛在墨尔本举行。

1 月 24 日　澳大利亚国防部部长克里斯托弗·派恩访华，并与中央军委副主席许其亮将军、中国国防部部长魏凤和将军进行会晤。双方就中澳双边国防合作进行了讨论，并签署了《中澳国防合作谅解备忘录》。

1 月 24 ~ 27 日　在澳中理事会、澳大利亚驻上海商会的支持下，第八届中澳青年领袖发展峰会在上海举行。作为迄今为止规模最大的中澳青年交流项目，来自两国的 88 位优秀代表深入探讨了外交、贸易投资、可持续发展与创新、体育文化等议题。

1月26日 澳大利亚国庆日，联邦政府为1127人颁发荣誉勋章，以表彰他们在各行各业做出的卓越贡献。

2月5日 澳大利亚政府宣布对中国公民旅游目的地国家计划（ADS）增加1100万澳元的投入，以吸引更多中国游客。

2月11日 澳大利亚与法国正式签订合同，耗资300多亿澳元购买法国12艘大型常规动力潜艇，终结历时两年多的谈判。这是澳大利亚史上最大的一次军购，也是法国史上最大的军售，总值500亿澳元。

2月15日 澳大利亚2019年国家多元文化节在堪培拉开幕。

2月15日~3月3日 澳举办第65届珀斯国际文化节。本次艺术节的主题是“移民、和谐、融合及包容”，在这场南半球历史最悠久的年度艺术欢庆中，700多名国际顶尖艺术家会聚一堂，为艺术爱好者们带来了一场世界级的艺术盛宴。

2月19日 澳大利亚贸易、旅游和投资部部长西蒙·伯明翰和澳大利亚农业和水资源部部长戴维·利特尔普劳德发表联合声明，宣布澳大利亚政府于即日发布“农业4.0”计划，为澳大利亚新兴农产品技术领域吸引更多投资。

2月20日 澳大利亚足协重申将力争2023年女足世界杯举办权。

2月21日 澳大利亚前自由党副领导人和前外交部长朱莉·毕晓普宣布将退出政坛，不会参与即将举行的联邦大选。

2月28日 澳大利亚颁布新法，禁止有家暴记录的访客入境。

3月12日 澳大利亚与中国、意大利、荷兰、葡萄牙、南非、英国在意大利罗马正式签署平方公里阵列射电望远镜（SKA）天文台公约。澳大利亚工业、创新和科技部部长凯伦·安德鲁斯出席。

3月20日

澳大利亚政府在其官网宣布，将把永久移民年度配额从19万人降至16万人，并要求一定数量的技术移民在悉尼和墨尔本以外的城市居住至少5年。

第12届“澳大利亚文学周”开幕式在澳大利亚驻华大使馆举行。北京外国语大学知名校友杨澜女士被授予“澳大利亚文学大使”称号。

3月26日 澳大利亚与中国香港在悉尼签署澳大利亚－香港自由贸易协定和相关投资协定。

3月29日 莫里森政府宣布设立澳中关系国家基金会，并任命傅关汉先生（Graham Fletcher）为下一任澳大利亚驻华大使，以重启澳中双边关系。

4月2日 澳财长乔什·弗莱登伯格（Josh Frydenberg）公布澳大利亚2019～2020财年联邦预算案。

4月10～18日 由澳大利亚联邦政府、州和地区政府以及地方政府共同支持的2019澳大利亚青年周如期举行，2019年的主题是“共同交流、分享、发言和庆祝”。

4月14日 澳大利亚史上首次以中文进行的联邦大选辩论于墨尔本举行，自由党和工党两名华裔候选人廖婵娥（Gladys Liu）与杨千慧（Jennifer Yang）为争夺墨尔本东南部Chisholm选区的议席，以普通话展开辩论。

4月20日 澳大利亚首都堪培拉正式开通首条城铁线路。

4月24日 澳大利亚在沈阳开设新领事馆，澳大利亚在中国大陆的外交和领事机构数量增加到五个。驻沈阳总领事馆于4月24日举办开幕招待会，澳大利亚外交贸易部秘书长孙芳安女士出席了开幕仪式。

4月25日 澳大利亚驻广州总领事馆与新西兰驻广州总领事馆在新西兰驻华大使馆举办了2019年澳新军团日（ANZAC DAY）黎明纪念仪式。澳大利亚在全国多个城市和地区举行纪念活动，缅怀一战阵亡军人，向现役军人和退伍老兵致敬。

4月26日 外交贸易部秘书长孙芳安女士代表澳大利亚出席了第二届“一带一路”国际合作高峰论坛。她表示，澳大利亚欢迎“一带一路”倡议为满足地区的基础设施需求所做的贡献。

5月6日 2019年澳大利亚联邦选举提前投票开始。

5月10日 由澳大利亚驻成都总领事馆与重庆市外事办公室合办，澳大利亚昆士兰州政府和维多利亚州政府共同支持的首届“中国（重庆）－

澳大利亚经贸论坛”在重庆举行。

5月12~17日 由中华会馆主办，西澳政府、澳大利亚中国传统文化协会赞助支持的首届珀斯中华文化节在珀斯举行。文化节为期七天，通过多种多样的文艺活动充分展示西澳的中华文化传统。

5月15日 由于持续干旱严重影响粮食供给，澳大利亚12年来首次放行粮食进口。

5月16日

澳大利亚执政时间最长的工党前总理鲍勃·霍克（1983~1991）去世，享年89岁。

澳大利亚驻华使馆经济处参赞伊丹宁在2019年亚太经合组织女性领导力论坛上发表讲话，倡导APEC经济体间在性别平等与女性经济赋权领域加强合作。

5月18日 澳大利亚大选日，澳总理莫里森胜选连任。反对党领袖比尔·肖顿于晚间承认败选。

5月24日~10月13日 维多利亚州国立美术馆举办《兵马俑：永恒的守卫》与《蔡国强：瞬间的山水》展览。本次展览跨越了传统和当代艺术的界限，也是兵马俑藏品自1982年首次登陆澳大利亚以来再次展览。

5月27日 安东尼·阿尔巴尼斯（Anthony Albanese）当选澳大利亚工党新领袖。

5月27日~6月3日 澳大利亚国家民族和解周。全国以“立足真实，勇敢同行”为主题举行了数百场庆祝活动，倡导澳大利亚人一起学习共同的历史、文化和成就，并探索每个人能够为澳大利亚的和解所做出的贡献。

5月28日 澳大利亚科学院公布了新增院士名单，22位科学家入选，其中有8位女性科学家。

5月29日

澳大利亚总理莫里森和新一届内阁在总督府宣誓就职。玛丽斯·佩恩参议员留任外交部长，并兼任女性事务部长；西蒙·伯明翰参议员仍任贸易、旅游和投资部长；马克·科尔顿议员改任贸易、旅游和投资助理部长兼地区服务、去中心化和地方政府部长；艾利克斯·霍克议员成为新的国际发展和太平洋事务部长兼国防助理部长；琳达·雷诺兹参议员出任国防部长。

北京外国语大学英语学院澳大利亚研究中心、中国亚太学会澳大利亚研究会、北京外国语大学区域与全球治理高等研究院联合举办“2019年澳大利亚联邦大选”高端研讨会。

5月31日 在南澳洲和北领地政府、澳大利亚肉类畜牧业协会、澳大利亚乳业局的支持下，澳大利亚贸易投资委员会在广州亚太国际文化交流中心举办了“非凡·澳大利亚”之夜活动。

6月2~5日 澳大利亚环境和能源部副部长费恩·普拉特参加中国环境与发展国际合作委员会2019年年会，与生态环境部部长李干杰、副部长赵英民、中国气候谈判代表解振华会面。

6月4日 澳大利亚三年来首次降息，央行宣布将基准利率下调25个基点至历史最低的1.25%。

6月12日 依照2014年中国国家主席习近平与时任澳大利亚总理托尼·阿博特签署的协议，两国在北京举行第二次南极和南大洋合作联合委员会会议。

6月16~22日 澳大利亚2019年难民周开启，旨在提高人们对难民问题的认识，并庆祝难民对澳大利亚社会的积极贡献。

6月19日 维多利亚州安乐死法案正式生效，维州成为澳大利亚第一个安乐死合法化的州。

6月20日 澳大利亚公布参议院选举结果。自由党与国家党联盟获得35个议席，工党获得26个席位，其余15个席位分属绿党、单一民族党等党派和独立候选人。

6月24日

悉尼市长Clover Moore正式宣布悉尼进入“气候紧急状态”。

在WTA国际网球协会公布的新一期世界排名中，澳大利亚原住民选手阿什莉·巴蒂成为世界女子网坛的新任球后。

6月24~27日 澳大利亚运输安全局与中国民用航空局签署了关于航空调查和相关活动合作的双边谅解备忘录。

6 月 26 日 澳总理莫里森在悉尼彭博社与亚联发展（AsiaLink）的活动上发表讲话，鼓励中美两国协商解决贸易摩擦并寻求发展积极、富有成效的合作关系。

6 月 28 日 在二十国集团领导人峰会期间，澳大利亚总理莫里森与中国国家主席习近平会面，双方均主张一同合作推动中澳两国关系发展。

Abstract

Australia's domestic politics in 2018 – 2019 was still turbulent, with a power struggle inside the Liberal Party and an unexpected result of the 2019 Federal Election. Since 2007, Australia has seen seven Prime Ministers in twelve years, with five as the outcome of inner-party spill. This year, although many factors seemed to indicate the Liberal-National Coalition was sure to lose, Morrison still had a ' miracle ' win in the Federal Election. But the split in the Australian society was not eliminated therewith. In the wake of power struggles and a federal election, the Australian society, including political parties, the government and the public, started to reflect on the changing world and Australia's place in it. After the victory, the Coalition set to fix the split. The Labor Party probed into the reasons for their defeat, collecting more public opinion and adopting policies accordingly. The Labor Party's new leader Anthony Albanese reformed organisation and policies for preparation of the next Federal Election.

Australia's economic growth slowed down since 2018 and prices have kept low. With weakening momentum in foreign trade and international investment, the Australian dollar has been under the pressure of depreciation and government bonds have seen yields declining. Employment remained stable and the income of residents has improved. The size of the fiscal deficit was controllable and public debt rose slightly. Yet the stock market performed well. With a good economic foundation and economic policies taking effect, it is expected that Australia's economic growth rate in 2020 will rebound slightly.

In foreign policy, the Australian government continued the Liberal Party's tradition since Morrison took office in August 2018, deepening its alliance with the US and building a "free, open and prosperous" Indo-Pacific with "like-minded nations" such as Japan and India. At the same time, Australia heightened its attention on the South Pacific and "Pacific Step-up" became one of its highest foreign policy priorities. Australia gradually tightened its Refugee Entry Policy. After the Federal Election in May, Refugee Entry Policy may continue to be tough, with an emphasis on the country's needs and ideological preference in refugee intake. In recent years, Australia and Japan have maintained frequent strategic interaction, increasing cooperation and an increasingly close relationship. At present, Australia and Japan are building the "special strategic partnership" and competing for multiple interests in the Asia-Pacific region, forging an increasingly close relationship of a quasi-alliance structure.

China-Australia relations, on the other hand, seemed to be less satisfactory. After the 2019 Election, Prime Minister Morrison, in his first major speech on foreign policy on June 26, 2019, called for better relations with China and acknowledged China's rise as beneficial for Australia and the world. He remarked that Australia had been adversely affected by the trade tension between China and the United States and called for restraint from both sides.

China remained Australia's top trade partner, being Australia's No. 1 trade partner in goods, No. 1 destination for export and source for imports, as well as the largest source of international students and tourism-related revenue. Bilateral trade has steadily increased and reached a record high. Australia's export to China in education and travel (non-education) continued to grow, though at a slower pace, while China's export in services to Australia achieved remarkable growth. In March 2019, Foreign Minister Marise Payne announced the National Foundation for Australia-China Relations in an attempt to reset relations by "turbo-charging engagement", especially in the educational, cultural and economic areas. As international trade and investment started to suffer under America's trade protectionism and tariff war, Australia's economic exchange with China was also adversely affected by the strategic competition between China and America. While prospect for bilateral trade remains bright, Australia should remain cautious when formulating its China policy and work to keep economic exchanges intact from non-economic factors.

News reports in Australia for the year ending 31 August 2019 feature further negativity than 2018. The same trend can be detected in media coverage on China, which almost doubled during the three months of June to August 2019.

Four years into the China-Australia Free Trade Agreement (ChAFTA), bilateral trade has kept its momentum, further enhanced by the new round of tariff cuts effective from 1 January 2019. In particular, Australia's agricultural exports to China have seen very strong growth, bringing enormous economic benefits to Australia and also satisfying Chinese consumers' growing demand quality food. The prospect is promising for bilateral trade and investment, including in the agricultural sector. However, sentiments and experience of Chinese investors in Australia have polarized in 2018. An increasing percentage of respondents, particularly state-owned enterprises, felt unwelcome in Australia in the mist of global geopolitical uncertainties.

Keywords: China-Australia Relations; Australia; The Morrison Government

Contents

I General Report

Abstract: Year 2018 –2019 witnessed two major political fanfares: a power struggle inside the Liberal Party and the 2019 Federal Election. Both developed into and ended in surprise: fight for power by the Liberal's factions spread across the party, with Scott Morrison taking the power, who again magically won the Federal Election against odds. Calm has been restored after that, with major parties, the government, and the public starting to reflect on what to do to maintain rationalness amid changes at home and abroad. Economic development has continued in political stability. However, forecast for now and the near future has been the most pessimistic for over two decades. The Australian government is facing challenges, with both its future and confidence at stake. Australia is trying to strike a balance in its foreign policy, trying to satisfy as its many priorities as possible, which would require a greater flexibility of the government and more policy space when dealing with other countries.

Keywords: Australia; Scott Morrison; Liberal Party; Federal Election

Ⅱ Topical Reports

B. 2 The Year in Politics: 2018 –2019

Chris Aulich / 012

Abstract: Australia experienced another year of turmoil and change culminating in the appointment of its seventh Prime Minister in 12 years who called an election just nine months later. Despite the polls and commentators predicting a government loss, especially considering the turmoil and policy paralysis that had characterised the governments of both Turnbull and Morrison, Morrison's government was returned.

While the election confirmed the status quo by returning the Coalition government, the campaign was conducted with more rancour than usual and revealed a number of fault lines in the Australian community. This chapter focuses on the Prime Ministerships of Turnbull and Morrison leading up to the election in May, 2019.

Keywords: Australia; Domestic Politics; Australian Federal Election; Turnbull; Morrison

B. 3 Analysis and Prospect of the Australian Economy 2018 –2019

Xu Xiujun / 039

Abstract: Since 2018, the downward pressure on Australia's economic growth has gradually increased, the situation of low prices has continued, and the growth momentum of foreign trade and international direct investment has been insufficient. The employment market is generally stable and the income of residents has improved. The size of the fiscal deficit was controllable and public debt rose slightly. The stock market performed well, but the depreciation pressure of the

Australian dollar still existed, and the yield of government bonds continued to decline. Considering the better economic foundation and the positive effects of economic policies, it is expected that Australia's economic growth rate in 2020 will rebound slightly to around 2.5%.

Keywords: Economic Downturn; Low Price; Lower Interest Rate; Exchange Rate Depreciation

B.4 Australia's Foreign Relations 2018 -2019

Guo Chunmei / 054

Abstract: Since taking office in August 2018, the Morrison government has largely continued Australian Liberal Party's tradition in foreign policy, deepening its alliance with the US and building a "free, open and prosperous" Indo-Pacific with "like-minded nations" such as Japan and India. At the same time, Australia heightened its attention to the South Pacific and "Pacific Step-up" became one of its highest foreign policy priorities. In the early period when Morrison became the Prime Minister, he did show intention to improve China-Australia relations, which has failed to materialize under pressure from both home and abroad.

Keywords: Australia's Foreign Relations; Australia-US Alliance; Pacific Step-up; China-Australia Relations

Ⅲ Special Reports

B.5 An Exploration into the Defeat of the Australian Labor Party in the 2019 Federal Election

Hu Liang / 066

Abstract: Australia held general election in May 2019. Labour party, which was generally favoured before election, was defeated unexpectedly and remain to be out of office. After six years in office, the Liberal-National Coalition win the election again and stay in power for another term. The Labour party lost for a lot of reasons, mainly because the world economic situation is not so well, the people wish for stability, particularly for market-friendly governments, and more believe in the Liberal-National Coalition. The policies Labour party issued in campaigns seemed to be insufficient in explanation, the campaigns were not run rightly, and the voters were not persuaded. Now the leadership of Labour party has been changed, Anthony Albanese, the newly appointed leader of Labour party is leading the party to reconsider the lessons from lost and to reform with keen determination, so as to build up forces for the next election.

Keywords: Australia; Australian Labor Party; 2019 Federal Election

Abstract: News reports in Australia feature further negativity for the examined year ending 31 August 2019. The same trend can be detected in media coverage on China, which almost doubled during the three months of June to August 2019. Drawing on annual surveys and media monitoring results, this report depicts a changing landscape in Australian media and news consumption and explores how such changes have been enabled by rising conservatism, competition posed by digital (in particular social) media, adoption of media reform law and the ensuing acquisition of Fairfax by Nine and reshuffling and job losses that followed, as well as strengthened conflict between government-backed ABC and SBS with their private counterparts.

Keywords: Australia; Media; News Avoidance; China-related Reports

B. 7 Adjustments, Predicaments, Countermeasures and Outlook of Australia's Refugee Entry Policies in Recent Years

Abstract: As a traditional immigration country, Australia's treatment of refugees frequently arouses heated controversy at home and abroad. Since the formal introduction of Australian Refugee Policy in 1977, it has experienced many changes due to the particular historical backgrounds. Nowadays, Australia's two parties have been unanimously harsh on asylum seekers, especially boat people, by gradually tightening Refugee Entry Policy and setting up onshore and offshore detention centres. In May, 2019, after Coalition Party has won the federal election, what will be the future of Refugee Entry Policy? Based on quantities of historical facts, government reports and authoritative online resources, the paper studies Prime Minister Morrison, expenditure on refugee issues in the latest federal budget and makeup of Australia's refugee intake in recent years. Finally, a conclusion can be reached: with the emphases on the country's needs and racial preference in refugee intake, Australian Refugee Entry Policy will be continuously tough, especially on the deterrence measures to stem boat people.

Keywords: Australian; Refugee Entry Policy; Boat People; Morrison; Federal Budget

B. 8 Australia's Update in Skilled Immigration Policy 2018 -2019

Abstract: Rich in material resources and sparsely populated, Australia is a typical immigration country, where skilled immigration policy plays a key role. As an indispensable labor factor in the development of capitalism, skilled immigrants can make significant contributions to Australia's economic and social development. Since the 21st century, in order to increase the labor force, reduce labor costs and introduce advanced technology, the Australian government has been encouraging and assuming a positive attitude towards skilled immigrants and has relaxed immigration policies one after another. However, the continuous expansion of the scale of skilled migration has also brought a lot of pressure to society, so the government has to rethink the issue and make corresponding policy adjustments. This paper aims to interpret the adjustment of the Australian government's skilled migration policy in 2018 –2019, analyze the reasons behind the policy changes, sort out the reactions of the political, business and educational sectors, and predict the future trend of the Australian skilled migration policy.

Keywords: Australia; Skilled Immigration; 457 Visa; 482 Visa

Abstract: Australia and Japan have attached great importance to the development of bilateral relations. In recent years, The two countries have maintained frequent strategic interaction, increasing cooperative posture and increasingly close relationship structure. Scott Morrison and Shinzo Abe have further promoted the multi-faceted and multi-dimensional comprehensive development and cooperation on the original track of development of bilateral relations. Australia and Japan are important powers in the Asia-Pacific region. Australia and Japan have become mutual important diplomatic targets and reliable cooperative partners. As the important power in the Asia-Pacific region, the traditional allies of the United States, Australia and Japan have played an important role in this region, and the development of Australia-Japan relation is closely related to changes in the pattern of the this region. At present, Australia and Japan are building the "special strategic partnership" and competing for the multiple interests of the Asia-Pacific region, forging an increasingly close quasi-alliance relationship structure.

Keywords: Australia; Japan; Australia-Japan Relationship; Special Strategic Partnership

Ⅳ China-Australia Relations

Abstract: This chapter covers Australia-China relations from the time Scott Morrison became prime minister of Australia in August 2018 to the middle of 2019, focusing on political and economic relations. The contribution argues for a more thorough "reset" of Australia-China relations. It is in Australia's interests to assert more independence of the United States and move more towards China in its overall strategic policy.

Keywords: Australia; Policy Towards China; China-Australia Relations; Scott Morrison

Abstract: In 2018, under the background of the impact of Australia's domestic politics and international trade protectionism, China-Australia bilateral trade levels have steadily increased and reached record highs. In terms of trade in goods, mineral products, precious metals and products, and agricultural products continue to be the dominant areas for Australia's exports to China. China's exports to Australia are mainly concentrated in the categories of mechanical and electrical products, textiles, furniture and toys. In terms of trade in services, Australia's exports of education and tourism to China continued to grow, but the growth rate declined. China's service exports to Australia increased significantly over the same period. China keeps the position of Australia's largest trading partner, largest source of imports, largest export destination, largest source of overseas students and largest source of tourism revenue. However, it is undeniable that bilateral economic cooperation between China and Australia is being interfered by more and more non-economic factors. Bilaterally, due to the influence of Australian domestic politics, Huawei and ZTE were banned from entering Australian 5G market, which greatly undermined bilateral political mutual trust and trade cooperation prospects. The prospects for China-Australia trade remain bright. Australia should carefully formulate its China policy, safeguard the fundamentals of mutual benefit and win-win situation between China and Australia, avoid the interference of non-economic factors on China-Australia economic and trade cooperation.

Keywords: China-Australia Trade; Trade in Service; China Policy

Abstract: On 1st January 2019, China and Australia launched the fifth round of tariff cuts, pursuant to their Free Trade Agreement (ChAFTA). China cancels tariffs on a wide range of Australian agricultural products, including pork, wine, infant formula, seafood, fruits (except citrus fruits), among others. Tariffs on Australian beef, lamb, and dairy products have also been substantially reduced. As a result, the volume and value of Australia's agricultural exports have increased; China has become Australia's top overseas market for agriculture. From 2018 to 2019, Australian beef, lamb, dairy products, wine, seafood, and fruits are among some of the biggest winners. Other products such as Australian cheese, coffee, and low and non-alcoholic beverages have also become increasingly popular among Chinese consumers. Tariff reduction under the ChAFTA brings enormous economic benefits to Australian farmers and exporters; it also satisfies Chinese consumers' growing demand for high quality food. Nevertheless, Australian agricultural export faces a number of challenges. Crippling drought has hit many parts of Australia, reducing agricultural output and incomes and causing significant distress to many rural families across the country. Moreover, China's economic growth is gradually slowing down, which means its market demand for import may not grow as fast as it used to be. Besides, how to gain and maintain a competitive advantage in the Chinese market remains an ongoing battle for Australia.

Despite these challenges, this research predicts a promising future for China-Australia agricultural trade. It also acknowledges that there is much work to be done in order to increase Australian agricultural products' market share in China.

Keywords: China-Australia Free Trade Agreement; The Fifth Round of Tariff Cuts; Agricultural Export

Abstract: This chapter presents latest findings from the Chinese Investor in Australia Survey 2019, a survey conducted annually on the perceptions of the Australian investment climate by Chinese investors by The University of Sydney and KPMG. This year's survey results show that sentiments and experience of Chinese investors in Australia have polarized in 2018. While Chinese companies see an improvement of political debate in Australia in 2018 regarding the role of Chinese investment compared with in 2017, there was an increase in the percentage of respondents, particularly state-owned firms, who feel unwelcome in Australia in the mist of global geopolitical uncertainties. In addition, compare and contrast with operational challenges from previous surveys, our analysis finds there were clear signs of deterioration in relation to Chinese investors' views on Australian media coverage, falling profitability and getting access to finance in 2018. Despite the challenges facing their operations, the last three years have been an overall good period financially for Chinese investors in Australia. The outlook for 2019, however, appears to be very mixed and uncertain, with a decrease in the levels of optimism about future growth when compared to last year.

Keywords: Australia; Chinese Investors; Investment Climate

Abstract: The economic cooperation between China and Australia from 2018 to 2019 has not been influenced much by the foreign relations of the two countries. Meanwhile, the tourism cooperation has maintained a slight year on year increase. Based on the tourism statistics in 2018 – 2019, this report first analyzes the volume, expenditure and the general characteristics of Chinese tourists travelling to Australia. Then it briefly covers the situation of Australian tourists in China. In 2018 –2019, Chinese tourists ranked top in terms of both volume and value among all Australia's international tourist markets, but the growth rate decreased compared with that of the previous years. However, it is believed that the prospect will continue to be optimistic given the still prominent Chinese tourist numbers and expenditure. As a comparison, China has not been an equally significant destination for Australian tourists travelling abroad. Thus, more consideration is required concerning the promotion of bilateral tourism development and the economic and cultural communication that comes afterwards.

Keywords: China-Australia Relations; Tourism Cooperation; Economic Cooperation

V Appendix

皮书

智库报告的主要形式
同一主题智库报告的聚合

❖ 皮书定义 ❖

皮书是对中国与世界发展状况和热点问题进行年度监测，以专业的角度、专家的视野和实证研究方法，针对某一领域或区域现状与发展态势展开分析和预测，具备前沿性、原创性、实证性、连续性、时效性等特点的公开出版物，由一系列权威研究报告组成。

❖ 皮书作者 ❖

皮书系列报告作者以国内外一流研究机构、知名高校等重点智库的研究人员为主，多为相关领域一流专家学者，他们的观点代表了当下学界对中国与世界的现实和未来最高水平的解读与分析。截至 2020 年，皮书研创机构有近千家，报告作者累计超过 7 万人。

❖ 皮书荣誉 ❖

皮书系列已成为社会科学文献出版社的著名图书品牌和中国社会科学院的知名学术品牌。2016 年皮书系列正式列入“十三五”国家重点出版规划项目；2013~2020 年，重点皮书列入中国社会科学院承担的国家哲学社会科学创新工程项目。

SUB DATABASE 基本子库

中国社会发展数据库（下设12个子库）

整合国内外中国社会发展研究成果，汇聚独家统计数据、深度分析报告，涉及社会、人口、政治、教育、法律等12个领域，为了解中国社会发展动态、跟踪社会核心热点、分析社会发展趋势提供一站式资源搜索和数据服务。

中国经济发展数据库（下设12个子库）

围绕国内外中国经济发展主题研究报告、学术资讯、基础数据等资料构建，内容涵盖宏观经济、农业经济、工业经济、产业经济等12个重点经济领域，为实时掌控经济运行态势、把握经济发展规律、洞察经济形势、进行经济决策提供参考和依据。

中国行业发展数据库（下设17个子库）

以中国国民经济行业分类为依据，覆盖金融业、旅游、医疗卫生、交通运输、能源矿产等100多个行业，跟踪分析国民经济相关行业市场运行状况和政策导向，汇集行业发展前沿资讯，为投资、从业及各种经济决策提供理论基础和实践指导。

中国区域发展数据库（下设6个子库）

对中国特定区域内的经济、社会、文化等领域现状与发展情况进行深度分析和预测，研究层级至县及县以下行政区，涉及地区、区域经济体、城市、农村等不同维度，为地方经济社会宏观态势研究、发展经验研究、案例分析提供数据服务。

中国文化传媒数据库（下设18个子库）

汇聚文化传媒领域专家观点、热点资讯，梳理国内外中国文化发展相关学术研究成果、一手统计数据，涵盖文化产业、新闻传播、电影娱乐、文学艺术、群众文化等18个重点研究领域。为文化传媒研究提供相关数据、研究报告和综合分析服务。

世界经济与国际关系数据库（下设6个子库）

立足"皮书系列"世界经济、国际关系相关学术资源，整合世界经济、国际政治、世界文化与科技、全球性问题、国际组织与国际法、区域研究6大领域研究成果，为世界经济与国际关系研究提供全方位数据分析，为决策和形势研判提供参考。

法律声明